新心理学ライブラリ **9** 梅本堯夫・大山　正監修

性格心理学への招待
［改訂版］

自分を知り他者を理解するために

託摩武俊・瀧本孝雄
鈴木乙史・松井　豊　共著

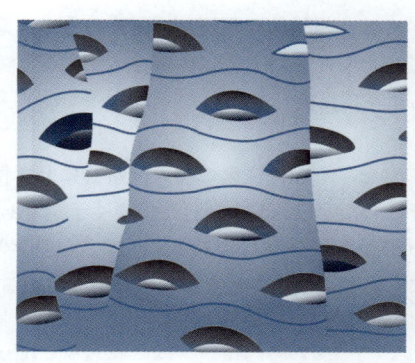

サイエンス社

監修のことば

　「心」の科学である心理学は近年目覚ましい発展を遂げて，その研究領域も大きく広がってきている。そしてまた一方で，今日の社会においては，「心」にかかわる数々の問題がクローズアップされてきており，心理学は人間理解の学問としてかつてない重要性を高めているのではないだろうか。

　これからの心理学の解説書は，このような状況に鑑み，新しい時代にふさわしい清新な書として刊行されるべきであろう。本「新心理学ライブラリ」は，そのような要請を満たし，内容，体裁について出来るだけ配慮をこらして，心理学の精髄を，親しみやすく，多くの人々に伝えてゆこうとするものである。

　内容としては，まず最近の心理学の進展――特に現在発展中の認知心理学の成果など――を，積極的に採り入れることを考慮した。さらに各研究分野それぞれについて，網羅的に記述するというよりも，項目を厳選し，何が重要であるかという立場で，より本質的な理解が得られるように解説されている。そして各巻は一貫した視点による解説ということを重視し，完結した一冊の書として統一性を保つようにしている。

　一方，体裁面については，視覚的な理解にも訴えるという意味から，できるだけ図版を多用して，またレイアウト等についても工夫をして，わかりやすく，親しみやすい書となるように構成した。

　以上のようなことに意を尽くし，従来にない，新鮮にして使いやすい教科書，参考書として，各分野にわたって，順次刊行してゆく予定である。

　学際的研究が行われつつある今，本ライブラリは，心理学のみならず，隣接する他の領域の読者にも有益な知見を与えるものと信じている。

監修者　梅本　堯夫
　　　　大山　　正

改訂版へのまえがき

　『性格心理学への招待』は1990年5月に出版された。それ以来，幸いに刷を重ね第15刷となった。多くの人に読まれることは執筆者としては大きな喜びである。しかし初版から13年も経つと書き方が不十分なところ，冗漫な記述の個所が目につき，何よりも初版当時にはまだ学界で認められてなかったことでその後大幅に発展し言及されることが多くなった学説もある。そこで執筆者4人で相談し補足すべき内容について討議した。補足するとこの本全体が分厚くなるので，不要と思われる個所を削除した。

　本文では述べられなかった大切な事項を1〜2頁でまとめたBOXを適宜挿入したのも本書の特色であるが，それも今回新たに加えたり除いたりした。

　「性格心理学」という名称を使用しない，「人格心理学」あるいは「パーソナリティ心理学」などという書物もあるが，本書は初版のときの書名をそのまま用いることにした。この改訂版も初版と同じように広く読まれれば幸いである。

2003年4月

執筆者代表
詫摩　武俊

旧版へのまえがき

　性格心理学，人格心理学，パーソナリティ論，パーソナリティ心理学など大学での講義題目も出版されている書物の名前も多様であるが内容はほぼ同じものである。
　性格とかパーソナリティということばは，もともと行動の仕方に広範な個人差が存在するところからつくられたものである。おとなしい，短気，神経質，社交好き，陰険，几帳面，浮気っぽいなど，どこの国のことばも人の性格特徴を表現することばを豊富にもっている。満員の電車の中などで，周りの人の表情やくせを観察しながら，その人の性格特徴を考えてみると，いろいろな方向に想像が発展することに気がつくであろう。性格についての関心は深いのである。新聞にも政治家の行動を大胆すぎる，優柔不断，根回しがへたなどと述べられているし，社会面には犯罪の動機として嫉妬心が強い，執念深い，激情的などということばが散見される。スポーツ選手の好成績や不調に関連して性格が語られることもある。
　「あの人はひとりっ子だから」，「彼女はAB型だからね」，「やっぱりあの男は何大学出身者だな」というような発言で，何となくわかったような気になるのは，きょうだいの有無と性格，血液型による性格の違い，いわゆる校風の相違などについて，同じ文化圏に生きているものの間に共通に理解できるものがあるからである。これらのことの中には実証できる根拠をもっているものもあれば，ただ漠然と言われているだけに過ぎないものもある。何藩の出身ということが以前はよくいわれた。藩主の施政方針，その地方の豊かさなどによって，それぞれの藩の領民にはそれぞれの特徴があり，藩が解体した後も残っていた。しかしマスコミが発達し，地域間の交流が活発になると，このような歴史的事

情に基づく違いは希薄になってしまった。これに対して新人類，団塊の世代，昭和一ケタと世代差による相違が最近では話題になっている。これらは共通の体験をもつと類似した性格が認められやすいということであるが，自分や他人の行動を何か納得のいくような仕方で説明したいという気持ちには根強いものがある。

　自分の性格について悩む人も多い。またその人の性格のために他人が悩まされることもある。後者についていえば，嘘が平気でつける虚言癖のある人，極端に短気で，しかも怒ると乱暴なことをしてしまう爆発性性格，あることを思い込み，それを他人にも強制しようとする狂信性性格などがそれである。畏怖され敬遠されやすい人であるが，これらの人から迷惑をかけられ，困った人もいるであろう。自分の性格のために本人が悩んでいる例はもっと多い。「どうして自分はこうなのだろう」と自棄的，自嘲的な気分になり，自責の念に駆られたり，劣等感を抱き，人を避けるようにもなってしまう。意志薄弱，軽率さ，三日坊主，要領の悪さなどいろいろある。何々恐怖というのもある。高所恐怖，閉室恐怖，尖端恐怖，不潔恐怖，赤面恐怖，視線恐怖というようなもので，なぜだかわからないがある情況におかれたり，おかれそうになると非常に不安定な気持ちになり，その場から逃げ出したくなり，その情況をつとめて避けようとする。会食恐怖といって，誰かと一緒に食事をするのが苦痛で，極力そのようなことにならないように努力している人もいる。第三者からみれば何でもないようなことが本人には大きな負担となっているのである。

　思春期以降，ほとんどの人は自分の性格について程度の差はあっても悩みをもったり，不十分なところを自覚している。これがあるからこそ自分を凝視し，自分を統御し，自分に活力を与えることができるともいえる。中には自分で自分の欠点に気がつかず，無神経な振舞いを重ねて，他人に指摘されて初めて自覚することもある。このようなときの羞恥や悔悟は大きいのが普通である。

　最近は自分についての悩みをもち，そのために身近な人との人間関係がうまく行かず，適応状態のよくない人が多くなっている。

　カウンセリングを必要とする人，心理療法を求める人の増加はこれを物語っている。「臨床心理士」という資格をもつ人の活躍する場が多くなったのはこ

のためである。誰もが同じような原因があって対人恐怖症になるのではない。これは非行化傾向についても，いわゆる登校拒否についてもいえることで，本人の性格が関与している。

　微妙で複雑な性格の個人差はどうしてつくられるのか，その個人差を測定する方法はあるのか，われわれは「性格」という安定した特徴が個人の内側にあると普通考えているが，本当にそうなのかなど，性格についての研究課題は多い。性格の問題はこれほど生活に密着し，関心をもたれやすいのであるが，性格の研究に近年，大きな進歩があったか，新たな展開があったかというとそうは言い切れない。停滞しているのではないかという批判もある。

　本書は性格心理学の概説書である。現在の性格心理学がどんな問題を取り上げ，何を明らかにしてきたのかを読者は読み取ることができよう。性格心理学が低迷しているとすれば，それはなぜなのか。どんな方向に今後発展していくことが期待されるのかなどの重要な問題も本書を通して考えて頂きたいと思っている。

1990年3月

託摩　武俊

目　次

改訂版へのまえがき …………………………………………………………… i
旧版へのまえがき ……………………………………………………………… ii

1章　性格の定義・性格の研究史　1
1.1　行　動　と　性　格 …………………………………………………… 1
1.2　性格とパーソナリティ ………………………………………………… 3
1.3　性　格　の　研　究　史 ………………………………………………… 8
参　考　図　書 ……………………………………………………………… 11
BOX 1　日本の性格心理学　12

2章　性格の諸理論　14
2.1　精神分析理論と性格 …………………………………………………… 14
2.2　場の理論と性格 ………………………………………………………… 19
2.3　学習理論と性格 ………………………………………………………… 23
2.4　現象学的理論と性格 …………………………………………………… 27
2.5　状況論・相互作用論と性格 …………………………………………… 30
参　考　図　書 ……………………………………………………………… 32

3章　性格理解の方法　33
3.1　観　察　法 ……………………………………………………………… 33
3.2　面　接　法 ……………………………………………………………… 34
3.3　テ　ス　ト　法 ………………………………………………………… 36

参考図書 …………………………………………………… 46
　　　BOX 2　エゴグラム　47

4章　性格の類型論　48

　4.1　類型論の歴史 …………………………………………… 48
　4.2　類型論の分類 …………………………………………… 49
　4.3　クレッチマーの類型論 ………………………………… 49
　4.4　シェルドンの類型論 …………………………………… 56
　4.5　心理学的な特徴による類型論 ………………………… 56
　4.6　ユングの類型論 ………………………………………… 57
　4.7　そのほかの類型論 ……………………………………… 59
　4.8　類型論の長所と短所 …………………………………… 60
　　　参考図書 …………………………………………………… 61
　　　BOX 3　血液型と性格　62

5章　性格の特性論　64

　5.1　特性論の特徴と問題点 ………………………………… 64
　5.2　オールポートの特性論 ………………………………… 66
　5.3　キャッテルの特性論 …………………………………… 67
　5.4　アイゼンクの特性論 …………………………………… 71
　5.5　ビッグ・ファイブ（特性5因子モデル） …………… 75
　5.6　類型論と特性論 ………………………………………… 77
　　　参考図書 …………………………………………………… 79

6章　性格の発達　80

　6.1　性格発達のとらえ方 …………………………………… 80
　6.2　内的要因 ………………………………………………… 81
　6.3　外的要因 ………………………………………………… 84
　6.4　自己形成の要因 ………………………………………… 90

　　　　　　　　　目　　次　　　　　　vii

 6.5　一回性の要因 …………………………………………… 92
 参 考 図 書 ……………………………………………………… 93
 BOX 4　行動遺伝学的方法　94
 BOX 5　新生児にみられる個体差　95

7章　人間のライフサイクル　96

 7.1　ライフサイクルの意味 …………………………………… 96
 7.2　ライフサイクルの心理学的研究 ………………………… 98
 7.3　ライフサイクルと自己実現 …………………………… 107
 参 考 図 書 …………………………………………………… 109
 BOX 6　女だから数学ができない？：性役割とジェンダー・アイデン
    ティティと性差　110
 BOX 7　高齢者の性格　112

8章　家族関係と性格　115

 8.1　性格形成と家族 ………………………………………… 115
 8.2　親子関係と性格 ………………………………………… 117
 8.3　システムとしての家族 ………………………………… 127
 参 考 図 書 …………………………………………………… 130
 BOX 8　きょうだいと性格　131

9章　人間関係と性格　132

 9.1　対人魅力と性格 ………………………………………… 132
 9.2　類似説と相補説 ………………………………………… 133
 9.3　人に好かれる性格 ……………………………………… 135
 9.4　関係の進展と性格 ……………………………………… 138
 9.5　仮想された類似性 ……………………………………… 140
 9.6　性格認知における歪み ………………………………… 142
 BOX 9　恋愛の類型　144

BOX 10　リーダーの性格　146

参考図書 ……………………………………………………………… 148

10章　コミュニケーションに現れる性格　149

10.1　コミュニケーションの分類 ……………………………………… 149
10.2　近言語と身体言語 ………………………………………………… 150
10.3　プロクセミックスなど …………………………………………… 153
10.4　NVCの文化差 ……………………………………………………… 156
10.5　自己開示 …………………………………………………………… 158
10.6　説得的コミュニケーション ……………………………………… 162
参考図書 ……………………………………………………………… 163
BOX 11　化粧と性格　164

11章　適性とは何か　166

11.1　適性とは …………………………………………………………… 166
11.2　適性は能力だけではない ………………………………………… 167
11.3　クレッチマーの類型に基づく職務適性 ………………………… 170
11.4　職務特性からみた職務適性 ……………………………………… 171
11.5　職業適性検査 ……………………………………………………… 172
11.6　進路選択時の情報 ………………………………………………… 174
参考図書 ……………………………………………………………… 176

12章　問題行動と性格　177

12.1　いじめ ……………………………………………………………… 177
12.2　非行 ………………………………………………………………… 184
12.3　不登校 ……………………………………………………………… 189
参考図書 ……………………………………………………………… 193

13章　性格の正常・異常　195

- 13.1　異常とされる行動や心の動き …………………… 195
- 13.2　異常と不適応 …………………………………… 197
- 13.3　診断のための基準 ……………………………… 197
- 13.4　統合失調症（精神分裂病）について ………… 200
- 13.5　躁うつ病について ……………………………… 205
- 13.6　神経症について ………………………………… 208
- 13.7　人格障害について ……………………………… 212
- 参考図書 ……………………………………………… 214
- BOX 12　対人恐怖　215
- BOX 13　パニック障害　216

14章　性格の適応的変化　217

- 14.1　性格は変化するか ……………………………… 217
- 14.2　性格はどのような場合に変化するか ………… 224
- 参考図書 ……………………………………………… 233
- BOX 14　摂食障害　234

15章　文化とパーソナリティ　235

- 15.1　文化とパーソナリティに関する理論 ………… 235
- 15.2　権威主義的パーソナリティ …………………… 236
- 15.3　性役割の文化差 ………………………………… 237
- 15.4　日本人の国民性 ………………………………… 239
- 15.5　文化とパーソナリティに関する解釈的研究 … 241
- 15.6　文化とパーソナリティに関する実証的研究 … 242
- 参考図書 ……………………………………………… 247

目　次

引 用 文 献 ……………………………………………… **249**
人 名 索 引 ……………………………………………… **258**
事 項 索 引 ……………………………………………… **261**
執筆者紹介・分担 ……………………………………… **266**

性格の定義・性格の研究史

　性格は日常の生活と深いかかわりをもっている。他者に対する好悪，結婚の幸・不幸，職場のいごこちのよさなどはいずれも性格の問題が関係している。ふとした会話においても自分や他人の性格はよく取り上げられる。「なぜあの人はあんなことをするのだろう」と自分と他人との間の大きな相違に驚くことがある。性格についての関心は，相互間の違いが大きいという事実に基づいていることが多いのである。

1.1 行動と性格

1.1.1 性格とは何か

　「Aさんは話し好きで親切，困っている人がいると親身になって相談にのってくれる。じっとしていることが嫌いで思いついたことをすぐ実行する……」「Bさんはおとなしくて，自分の意見は聞かれないと言わないし，自分の話をしたがらない。争いごとを避ける。趣味が豊かで文学や音楽のことをよく知っている……」AやBは男性であっても女性であっても差し支えない。いずれもそれぞれの人柄を叙述したものである。Aについては親切，活動的，明朗な人という印象がもたれやすい。Bについては静かで控え目，内向的な人と思われることが多いであろう。性格類型学の知識をもっている人は躁うつ気質，分裂気質，あるいは外向型，内向型という概念を思い出すかもしれない。Aのことをでしゃばりで軽率，Bのことを陰気で何か劣等感をもっているのではないかと考える人もいるだろう。Aという人物を親切な人と好意的にみることもあれば，でしゃばりと評することもある。ものの大きさ，重さ，広さなどについては複数の人の判断が大きく相違することはない。しかし個人の性格は，その人のどんなところをみているか，その人に好意的かどうかによって見方が著しく違ってくることがあるのである。

それでは性格とは何か。いうまでもなく性格という「もの」があるわけではない。性格は，それが何らかのかたちで行動に反映されたときに，初めて観察が可能になる。個人の示す行動には，その人らしいと周りの人に思わせるような一貫性がある。また，ほかの人とは違った独自性がある。性格とは，その人の基本的な行動傾向であるという定義はこのような事実に基づくものなのである。

　イヌにもネコにも乱暴なもの，おとなしいもの，素早いもの，遅鈍なものなどの個体の特徴はある。高等哺乳類の同一種間の個体差は，多分，昆虫や爬虫類のそれよりも大きいであろう。一般に生物は高級になるほど個体差は大きくなる。人間の場合は，年齢の増加とともに個体差は一般に大きくなる。

1.1.2　行動と性格

　ところで人間の行動は何に基づいているのだろうか。人を動かすものとして欲求，要求，動因，動機などということばがある。このことは，たとえば仕事をしていたら水が飲みたくなったので立ち上がって水道のそばに行くという行動を考えれば容易に理解できよう。この場合の行動は，水を飲むことで満足し，その行動は終結する。しかしすべての行動はこのように簡単なものではない。周りの情況によって出現のかたちはいろいろと変化する。水を飲むというような単純な行動ですらときと場合によっては我慢しなくてはならない。何のきがねもなく平気でトイレに行けるときと，非常に行きにくいときがあることは誰もが体験的に承知していることである。

　一般に人間の行動は自然的環境，物理的環境，社会的環境によって影響を受ける。気候が暑いか寒いか，高くて危険な場所か毎日そこで暮らしている室内か，お葬式の席か結婚のお祝いの席かで，同じ人の行動であっても著しく相違するものである。その人についての情報がまだ不十分で，何となく威圧感のある高齢者と相対しているときと，古くからの親しい友人といるときとではことばの使い方も態度もかなり違ったものになる。知人に道で会って挨拶したが，彼は足早に無愛想に通り過ぎてしまった。そのときは彼らしくないと思ったが，後で非常に急いでいたのだということがわかれば，「ああそうだったのか」と

理解できよう。彼のそのときの情況と行動との関係がわかったのである。薄暗くなった山道で，同行の若い女性が悲鳴をあげて立ちすくんだ。蛇がいるというのである。よく見るとそれは古い縄であった。客観的に存在するのは古い縄であっても彼女の主観的世界には蛇がいたことになる。勘違いや思い違いのために行動が著しく違ってしまうことは日常よく経験することである。

このように人の行動は環境の諸条件，あるいはそのときの情況によって変化するものなのである。

しかし環境の諸条件が類似したものであっても，そこで認められる各人の行動には相互にかなりの差が認められる。初めて会ったときから明るく，気楽に振舞える人もいれば何度会ってもなかなか心の中をみせない人もいる。つまり行動の規定要因の中には，その人がおかれている環境の諸条件のほかに行動の主体者である，その人自身に帰せられる要因も多いのである。性格というのは行動の個人差を環境の諸条件からではなく，個人の条件に関して説明しようとするときに用いられる概念なのである。

1.2 性格とパーソナリティ

1.2.1 語源と定義

性格は character（英），Charakter（独），の訳語である。昔，土地の境界に目印の石を置き，それに所有者の名前などを刻み込んでいたが，その刻み込む，彫り込むというギリシャ語をこのことばは意味していた。転じて標識を意味するようになったが，語源から考えて静態的で固定的である。

性格について，心理学では多様な定義があるが，共通するところは個人の行動にみられる感情や意志の特徴であること，一貫性と安定性をもつものであることである。その人を特徴づけている基本的な行動傾向といえよう。

パーソナリティ（personality）ということばはラテン語のペルソナ（persona）に由来するといわれている。これは当時，演劇などで使用された仮面を意味していた。やがてそれは俳優が演ずる役割をいうようになり，さらにその役を演技する人の意味にもなった。語源から考えて社会的役割，外見的な自

分という意味が含まれている。

　かつてドイツではCharakter（性格）ということばがよく用いられ，Charakterologie（性格学）という講義も開講されていたし，講座の名称にもあった。日本でも以前は性格ということばがよく用いられていた。昭和12年に正木　正と依田　新によって書かれた「性格心理学」という著書もある。英語圏ではcharacterはあまり使用されず，personalityが用いられた。1938年に出版されたオールポート（Allport, G. W.）の有名な著書は"*Personality*"と名付けられている。わが国でも現在はパーソナリティということばが多く用いられるようになった。これに人格という訳語が与えられ，人格心理学ともいわれているが，もともと人格には「高潔な人格」とか「人格にかかわる行為」というように道徳的意味が含まれているので，最近の心理学では人格ということばはあまり使用されず，パーソナリティと片仮名で表記されることが多くなった。

　性格とパーソナリティはほぼ同じ意味に用いられることも多いが，語源から考えて性格が比較的変わりにくい個人的特徴という点を強調しているのに対し，パーソナリティというときには，環境に対する適応機能の全体的特徴がどうかという点を問題としている。したがってパーソナリティには知能，態度，興味，価値観なども含められ，性格よりも広い概念として用いられることがある。オールポートは「パーソナリティとは個人のうちにあって，その個人に特徴的な行動や思考を決定する心理物理的体系の力学的体制である」と定義している。これは古典的な定義として定評のあるものである。柏木惠子（1970）はその著書の中で「人格は有機体の行動に特殊的，個人的傾向と統一性・連続性を与えているものの統合」と述べている。適切な定義である。ここでの人格ということばはそのまま性格とおきかえることも可能であろう。平易なことばでいえば，性格とはその人の行動にその人らしさを与えるもので，全体としてのまとまりと，過去から現在，現在から将来へのつながりをもつことを示している。

　気質ということばも古くから個人の感情的反応の特徴を示すものとして用いられてきた。その特徴は刺激に対する感受性の程度，反応の強度や速度に現れる。これらは個体内部の生理学的過程との関連が深く，先天的に決定されやすいものと考えられている。気質的特徴の個体差は新生児においてすでに認めら

れる。感受性や活動性に関する差異である。音や光のわずかな変化にも敏感に反応する赤ちゃんと，平然として動じない赤ちゃんがいる。手足を活発に動かし動作の激しい赤ちゃんもいれば，おとなしい赤ちゃんもいる。このような発達の初期から認められる気質的特徴が成長後の性格の基礎となっていくことが考えられる。

1.2.2 性格の一貫性

　これまでも述べてきたように，性格あるいはパーソナリティということばを用いるときには，さまざまな状況を通して行動に独自性と一貫性を与えるような，持続的な内的特性が個人の中に存在するという考え方が一般的である。他人からみた場合，AはいつもAらしく，1週間前に会ったときとは服装も違っているし，話したことも違っているが，AはやはりAであり，1週間後に彼と会っても基本的には違っていないだろうという認識がある。ところがこのような安定した特徴の存在に対して，そのようなものは実証できないとミッシェル（Mischel, W.）が主張して論議を招いた（2.5.1参照）。彼は大学生を対象にして「勉強に対する熱心さ」の指標となるものとして，1日の中での勉強に使う時間，授業への出席率，レポート提出の几帳面さなど19項目を取り上げた。そして各側面から各人を測定した。それによると同一指標，たとえばレポートを指定された日にきちんと提出するものは，いつもその通りにするが，ほかの種類の指標との間にはかならずしも高い相関は認められなかった。勤勉さ，社会性，几帳面さ，支配欲などの諸特性は，日常よく問題とされるが，このような特徴がつねに個人に一貫して認められるとはかぎらないというのである。ある若い女性は有能な秘書として，厳格な上司のもとで昼間はきびきびと働いている。退社後，彼女は親しいボーイフレンドと会って食事をしたり遊んだりする。オフィスにいるときと夕方のレストランにいるときとでは彼女の行動にもことばの使い方にも大きな相違が認められる。

　ミッシェルの主張の後，状況を越えて行動の一貫性は高いのか低いのかが慎重に検討された。そして行動の種類によっても，また個人によっても一貫性が顕著な場合と，そうでない場合もあることが示された。これは日常の知見から

も知りうることで，ある人は周囲の状況からの影響が少なく，比較的一貫した行動を示す。孤高を保っていると表現される場合がその一例で，ときに偏屈ともいえるような硬さが認められる。これに対してそのときそのときの状況を敏感に受けとめて適応している人もいる。柔軟といわれることもあるが定見とか信念がないといわれることもある。

　われわれは他人に接し，その人を几帳面とか我慢強いと認めて，それに応じてその人と交際している。これは自分がその人の行動や自分に対する態度から，几帳面で我慢強いという印象を得ているということで，ほかの第三者もその人のことをそのように見ているとはかぎらない。相手に対する印象は交際を重ねているうちに徐々に変化することもあれば，急に変化することもある。急に変化したときには見損なったとか，見直したとかいう気持ちを体験する。

　人は自分が判断し評価したように相手はあると考えがちである。人によって見方は違うのだということは理屈としては承知していても現実にはそれを確かめる機会がない。入社試験の折などに，1人の青年Aについて会社側のXとYが面接し，Aの退去後，Aの性格についてXとYが語り合うと，面接した時間も状況も同じであるにもかかわらず，Xが得たA青年の印象と，Yの得たそれとがときに大きく違うことがある。Xは誠実だと評したことを，Yは愚直だと言う。Yは実行力があると言ったことを，Xは軽率だと評する。A青年の背の高さとか体型についてXとYの評価が大きく相違することは普通はありえない。しかし性格の評価はその人物に対して好意的であるか，そうでないかによってかなり異なって記述される。**表1.1**にあげる形容詞はそれを示したもので，左側が好意的にみた場合，右側がそうでない場合の例である。同じ人物の同じような行動も，まるで違った印象を与えることがある。

　このような例はいくらでもあげられよう。他人をどうみるかにはみる人自身の性格や人生観が関与しているのである。以上のことは自分の性格についてもいえる。ある人は自分のことを寡黙で責任感が強いと思っている。これは彼が自分について抱いている自己像であって，彼を知っている人のすべてが同じように思っているとはかぎらない。彼のこの特徴を，自分をめったに語らない用心深い人で，しかも他人に対してものごとを厳しく追求する人とみて敬遠して

表1.1　好意の有無による性格評価の違い	
好意的な場合	好意的でない場合
意志が強い ———	頑固
さっぱりしている ———	単純
積極的 ———	あつかましい
世話好き ———	押しつけがましい
社交的 ———	軽薄
粘り強い ———	執念深い
上品な ———	きざな

しまうこともある。自分に対する態度がどうもおかしいと感ずるときには，自分の性格が自分の思っている通りに理解されていないという場合があるのである。自分がかいかぶられているとか見くびられていると思うことがある。過大評価，過小評価というのは自己像と，自分についての相手の認知像の不一致に気がついたときに生ずる問題である。

1.2.3　性格のとらえ方

　性格についての考え方をいろいろと述べてきた。性格の考え方には大きく分けて2つある。1つは「性格というのは相手に対する刺激価，あるいは社会的効果である」とみる考え方である。刺激価というのはAという1人の人がどんな人として相手に受け取られているかということである。Aを刺激を出すものと考えると，その受けとめ方はまるで違ってきてしまうのである。第1の立場は「Aの性格はAの中にあるのではなく，Aの発するものを各自がどうとらえたかによるものである」という考え方である。平易なことばでいえば，Aについて各自が抱いている評判がAの性格ということになる。この考え方にももっともなところがある。前にも述べたように，われわれはある人についてある印象をもつと，それに対応した行動をとる。自分を中心に考えると，自分が理解している彼以外の彼は知らないわけであるから，自分の理解している彼を

真の彼と考え，それに応じた対応の仕方をするよりほかないのである。誤解したり見損なったりすることはある。それはそのたびに修正していけばいいのである。彼の性格は彼の内にではなく，彼と私の関係の中にあるというのがこの第1の立場である。

これに対して第2の立場は，「性格というのはその人の内部にあって，その人らしい行動の傾向を生み続けているもの」とみる立場である。他人に対する刺激価というのでは，「孤島に1人で暮らしているロビンソン・クルーソーには性格はないのか」と反論される。人の行動は詳細にみれば，状況によって変化するが，もう少し大局的にみれば，AにはAらしい，BにはBらしい行動傾向がある。楽観的な人は楽観的な人らしく，心配したり焦ったりすることが少なく，のんびりとした屈託のない態度や行動が彼の生活のすべてにしみ通っている。社交的な人はどこに行っても新たな友人をつくるし，人前に出ることに恐れを感じない。個人の内にある一貫した，持続性のある傾向を性格とみる立場が第2の立場である。私はこの第2の立場に従っている。

性格についての，この2つの考え方はかなり違うように思われるが，次のように考えれば両立するものとみることができる。

ある個人の他人に及ぼす社会的効果は確かに受け取る人によって相違するが，受け取る人は相手の中に一定の行動傾向があることを認めている。また性格を個人の中にあると考える立場も，それが相手によって受け取られ方に差が生ずるという事実は否定できないのである。

1.3 性格の研究史

1.3.1 性格研究の萌芽

いつの時代にも性格についての関心はあった。日常の市民生活においても政治のかけひきにおいても，相手の性格がどうであるかを知らないと対応行動ができない場合がたくさんあるのである。どんなタイプの性格があるのか，なぜこの人の性格はこうなのだろうかということが主な関心事であった。

性格に関する現存の最古の書物は，紀元前3世紀にギリシャのテオフラスト

スによる『エチコイ・カラクテレス』(『人さまざま』という書名で邦訳がある)であるといわれている。尊大，貪欲，猫かぶり，粗野，おせっかい，虚栄，臆病，けちんぼというような特徴をもった人物を軽妙に描写している。ここに登場する人物はいずれも2千年以上も前のアテネの市民であろうが，これらの人物とほぼ同じような性格の人を現在のわが国にも認めることができる。すべてが電化されている現在の生活と当時とは家具も生活の仕方も著しく相違するが，この本を読むと人間の性格は時代が変わり，生活様式が変化しても，それほど変わるものではないという印象を受ける。

テオフラストスの示した性格考察の方法は西欧の文化の中に継承された。モンテーニュ，パスカル，ラ・ブルュイエールなどの随想録・箴言集に性格についての深い洞察と叡智をみることができる。

性格研究のもう1つの流れは，やはりギリシャ時代の気質分類の構想にみることができる。2世紀にガレノスは体内に血液・胆汁・黒胆汁・粘液の4種の体液があるという説に基づき，そのどれが優勢になるかに従って多血質，胆汁質，憂うつ質，粘液質の4つの気質が出現すると考えた(**表1.2**)。体液と気質を結びつける考え方はその後，否定されたが，この4つの気質の名称は今も残っている。人間の性格を何らかの方法で分類しようとする試みは，やがて類型学になるのであるが，その萌芽は古くからあったのである。

表1.2　ガレノスの4気質説		
気　質	対応する体液	性格の特徴
多血質	血　液	快活，明朗，気が変わりやすい，深みがない，世話好き
胆汁質	胆　汁	せっかち，短気，積極的，意志が強い，興奮しやすい
憂うつ質	黒胆汁	用心深い，苦労性，消極的，敏感，無口，悲観的，気が重い
粘液質	粘　液	冷静，冷淡，勤勉，感情の変化が少ない，沈着，粘り強い

1.3.2 心理学と性格の研究

性格研究はこのようにギリシャ時代にまでさかのぼりうる長い歴史をもっているが，19世紀半ばまでは観相学，骨相学，筆跡学を別にすると，とくに注目すべき考え方の発展はみられなかった。

『性格学（Charakterologie）』を書名とした本がドイツの哲学者バーンゼン（Bahnsen, J.）によって書かれたのは1867年のことである。この本の内容は思弁的で，実証的な基礎に立ったものではなかった。

19世紀は自然科学がめざましく発達した時代であった。その中でとくに感覚器官や神経系統に関する生理学の研究が直接的にも間接的にも心理学の発達に影響を与えた。また心身の数量的関係を研究する新しい学問としてフェヒナー（Fechner, G.）は精神物理学を提唱した。このように哲学者や自然科学者によって心理学的問題についての考察や実験的研究がなされ，これが心理学を独立した学問としようとする気運をつくった。物理学が物理現象の法則を研究したように，心理学は自然科学的研究方法を積極的に取り入れて心の現象の一般的法則を研究すべきであると考えた。

ヴント（Wundt, W.）がドイツのライプチヒ大学に世界で最初の心理学実験室をつくったのは1879年で，この年は心理学独立の年とされている。ヴントは意識を心理学の研究対象と規定し，内観法によって各自の意識を分析し，化学が複雑な化合物を単純な元素に分析するように意識を心的要素に分析することを目標とした。

現代心理学の基礎はこのようにしてつくられたが，その主流となった実験心理学はもともとが実験室的な感覚生理学に基づいていたので研究対象は感覚や知覚の領域に関することが多く，性格のような人間全体を対象とする複雑な問題はなかなか取り上げられなかった。

これに対して精神医学は性格の問題に早くから注意を払ってきた。たとえば統合失調症（精神分裂病）においては病気の進行に伴ってほぼ定型的な性格の変化が認められることや，一般の人とは著しく異なった性格のもち主のことが知られていた。性格についての心理学的研究は精神医学からたくさんのことを学んでいるのである。

1.3 性格の研究史

　整った設備のある部屋で，精密な測定器具を用い，ときには動物を被験体として実験を重ね，個体差をなるべく排除して，心理現象の一般法則を研究しようとする実験心理学と，個体差そのものを問題とする性格心理学とは発達の経過が違い，研究方法も違っていた。両者の間には長い間，交流がなかったのである。

　性格心理学が問題としたのは，まず性格にはどんな類型があるか，どんな特性からつくられているかということであった。本書で取り上げられている類型論，特性論がこれである。性格はどのような構造をもっているかも研究の課題である。性格の発達過程，発達の規定要因も大きな関心をもって研究された。さらに性格の測定，診断のために多くのテストがつくられた。これらに加えて，最近は臨床心理学，発達心理学，社会心理学，精神医学，大脳生理学，コンピュータ科学などの発展と対応して研究が重ねられるようになった。数理モデルを基礎におき，コンピュータを駆使して多量の資料の分析をするという研究もあれば，現代の社会が生んださまざまな不適応現象の詳しい事例研究もある。性格心理学で取り上げられる研究課題も拡大されて，たとえばストレスの対処法，性役割の習得過程，人間関係に関する問題，パーソナリティ発達の異文化間比較の問題など多様になってきた。学際的な傾向はどの学問でも認められるが，性格の研究領域においてもこの傾向は著しく認められる。

[参考図書]

宮城音弥　1960　性格　岩波新書　岩波書店
瀧本孝雄・鈴木乙史・清水弘司（編著）　1985　性格の心理　福村出版
詫摩武俊（編）　1974　性格心理学　大日本図書
詫摩武俊　1971　性格　講談社現代新書　講談社
清水弘司　1998　はじめてふれる性格心理学　サイエンス社
榎本博明　1998　「自己」の心理学――自分探しへの誘い　サイエンス社

BOX 1　日本の性格心理学

　日本の性格心理学の歴史の中でもっとも古い文献は，渡辺　徹が明治45年（1912）に著した『人格論』である。彼はその後もヘルパッハ（Hellpach, W.）の『風土心理学』（1915），シュテルン（Stern, W.）の『人格学概論』（1931）の翻訳をしている。彼の日本における性格心理学の発展に対する功績は特記すべきものがあったといえよう。

　その後，昭和6年（1931）に，高良武久は『性格学』という本を書いて当時のヨーロッパにおける性格学を紹介している。この本は当時における性格学の定本として広く読まれていた。

　昭和7年（1932）には，内村祐之によってクレッチマー（Kretschmer, E.）の『天才人』が訳出され，さらに，淡路円治郎，岡部弥太郎によって，ユング（Jung, C. G.）の向性検査の翻案が「心理学研究」（第7・8巻）（昭和7，8年；1932，1933）に発表された。

　昭和12年（1937）になると，正木　正と依田　新によって『性格心理学』が出版された。この本は類型学および人間学を中心とした性格学への構想の序論であり，高く評価されている。

　戦後はアメリカ心理学からの影響が大きく，戦前の類型論から特性論へと展開していった。同時に，性格心理学についての概論書も数多く出版されるようになった。戸川行男の『性格の類型』（1949），佐藤幸治の『人格心理学』（1951）などは，それぞれ特色をもった本である。

　昭和35年（1960）には，戸川ほかの編集によって「性格心理学講座」全5巻が刊行され，性格心理学に関する知識の整理が行われた。

　さらに，平成元年（1989）より，本明　寛ほか編によって，「性格心理学新講座」全6巻が，順次刊行された。

　平成10年（1998）には，詫摩武俊の監修によって，『性格心理学ハンドブック』が刊行された。本書は1064ページの大書で，現在，日本の性格心理学に関する文献の中ではもっとも代表的なものである。

　平成11年（1999）から平成13年（2001）にかけては，詫摩武俊ほか（編）による，「シリーズ・人間と性格」が刊行された。本シリーズでは，性格の理論，性格の発達をはじめ，対人関係，病理，不適応などとの関連について，全体で8巻にまとめられており，性格について幅広く理解するには有益な図書といえよう。

　性格心理学の研究は，多くの研究が着実に重ねられるようになったが，全体的にみると性格の研究領域は心理学の中では，まだ未開拓の部分も多くもっている領域であるといえよう。

性格に関する主な文献（参考図書）（1960年以降）

著者	年	書名	出版社
宮城音弥	1960	性格	岩波書店
戸川行男ほか（編）	1961	性格心理学講座（全6巻）	金子書房
正木　正	1962	性格の心理	金子書房
詫摩武俊	1967	性格はいかにつくられるか	岩波書店
依田　新	1968	性格心理学	金子書房
井上健治（編）	1970	テストの話	中央公論社
佐治守夫（編）	1970	講座心理学 10　人格	東京大学出版会
詫摩武俊	1971	性格	講談社
詫摩武俊ほか（編）	1972	性格は変えられるか	有斐閣
詫摩武俊（編）	1974	性格心理学	大日本図書
星野　命ほか（編）	1975	人格心理学 4	有斐閣
祖父江孝男	1976	文化とパーソナリティ	弘文堂
依田　明	1976	性格はどのようにつくられるのか	あすなろ書房
藤永　保ほか（編）	1977	テキストブック心理学 6　性格心理学	有斐閣
詫摩武俊（編）	1978	性格の理論（第2版）	誠信書房
塩見俊雄ほか（編）	1982	心理検査・測定ガイドブック	ナカニシヤ出版
長島貞夫（監）	1983	性格心理学ハンドブック	金子書房
福島　章	1984	性格をどう生きるか	彩古書房
河合隼雄ほか	1984	性格の科学	小学館
瀧本孝雄ほか（編著）	1985	性格の心理	福村出版
中西信男	1985	性格を知る	有斐閣
林　潔ほか	1989	カウンセリングと心理テスト	ブレーン出版
本明　寛ほか（編）	1989	性格心理学新講座（全6巻）	金子書房
北村晴朗	1991	自我の心理・続考	川島書店
藤永　保	1991	思想と人格——人格心理学への途	筑摩書房
松原達哉（編著）	1995	心理テスト法入門	日本文化科学社
青柳肇邦ほか（編著）	1996	パーソナリティ形成の心理学	福村出版
柏木繁男	1997	性格の評価と表現	有斐閣
詫摩武俊（監）	1998	性格心理学ハンドブック	福村出版
鈴木乙史	1998	性格形成と変化の心理学	ブレーン出版
杉山憲司ほか（編著）	1999	性格研究の技法	福村出版
詫摩武俊ほか（編）	1999〜2001	シリーズ・人間と性格（全8巻）	ブレーン出版
瀧本孝雄	2000	性格のタイプ	サイエンス社
半田智久	2002	パースナリティ——性格の正体	新曜社

（瀧本孝雄）

性格の諸理論

　性格に関する理論は，従来よりかなりの数にのぼり，また，そのアプローチの仕方や，基本的な考え方にも，多くの相違が認められる。
　本章では，これらの中で，代表的な性格の理論として，フロイトの精神分析理論，レヴィンの場の理論，シアーズ，ミラー，ダラードなどを中心とした学習理論，ロジャーズの現象学的理論について，それぞれ性格との関連について，その基本的な考え方を述べることにする。

2.1　精神分析理論と性格

　精神分析学の理論を体系化した，フロイト(Freud, S.)は，20世紀前半に活躍し，彼の思想は心理学，精神医学はもとより，文学，芸術，文化人類学など広い範囲に影響を及ぼしている。

2.1.1　性格の構造論

　精神分析の理論の基本をなすものとして，フロイトは**小児期体験**の重視，**小児性愛論**，**抑圧**についての考え方，**無意識**の重視などをあげている。

　フロイトの理論には絶えず変化と発展があって，これを整然とまとめるのは困難であるが，一般には理論そのものを**性格の構造論**(**心的装置論**)，**欲動論**，**無意識論**，**発達論**，**防衛機制論**，**神経症論**，**夢解釈論**などに大別することができる。もちろんこれらの理論は相互に密接に関連し合っている。ここではまず，フロイトの理論の中心となる性格の構造論について述べる。

　フロイトは性格の構造として，**イド・自我・超自我**の3つの領域を考えた(図2.1)。この3つの体系はそれぞれ独自の機能，特性，内容，力学をもっている。

　イドは精神のもっとも原始的な基礎となる層，自我は現実に適応する機能を

2.1 精神分析理論と性格

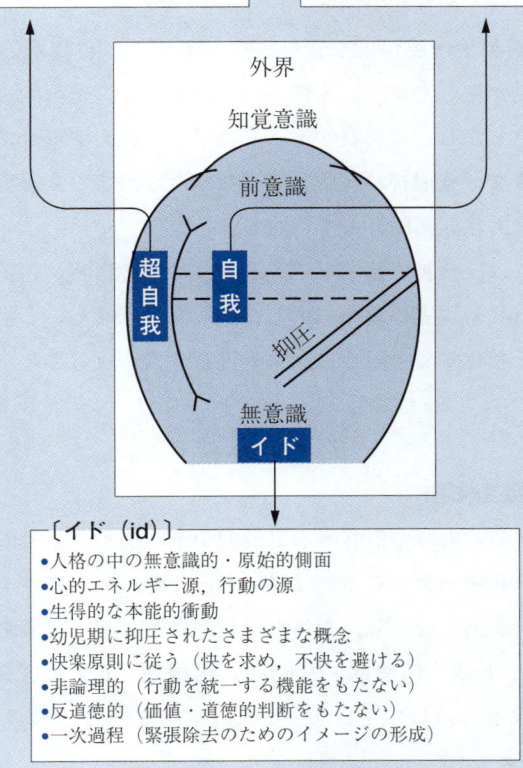

図2.1　フロイトの性格構造論

強調するときの主体，超自我は人間社会の道徳が個人に取り入れられたものと考えられる。

イド・自我・超自我についての特徴と機能については図2.1に示した通りである。

フロイトは，人間の心を1つの装置（心的装置）と考え，その心的装置の3つの領域をそれぞれ，イド，自我，超自我と呼んだのである。そしてこれら3つの領域の機能が力動的に関連し合いながら，人間の心を構成し，人間の具体的な行動を決定するのである。

人間の行動の基礎には衝動があり，それを促すのがイド，抑圧したり修正したりするのが，自我・超自我である。

イドが強いと衝動的・感情的な行動が生じやすく，自我が強ければ，現実的・合理的な行動が生じやすい。また超自我が強いと，道徳的・良心的行動が生じやすくなる。しかし，超自我があまり強いと，絶えず自分の行動を点検しなければ気がすまない強迫神経症的状態になったり，また非現実的な自己批判によって，うつ病的状態に陥りやすくなる。

フロイトによれば，精神の健康な状態というのは，自我が精神の主体となり，イドの衝動を超自我や現実の要請に応じながら満足させていく状態である。したがって，自我を強化するとともに，柔軟性を身につけることが非常に重要な課題となる。

2.1.2　精神の発達段階

フロイトは，人間のあらゆる営みの原動力を本能衝動としての**性本能**に求めた。この**性的エネルギー**をフロイトは**リビドー**と呼んだ。フロイトは，性本能をいくつかの部分衝動に分類し，それらが精神発達と強く関係する点に注目した。そしてフロイトは，**口唇期，肛門期，男根期（エディプス期），潜伏期，性器期**の5つの段階を設けた。5つの時期の年齢範囲と，その時期の特徴を，表2.1にまとめてある。

フロイトの発達段階理論では，各段階での身体的部位によって得られる快感をどのように受け取るかが，性格の中心的な元型を形成する重要な条件である

表2.1 フロイトの発達段階理論

	時　期	特　徴
口唇期	生後1年半ぐらいまで	○親の保護にまったく依存している時期。 ○乳を吸う活動を通して，口唇粘膜の快感を楽しむ。 ○授乳者である母親との関係によって性格の基本となる安定感・無力感あるいは人に対する信頼感を形成。
肛門期	生後8カ月〜3, 4歳	○口唇期の後半と重複。 ○肛門や尿道の括約筋が完成し，排泄のしつけがなされる。 ○身体の内部から外部へ出すことに伴う快感を味わう。 ○排泄訓練により自分自身をコントロールすることを学ぶ。
男根期	3, 4歳〜6, 7歳	○異性の親に対する性愛的愛着，同性の親に対するライバル意識や嫉妬を抱く（エディプス・コンプレックス）。 ○父親に敵意を抱くことが罪悪感を生じさせ，不安・恐怖を招く（去勢不安）。 ○父親をライバル視するのをやめモデルとするようになる（同一視）。
潜伏期	児童期	○去勢不安により，抑圧された性的衝動が一時潜伏。 ○関心が勉学や遊びに向き，人間関係は家の外の友人関係に拡張。 ○友人関係は同性中心で，それを通じて男らしさ・女らしさが強化される。
性器期	思春期〜成年期	○身体的成熟が急激に進む。 ○他者を強く意識し，他者との比較によって自己を評価し，自己を強く意識する。 ○理想的自己と現実の自己とのギャップを意識しながら主体的自己を形成。 ○異性との間に相互的で親密な関係をつくろうとする。

としている。身体部位は身体の内部と外部を結ぶ粘膜質の部分である。この部分は，内外でものをやりとりする際の刺激に敏感に反応するようにできている。そして，このような身体部位での快感，不快感が，人間の性格や人間関係の形成に大きな役割をもっているとするところに，フロイトの考え方の特徴がみられる。

　次に各段階での育児態度と性格との関連および他者との人間関係の変化など

について述べる。

　口唇期は，乳児が母親にまったく依存しているため，母親が子どもにどのような関係をつくるか，つまり母子関係のあり方によって，性格の基礎となる安定感や信頼感の有無が決定される。母親に対する信頼感はまた，人間一般に対する信頼感の基礎ともなる。

　肛門期はしつけが始められる時期である。排泄に対するしつけを親がどのような態度で行うかが重要である。排泄訓練に手間どると，几帳面，しまりや，頑固といった特徴が多く現れ，またしつけが早すぎたり，厳しすぎたりすれば，我の強い，意地っぱりで拒否的な性格が形成される。排泄のしつけが適切であれば，自分で自分をコントロールできる安定した性格が形成される。

　この時期は，初めてしつけがなされる時期であるので，性格形成上きわめて大きな意味をもっている。

　男根期は，親への同一視によって，男の子は男らしさを，女の子は女らしさを形成する。またこの時期では，親のもつ道徳心，良心を身につける超自我形成の時期でもある。

　潜伏期になると，仲間関係が同性中心となり，同性との交流が活発となり，それを通じて男らしさ・女らしさがますますはっきりと形成されていく。

　性器期は，この時期の前半においては同性の友人，後半においては異性との間に相互的で密接な関係を築くことが重要な課題となる。

　以上，フロイトの性格の構造論と精神の発達段階理論について述べたが，フロイトの理論には多くの飛躍が認められ，また前期と後期とをくらべると，そこに変化や発展があるため，理解しがたい面も少なくない。

　フロイトの用いた諸概論は，直観や思弁を通して構成されているので，実証しがたく妥当性の検討も不十分である。このように，フロイトの理論には批判されるべき点が多いのにもかかわらず，心理学，精神医学に及ぼした影響はきわめて大きいといえよう。

2.2 場の理論と性格

　レヴィン（Lewin, K.）は，ウェルトハイマー（Wertheimer, M.），ケーラー（Köhler, W.）とともに**ゲシュタルト心理学**（形態心理学）の創立者である。彼はゲシュタルト心理学や場の理論の考えを，意志・動作・情緒など，人格の広い領域にまで展開，発展させた。

　レヴィンの性格理論は**「場の理論」**といわれているが，これは彼が物理学における磁場や電場などの「場」の考え方を心理学に応用したものと思われる。

　この理論では，性格は環境から離れて存在するものではなく，つねに環境との関係において理解される。場の理論の特徴はその力学観にあり，それは行動を分類し，記述するだけでなく，行動はどんな条件でおこるかという問題を明らかにしようとするものである。

　ここでは，レヴィンの場の理論について，人の構造と個人差という観点から述べることにする。

2.2.1　人の構造

　レヴィンはある一定の時点において，個人の行動を規定する事実の全体を**生活空間**（life space）と呼んでいる。彼は個人の行動を直接に規定するのは，その個人のその瞬時における生活空間であるとし，行動の根本法則は $B = f(s)$ として表現した。ここで B（behavior）は個人の行動，f は関数，s は生活空間をあらわしている。この公式の意味は，行動は生活空間の構造に依存し規定されるというものである。生活空間 s は，人・P（person）の部分と環境・E（environment）の部分に分かれる。そこで $B=f(s)$ は $B=f(P, E)$ となる。つまり，人の行動は，人と，その人を取り囲む環境との相互作用によって規定されるというものである。

　このような考えに基づき，レヴィンは人の構造というものを考えた。それは**内部人格領域**と**知覚・運動領域**の2つからなり（**図 2.2**），この2つの領域は，それぞれ機能的には異なる部分領域をもつ層構造をつくっている。

　知覚・運動領域は，周辺部に属し，そのうち知覚系は情報の器官として，環

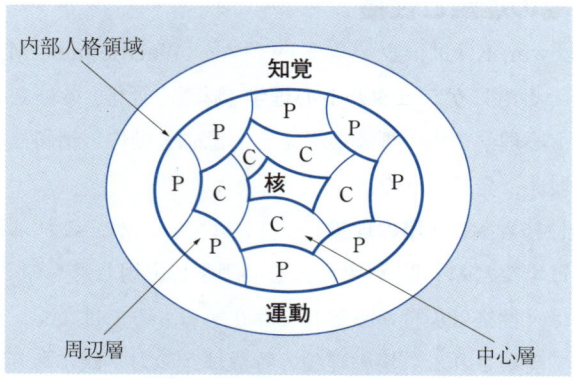

図2.2 レヴィンの「人の構造」（Lewin, K., 1935を改変）

境から情報をとらえて，それを内部人格領域に伝え緊張をおこさせる。運動系は，人の内部人格領域に生じた緊張を言語や行為などの手段で表出し，環境にはたらきかける機能をもっている。

　内部人格領域には，一番深いところに核があり，比較的中心部に位置する**中心層 C**（core）と，比較的周辺部に位置する**周辺層 P**（periphery）から成り立っている。

　内部人格領域の中でも，中心に近いほど環境からの影響を受けにくく，周辺に近いほど表出されやすく，外部からの影響を受けやすい。

　中心層と周辺層との境界は固定したものではなく，そのときどきの具体的状況によって変化する。

2.2.2　個人差

　レヴィンの構想では，個人は何らかの統合性をもった独立した系とみなされるが，その個人差をつくるものとして，いくつかの点をあげている。ここでは，その中で分化度，硬さ，および開放型と閉鎖型について主に述べる。

1. 分 化 度

分化度というのは，人格の複雑さ・単純さの程度のことをいい，分化度は基本的には部分領域の数とそれぞれの領域の機能的分離の程度によって決定される。

一般に児童は成人よりも分化の程度が低い。また知的遅滞児は，同じ年齢の正常児にくらべて分化度が低いと考えられている（**図2.3**）。

人は全体としての分化度に差があるだけでなく，部分領域の分化度も等しくない。部分領域のうち，どの領域がよく分化し，どの領域が分化していないかに関しては個人差が著しい。たとえば，誰でも自分の専門のことについては詳しく，分化した知識をもっているが，ほかの領域となると，それほど分化していないのである。

2. 硬　　さ

ある領域に緊張が生じたとき，それがほかの領域に強い影響をもたらすほど，相互が密接に関連していることもあれば，逆にまったく分離していることもある。このような部分領域相互間の交通度をあらわす概念として境界の**硬さ**という概念が用いられる。つまり，境界が硬いほどある領域から隣接する領域への

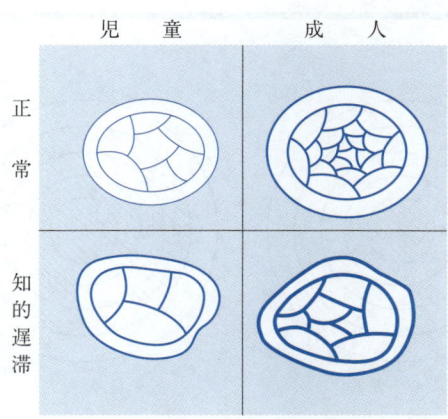

図2.3　性格の分化度と硬さ（Lewin, K., 1935）

影響は少ないと考えられる。

たとえば，子どもとおとなをくらべると，子どもは分化度が低いばかりでなく，硬さの程度も低い。つまり内部領域，運動領域の間でも，内部領域相互の間でも境界は硬くなく，1つの部分体系の緊張はより容易に全体に波及する。一般に硬さは年齢とともに増大するとレヴィンはいっている。レヴィンはさらに，いくつかの実験から，知的遅滞児は，同年齢の正常児にくらべて境界が硬いということを見出している。

3. 開放型と閉鎖型

レヴィンは典型的なアメリカ人とドイツ人の性格の構造の違いについて述べている（図2.4）。それによると，たとえば人の内部をかりに5つの層と考えると，アメリカ人は比較的通過しやすい4つの周辺領域と通過困難な境界で仕切られた中心領域とからなっている。これに対してドイツ人は周辺的な層だけは簡単に入れるが，それから中心的な領域に近づくことは困難である。

そこで，アメリカ人は開放的で交際もあるところまでは容易に進行するが，親しい関係になるためにはより明瞭な一線がある。したがって友好関係は表面的に終わってしまうことが多い。ドイツ人は逆に閉鎖的で，とっつきにくいと

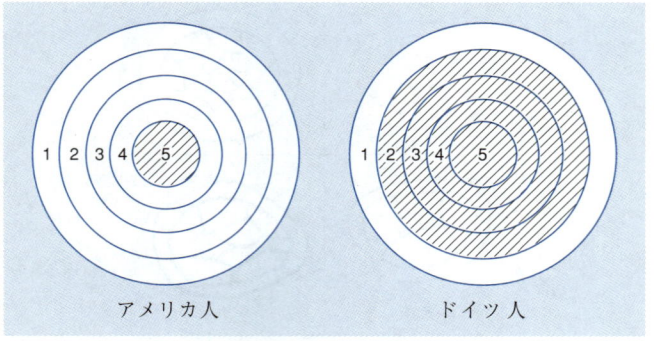

図2.4 開放型と閉鎖型（例：アメリカ人とドイツ人）

ころがある。周辺層が狭く，通過しがたい境界が比較的表層にある。それでも，1度この表面の殻を破って交際するようになると，非常に親しい間柄になる。

　以上，レヴィンの場の理論について，人の構造と個人差について述べてきたが，レヴィンの使用している概念が必ずしも明確でなく，内部人格領域や知覚・運動領域の具体的構造もはっきりしていないという批判もある。しかし，レヴィンの理論は斬新でユニークであり，現代の性格研究の発展に大いに寄与していることは否めない事実である。

2.3 学習理論と性格

　学習心理学は，まず人間を含むあらゆる有機体に普遍的に適用できる一般的行動の法則を見つけ出そうとし，個体の独自性や個体差は意識的に無視してきた。また学習心理学は，きちんと統制した条件の下で行われた実験を積み重ね，分析者の主観や直観が入ることをできるだけ排除してきた。

　それに対して，**性格心理学**は臨床実践の必要性から出発しているので，性格理論をつくり上げるために，臨床場面で得られた資料を再構成する必要があった。その過程には，直観や洞察がなくてはならぬものであった。

　そこで学習心理学者は，性格心理学が観念的・思弁的であって，実証性に乏しいといい，他方性格心理学者は，学習心理学が末梢的な行動にのみ注目し，人間の存在を忘れ，人間の理解のためには役に立たないといってきた。

　このように，学習心理学と性格心理学は，研究の対象も方法についても別の道を進んできた。

　けれども，1950年前後より，まったく離れていた学習心理学と性格心理学を，接近させようとする動きが活発になった。たとえば，シアーズ (Sears, R. R.)，ダラード (Dollard, J.)，ミラー (Miller, N. E.)，バンデューラ (Bandura, A.) などは，精力的な研究を行い，学習理論に基づく一般的な行動理論の中に，性格理論を組み入れようと努力した。そのため，性格に関する諸問題が，学習理論を基礎にして実験的に扱われるようになったのである。

　ここでは，現在までに研究されてきた**学習理論的アプローチ**による葛藤・依

存・模倣の問題について述べる。

2.3.1 葛　　藤

同時に相容れない2つの動機が生じた場合，われわれはどちらの行動をとっていいかわからなくなる。このような状況に陥った場合を**葛藤**（コンフリクト）という。もちろん動機といっても，目標に接近したい場合もあるし，目標から回避したい場合もあるので，葛藤のタイプはいくつかに分かれる（一般には**接近ー接近，回避ー回避，接近ー回避**の葛藤がある）。

ミラーとダラードの実験では，まずネズミを空腹にして，目標箱に餌を置き，出発箱から目標箱に到達することをネズミに学習させる。そこで，次には目標箱の餌皿のところで電気ショックを与える。これによって，空腹のネズミにとって目標（餌）は，正の誘意性と負の誘意性を同時にもち，ネズミは葛藤の状況に陥る。つまり，ネズミは目標箱に走っていくが，目標箱に近づくと走るのをやめて動かなくなってしまう。動かなくなる地点は，空腹の程度によるが，空腹の程度が強いほど，目標箱に近いところになる。

この実験から2人は**表2.2**のような5つの仮説を提起した。

表2.2の5つの仮説を図示したのが**図2.5**である。図で実線は接近傾向を，破線は回避傾向をあらわしている。実線と破線の交点が葛藤状況にあり，ネズミがまったく動かなくなってしまう地点である。

これはネズミの実験による仮説であるが，人間の葛藤の場合にも，ほぼ同様に考えることが日常の体験からできるであろう。たとえば，A君は仲間の中に入りたいが，気が弱くて入れない。そばまで行っては引き返す。でも入りたい。でも入れない。これもよくみかける葛藤の一種である。

2.3.2 依 存 性

依存性とは，他人との接触や保護を求める行動傾向である。依存性に関しては，学習理論の立場からシアーズがその獲得される過程を次のように説明している。

乳児にとっては母親がもっとも重要な存在であり，母親が乳児に対して行う

表2.2　ミラーとダラードの仮説

① 目標へ近づこうとする傾向は，目標に近づけば近づくほど強くなる。(**接近勾配**)
② 有害な，あるいは不快な刺激から遠ざかろうとする回避の傾向は，刺激に近づけば近づくほど強くなる。(**回避勾配**)
③ 回避勾配の傾斜は，接近勾配の傾斜より急である。
④ 接近反応や回避反応と結びついた動因が強くなると接近や回避の勾配の水準は全体として高くなる。
⑤ 接近反応と回避反応というような，互いに逆の方向への2つの反応が同時に存在するときは，2つの反応のうち，強い反応が現れる。

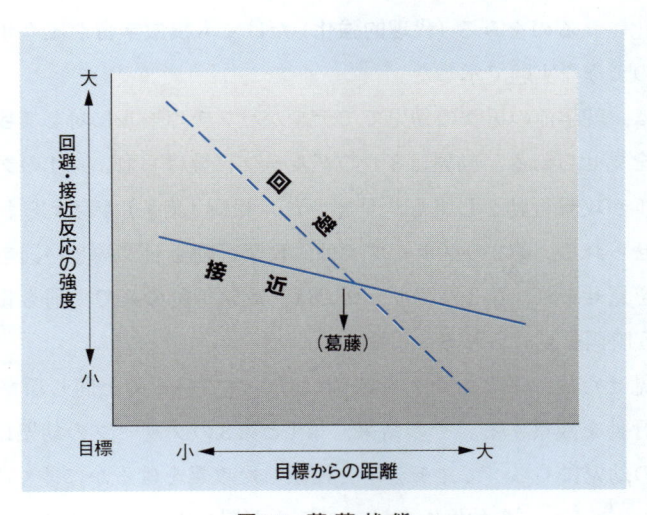

図2.5　葛藤状態

養育行動は，乳児の動因を低減するはたらきをもっている。このような動因の低減が繰り返し経験されると，母親という存在自体が条件づけによって報酬的意味をもつようになってくる。乳児が欲求不満になったり，不安や恐怖をもつと，母親を求めるという行動が現れる。このような状況の繰り返しによって，乳児の中に依存性が形成される。

シアーズは，依存性の形成過程を母親の乳児に対する養育態度と関係づけていくつかの調査を実施している。それによると，依存性の形成に大きな影響を与えているのは，母親が乳児の依存行動に対してどの程度の罰を与えているかあるいは，どの程度乳児の依存行動を許容しているかであることを明らかにしている。たとえば，母親が拒否的な態度で養育すれば，依存性が正常に形成されないし，また逆に過保護な態度であれば過剰な依存性が形成されるということになる。

2.3.3 模 倣

バンデューラは，報酬を与えられなくても，あるモデルの行動を観察し，モデルが強化されるのをみる（**代理的強化**）だけでも**模倣学習**が成立するという事実を次のような実験で示した。

被験児は，就学前の男女の幼児でモデルがパンチボールに対して**攻撃行動**をする映画を見せられる。幼児は3つのグループに分けられ，第1のグループでは，モデルが攻撃行動をしても，是認され，報酬（菓子）が与えられるという映画を見せられる。第2のグループでは，攻撃行動をして厳しい罰を受けるという映画を見せられ，第3のグループでは，攻撃行動のみで，罰も報酬も受けないという映画を見せられる。

映画を見せた後，子どもたちを映画に写されているのと同じ環境において，そこでの行動を観察する。その結果，第1と第3のグループの幼児は，第2のグループの幼児にくらべて，モデルを模倣した攻撃をはるかに多くみせた（図2.6）。第2のグループの幼児たちは，モデルが罰を受けたのを観察しているので，攻撃行動が抑制された。それに対して，第1・第3のグループの幼児は，モデルが報酬を受けたり，罰を受けなかったことを観察したのでモデルの行動を模倣したものと考えられる。

このように，直接的な強化が与えられなくとも，モデルを観察することによって，学習が成立したのである。

バンデューラは，人間の社会的行動は，両親やきょうだいをモデルとした，モデリングで学習されることが多いことを示した。

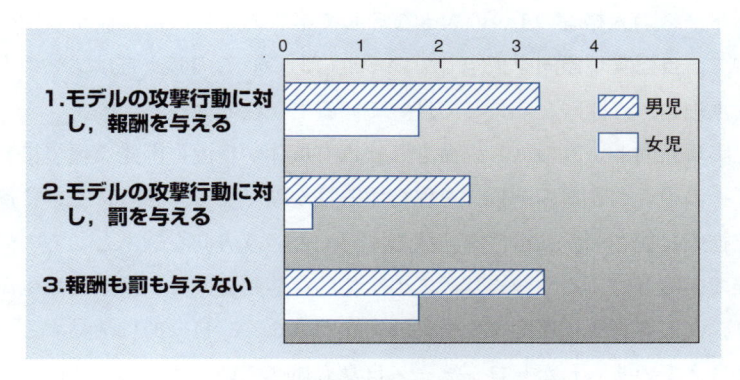

図2.6　攻撃行動の模倣学習（Bandura, A., 1965）

2.4　現象学的理論と性格

現象学的理論は，ロジャーズ（Rogers, C. R.）の性格理論に代表される。ロジャーズの理論は一般に，**現象学的自己理論**と呼ばれている。現象学とは感覚または経験の世界を対象にし，人間のとらえることができるのは現象だけで，現象の後ろにある本体はとらえることができないという理論である。

ロジャーズの理論が現象学的といわれるのは，「みる人」が「みられる人」に対して行う人格理解の1つの方法をさしており，「みる人」にとって，みる人の中に，現象としてさまざまに映った素材をもとに，概念化し理論化して構築した結果をさしている。ロジャーズの自己理論は，長年の臨床経験から生み出されたものであり，彼の臨床家としての第1歩は，児童相談所で踏み出された。そこで，いわゆる問題児の適応について臨床経験を積んだ後，シカゴ大学のカウンセリング・センターで，大学生の神経症の治療にあたった。彼のこのような臨床経験は，彼が自分の理論を構成するうえに，大きな影響を及ぼしている。

ここではロジャーズの理論の中心的テーマを構成する，① 自己実現，② 自己概念，③ 人格変化の過程の理論について述べる。

2.4.1　自己実現

　ロジャーズの人格論の1つの大きなそして本質的な特徴は，彼が人間の動因に関して，**自己実現傾向**を仮定している点にある。この考え方は，彼の人格理論，治療理論，人間観を一貫して貫いている主な柱といってよい。

　自己実現傾向というのは，生命もしくは有機体が極度に困難な環境においてさえ，その中へつき進み，自分を保持するばかりでなく，さらにそれに適応し，自分を拡大発展させ，独自性を発揮していくという方向を選ぶところの能動的な過程であるといえる。つまり，この全体的な能動方向こそ基本的な生命特徴であり，たんに刺激に反応する受動的存在ではなく，自発的に活動する存在であると考えている。しかしロジャーズ自身も述べているように，このような自己実現傾向を検証可能な操作的用語を用いて記述することには，なお十分には成功していない。そこで現在の段階では，経験的にこの命題の真実性を検討し，これを受け入れるかどうかを選択し決定しなければならないであろう。

2.4.2　自己概念

　自己の問題は，はじめジェームズ（James, W.）によって性格の中心的機能として深く考察された。その後心理学が，科学としての側面を重視される時代となって，自己の問題は，心理学の世界から無視され，ほとんど忘れ去られていった。ロジャーズも，臨床経験を始めた頃は，この用語に対してあいまいで科学的に無意味だと考えていた。しかし，彼が相談に従事していって，来談者のことばに耳を傾けていくにつれて，彼らが非常にしばしば自己ということばを使う傾向があることがわかった。しかもロジャーズは，自己ということが彼らの経験の中で重要な要素を占めていることに気づくようになり，やがてこの用語を無視しては，心理療法でおこる事象を理解できないばかりでなく，すべての来談者が，真の自己になることをめざしていると確信するようになったのである。

　このようにして，来談者が自分自身についてもつ認知である**自己概念**に焦点をあわせていく臨床経験の中から，それまでははっきりとらえられなかったことがらが明らかになってきた。

2.4 現象学的理論と性格

さらに，人は自己概念によって，はっきりしない多様で流動的な自己に秩序を与えることができ，周囲に対して一貫した態度を保持することができるということがわかった。しかし，同時にその同じ自己概念が彼の経験を歪め，さらに経験の認知を妨げてしまっていることも，しばしば観察された。

2.4.3 人格変化の過程の理論

人格変化の過程の理論とは，人格を全体として固定的，停滞的で流動性を欠

表2.3 ロジャーズの人格変化の過程の理論 (ロジャーズ C. R., 1966)

ストランズ	過程の段階		
	低	中	高
感情と個人的意味づけ	●認められない	●自分のものであるという感じ (ownership) が増大する	●流れの中に生きる
	●表出されない	●表出が増大する	●十分に体験される
体験過程	●体験過程から遠く離れている	●遠隔感が減少する	●体験する過程の中に生きる
	●意識されない	●意識が増大する	●重要な照合体として用いられる
不一致	●認識されない	●認識が増大する	●一時的にだけある
		●直接的体験過程が増大する	
自己の伝達	●欠けている	●自己の伝達が増大する	●豊かな自己意識が望むままに伝達される
体験の解決	●構成概念が硬い	●硬さが減少する	●一時的な構成概念
	●構成概念が事実としてみられる	●自分自身がつくるものという認識が増大する	●意味づけが柔軟で，体験過程に照合して検討される
問題に対する関係	●認識されない	●責任をとることが増大する	●問題を外部的対象物としてみなくなる
	●変えようとする要求がない	●変化することを怖がる	●問題のある側面の中に生きている
関係の仕方	●親密な関係は危険なものとして避けられる	●危険だという感じが減少する	●瞬時的体験過程に基づいて開放的に，自由に関係をもつ

注）ストランズ (strands)：ロジャーズはこの7項目が治療が進むにつれ，それぞれがバラバラな状態から1本の撚り糸 (ストランズ) のようにしっかりと1つにまとまるものとたとえた。

いた構造そのものといった状態から，流動して変化していく過程への連続線上に位置づける考え方である（表2.3）。

　ここでは，この連続線を低い段階，中央の段階，高い段階の3つの段階に分けて考察する。

　低い段階とは，個人が体験しつつある自らの実感をほとんど，あるいはまったくもつことなく，形式的，機械的な枠にはまった生活様式にしばられているあり方をさす。たとえば，話は表面的で個人的感情がこもらず生彩を欠き，他人と親密な交流をもつことを避けている。自分自身の精神的問題がまさに自分の問題なのだと思っていない段階である。

　中央の段階の特徴は，全体に自由さや流動性がかなり認められてきて，現在感じつつある体験を相当程度そのまま生き生きと自覚し，表現できる点にある。この段階にある人は，自分の感情をしだいに直接，なまのまま，しかも即刻実感するようになってくる。しかも，前の段階にある人とは違って，感情を避けたり抑えつけたりしないで，ある程度そうした気持ちがわきおこったりするのに，いわば身を任せるようになる。

　最後の高い段階では，以前には内的に拘束されて十分に感じられなかった感情が，豊かに流れでてきて，生き生きと体験されるようになる。また，体験の仕方が柔軟で流動的であるとともに，枠や殻のようなものに拘束される度合は少なくなり，変化していく体験の流れを刻々と実感できるようになる。

　低い段階にいる個人の場合，その人の示すいろいろな機能の相互は多少ともバラバラであってまとまりを欠いており，そのため個人の諸機能をそれぞれ独立に弁別してとらえることになる。しかし，高い段階に至ると，人格の統合度が高くなり，各諸機能間が相互にきわめて緊密に有機的に関連し合い，各機能を別個にとらえることは困難となり，全体が1つに統合されてくるのである。

2.5　状況論・相互作用論と性格

2.5.1　状況論と性格

　特性論や精神力動論に立つ性格研究は，人間の行動を基本的に状況を通じて

一貫したものとみなし，一貫性をもたらす原因を特性や自我構造などの性格要因に求めている。

このような考え方に鋭い批判を浴びせたのが，社会的学習理論を基盤とする状況論的立場に立つミッシェル (Mischel, W.) である。

ミッシェルは，人々の行動の仕方の決定には，個人のパーソナリティ変数よりも，そのときの状況変数のほうが重要な役割をもつと考えている。

ミッシェルは人々が実際に行う行動は状況によってさまざまに変動するもので，安定した特性が存在するという信念の多くは，実際の行動の一貫性よりも，行動の解釈を反映している可能性があると論じた。

さらにミッシェルは，特性論や精神力動論の用いる質問紙法や投影法による性格の査定についても，現実の行動評定との相関が低いことを指摘した。

ミッシェルの批判は，① 行動の通状況的一貫性への疑問，② 行動の規定因としての状況変数の軽視，③ 心理検査などの測定道具による行動予測の有用性への疑問，④ 特性の内的実在性への疑問という4点を骨子としていた。

ミッシェルの批判は，状況論的立場に立つ研究者と，特性論や精神力動論的立場の支持者との間に，長期間にわたる論争を引き起こした。

この論争は，行動の通状況的な一貫性の有無や，行動の規定因としての内的変数・外的変数の重要性をめぐる論議であったために，「一貫性論争」あるいは「人間－状況論争」とよばれている。

2.5.2　相互作用論と性格

相互作用論は，エンドラーとマグヌセン (Endler, N. S. & Magnusson, D.) により提唱されたアプローチで，人間行動の説明に際し，内的要因と外的要因の複合的な影響性を重視する立場である。

相互作用論は，個人の内的要因と状況などの外的要因が行動の規定因として同等の必要性をもち，たがいに依存しあう理論モデルを構築することが目標となる。

相互作用論の特徴は以下の4点にまとめられる。① 相互作用論では，内的要因と外的要因が一方向的に行動に影響を与える相互作用ではなく，力動的，双

方向的,連続的な相互作用を考える。したがって,複雑な人間行動の解明には,こうした相互作用のプロセスを解明しうる方法が必要であると主張している。② 個人は刺激に対し受動的に反応するだけの存在ではなく,環境にはたらきかけ,環境を形づくっていくことを強調している。③ 相互作用を個人の側からみれば,感情的な要因も重要だが,行動の主な決定因は認知的な要因であると考えている。④ 相互作用を状況の側からみれば,状況が個人にとってもっている心理学的な意味が重要になることを主張している。

相互作用論者は,こうした考え方にもとづいて人間行動を研究していくためには,状況とともに安定・変化する行動のパターンの一貫性,つまり首尾一貫性をとらえることが重要と考え,内的要因に比べ体系化の遅れている状況要因の研究を行うことが急務だと指摘している。

[**参考図書**]

藤永　保・三宅和夫・山下栄一・依田　明・空井健三・伊沢秀而(編)　1977　テキストブック心理学(6)　性格心理学　有斐閣

小此木啓吾・馬場謙一(編)　1977　フロイト精神分析入門　有斐閣

佐治守夫(編)　1970　講座心理学(10)　人格　東京大学出版会

詫摩武俊(編)　1974　性格心理学　大日本図書

詫摩武俊(編)　1978　性格の理論　(第2版)　誠信書房

戸川行男・長島貞夫・正木　正・本明　寛・依田　新(編)　1960　性格心理学講座(第1巻)　性格の理論　金子書房

性格理解の方法

性格について幅広い研究を行ったオールポートは，性格理解の方法として，生理学的診断，社会的地位・役割の研究，事例研究，テスト法，深層分析，表出行動など11の方法に分類している。しかし実際には，ある人の性格を理解するにあたって，その中のいくつかが選択されて用いられていることが多い。

この章では，性格理解の方法として，もっとも基本的で，よく利用される観察法，面接法，テスト法について述べることにする。

3.1 観察法

3.1.1 観察法の特徴

観察法はできるだけ客観的にいろいろな条件のもとで，個人の性格をありのままに観察し記録する方法である。観察の方法には，とくに条件をきめないで比較的自由なかたちで行われる方法と，前もって観察する側面をきめておく方法がある。とくに条件をきめない観察においては，個人の全体像が観察できる反面，観察する側面が多様となり，測定された資料が断片的になって，性格検査のように客観的で，比較性の高いデータを集めることは困難である。また観察者の主観や偏見が入りやすく欠点も多い。そこでこの欠点を少なくするために，観察の視点や項目，方法などをはじめから明確に設定しておき，ときにはある課題を被観察者に課して，客観性や信頼性を高める試みがなされている。

3.1.2 観察法の実際

観察の仕方には，個人あるいはグループを外から第三者として観察する場合と，観察者自身が被観察者の中に入って，その中で観察する場合がある。後者の場合においては，観察者が加わることによって，被観察者の自然的状態が損なわれる面があるが，その反面，表面的に観察しただけではわからない被観察

者の側面を調べられる可能性がある。

　ところで，人の行動を観察するためには，まずいろいろな場面の行動を観察することが必要である。たとえば，家では大変多弁であっても，学校ではおとなしく，いわゆる「内弁慶」といわれる子どももいる。また，同じ学校場面においても，教師が前にいる場面と，生徒だけの場面では，態度が異なる子どもを観察することができる。このように，人の行動は，相手や場面との関係で変わってくるものである。

　したがって，人の行動をただ1回長い時間をかけて，じっくり観察することも意味があるが，むしろ，何回にもその観察時間をわけ，さまざまな場面を観察するほうが信頼できる結果を得ることができる。

　次に観察にあたって注意すべき点は，まず何を重点として観察するかが明確でなければならないということである。漠然と観察していたのでは，何も引き出すことはできない。第2はどんな状況で観察したかをつねに考慮に入れる必要があるということである。人によっては場合や状況によって，表現する態度が異なる場合があるからである。第3の注意点は，観察には観察者の主観が入りやすいということである。これは複数の観察者が同じ事象を観察して，その結果を補足し合うことによって，ある程度訂正することができる。したがって，観察法においては，観察者が被観察者を客観的にとらえることがもっとも肝要なことである。そのためには，あらかじめ観察の項目をきめ，評価の方式や規準を定めておくとか，観察された事実は価値観なしに記述し，解釈や対処方法は別記するなどの工夫が必要であろう。

　観察というのは一見容易なようであるが，実際にはきわめて難しく，観察者の経験や能力によって著しく結果が左右される。観察にあたっては，人間の行動や性格について豊富な知識をもっていることが必要である。

3.2　面　接　法

3.2.1　面接法の特徴

　面接法は性格理解の基本的方法であり，ある意味ではどの方法よりも重要で

あるといってもよい。面接がともすれば陥りがちである主観的な判断のために，測定方法の客観性，有効性を強調する人たちも，面接法の価値を否定してはいないであろう。むしろ，ほかの方法を有効に利用していくためには，信頼のできる面接の資料が必要である。

面接はほかの方法では得られないような豊富な資料がとれ，人間を断片的にではなく，全体的にみられるという長所がある。また面接によって，ほとんど無意識的な側面や，本人は気づいていない側面が引き出せたり，被面接者の行動や態度から，面接者が言語化されない内容をある程度推し量ることも可能である。

しかしながら，面接のみによってなされた性格の理解が客観的で信頼できるものかどうかという問題が残る。たとえば，何人かの面接者が特定の人を評価しようとする場合，結果がすべて一致するということは，ほとんどおこらないであろう。したがって，面接においてつねに必要とされるのは，面接者の深い経験と学識，それに人をみるすぐれた洞察力である。

3.2.2 面接法の実際

面接の形式には，**自由面接**と**標準化された面接**がある。自由面接では，面接者と被面接者とが比較的自由な関係を保っているので，予想しなかった回答や意識の深層をさぐることができる場合がある。標準化された面接においては，誰に対しても同じ方法で行い，同じ質問項目を用意し，面接者は相手の回答によってそれぞれの項目に記入するという形式をとっている。

面接法を用いるには，面接者自身が細心の配慮をし，さらに十分慎重な態度で面接に臨まなければならない。そこで，次に面接者としての被面接者に対する基本的態度について考えてみる。

まず第1に，面接者は被面接者との間に**ラポール**，つまり親和関係，信頼関係をつくらなければならない。そのためには，面接者は，堅苦しい空気を和らげるように，被面接者が興味と親しみを感ずる話題から入る必要がある。

次に面接者は，相手のどのような問題や発言に対しても，つねに受容的態度で接することが望ましい。そのため被面接者に対して批判したり，訓戒を与え

たりすることは，避けなければならない。これは面接者が，よき聞き手でなければ，よい面接はできないということである。

さらに，面接中は，相手の態度，表情，言語反応などをよく観察して，相手の気持ちを洞察するようにすることが重要である。

面接法の基本は，面接者が相手の自我や自尊心を尊重し，まさに相手の立場に立って理解しようとする態度である。それは，同じ人間として，共感的に理解しようとする態度であるともいえる。

3.3 テスト法

性格理解のテスト法には，質問紙法，投影法，作業検査法があるが，本節では，それらのテスト法について概説し，テスト法の問題点について述べる。

3.3.1 質問紙法

質問紙法は被検査者に多くの質問項目を与え，それについて自分自身の内省によって「はい」，「いいえ」，「わからない」などと答えさせ，その結果を統計的に処理し，性格を客観的に測定しようとする方法である。

質問紙法によって測定される特性は，それぞれのテストによって異なり，ある1つの性格特性だけを測定するものから，多くの特性も同時に測定しようとするものまである。

質問紙法は理論的基礎として，性格の基本となるものは比較的安定しており，少なくともそれほど変化するものではなく，また性格特性としての現れ方は，具体的には各個人によって異なるが，各人に共通した特性は抽出できると考えている。さらに，行動観察ではとらえることができない個人の内的経験をも知ることができると考えている。

質問紙法は応用範囲が広く，実施が簡単であり，多くの人に同時にでき，また結果の処理が客観的に行われ，数量化も容易であるので，性格テストの中でもっともよく使用されている。

しかし，質問紙法にはいくつかの限界と欠点が見出される。第1に，質問紙

法は被検査者の内省に基づく自己評定であるので，意識的，無意識的に誤りが入ってしまうことである。たとえば，被検査者は回答の結果を予測して，わざと意識的に反対方向へ回答したり，あるいはまた，無意識的な自己防衛の機能がはたらいて，結果として嘘をつくという場合がある。そのためには，質問項目の中に価値的な項目をなるべく入れず，たとえ回答の歪曲が行われても，それを修正できる尺度や方法を考える必要がある。第2に，質問項目の意味が多義的で，人によってその解釈が異なってしまう可能性がある。そこで，この問題を解決するためには，質問項目を作成する際に，用語を明確にし，さらにあいまいな表現を避けることが必要である。第3に，被検査者が年少者や知的遅滞者のようなときには，質問が回答能力の限界を越えてしまって回答できないということがある。

また，質問紙法のよさは，人間の現象的，表面的特性や，一般的な傾向を広く統計的な基礎に立って理解できるところにあるが，なぜそうなったかという力動的な面に弱いことがあげられる。それを補うには，面接法，観察法あるいは後に述べる投影法の助けを借りることが必要である。

質問紙法の代表的なものとしては，**YG，MMPI，TPI，EPPS，TEG，向性検査**などがあるが，ここではYGについて述べる。

YG（矢田部・ギルフォード性格検査）は，ギルフォード（Guilford, J. P.）とマーチン（Martin, H. G.）が作成した3種のテストに基づいて，矢田部達郎らが日本人に適応するように項目を選択し，作成したものである。

YGは12の性格特性をあらわす尺度について，それぞれ10の質問項目が含まれ，全部で120の質問項目からなっている。被検査者は各質問について「はい」，「いいえ」，「どちらでもない」の3つのうちいずれかにチェックをする。実施は主として集団に対して行われることが多く，採点は被検査者自身でも行うことができる（**図3.1**）。

YGの特色は，社会的適応性を重視している点であり，適性検査としても利用されている。ただ，この検査において気をつけたいのは，虚偽尺度がないので，自分をよく見せようとする態度が検査においてはたらいたかどうかをチェックできない点である。また，回答法は3件法であるので，「どちらでも

ない」に反応を多くしたものは平均型に入ってしまうこともある。

12の尺度の名称とその主な性格特徴は表3.1のようなものである。

この12の性格特性の評価得点の組合せによって，次の表3.2のような5つの型に分類される。

YGは現在，学校，会社などで広く用いられているが，判定が類型化される

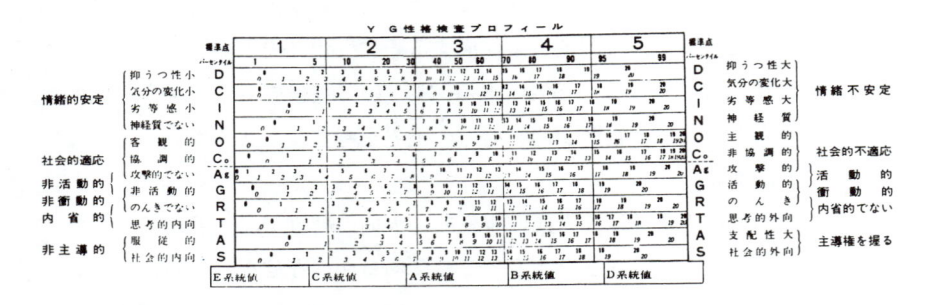

図3.1　YG性格検査®プロフィール（日本心理テスト研究所発行『YG性格検査用紙』より）
＊YG性格検査は日本心理テスト研究所の登録商標です。

表3.1　YGの12の尺度の名称と性格特徴

	尺度名	性格特徴
D	抑うつ性	たびたび憂うつになること，陰気，悲観的
C	回帰性傾向	気の変わりやすさ，感情などの情緒的不安定さ
I	劣等感	自信のなさ，劣等感をもちやすい
N	神経質	神経質，心配性，いらいらするなどの性質
O	客観性がないこと	ありそうもないことを空想すること，過敏性
Co	協調性のないこと	不満が多い，人を信用しないこと
Ag	愛想の悪いこと	攻撃的，短気，人の意見を聞かない
G	一般的活動性	活発な性質，身体の活動を好む
R	のんきさ	気軽さ，のんきさ，人と一緒にはしゃぐ
T	思考的外向	深く物事を考えない，瞑想的・内省的傾向がない
A	支配性	グループのリーダーになることを好む
S	社会的外向	人との交際を好む，話好き

表3.2　YGの5つの類型と性格特徴

類　　型	性　格　特　徴
A型（平均型）	全体的調和がとれており，臨床的にはとくに問題ない
B型（不安定積極型）	情緒不安定，社会的不適応，活動的，性格の不均衡が外に出やすい
C型（安定消極型）	おとなしい，消極的だが安定している。内向的
D型（安定積極型）	情緒が安定しており，社会適応もよい。活動的で対人関係もよい
E型（不安定消極型）	情緒不安定，社会的不適応，非活動的，内向的，神経症的傾向がある

傾向もあるため，個人の性格をきめ細かくとらえることができないという限界をもっているといえよう。

3.3.2　投 影 法

投影法は比較的あいまいで，文化的様式に影響されにくい刺激素材を与えてできるだけ自由な反応を引き出し，個人の性格を測定しようとする方法である。投影法といわれる理由は，刺激に対する反応が，いわば心の中の反映とみなされるからである。

投影法では被検査者はテスト事態でどのように反映しても間違いでないことが知らされ，できるだけ自由に反応するように教示される。そしてまた反応結果の処理方法にも特徴があり，反応結果が個人のほかの反応結果との関連によって解釈が下され，その反応の出されてきた全体的，力動的過程に対して洞察がなされる。

投影法は被検査者に自分の反応のもつ意味を気づかせないので，不当な緊張感を与えることなく，本人の本当の姿を語らせることができる。

しかし，投影法では次のようないくつかの問題点がある。それは第1に，ほかのテストと違って判定の基準が確立しておらず，判定者の主観によって解釈される部分が多いことである。次に，どんなに経験のある判定者であっても，

テスト結果から被検査者の性格の全体像を完全に描き出すことは困難である。それは投影法の各テストが性格の別の層を判定していることによるのである。第3には，投影法に関しての理論的根拠が十分に確立していないことである。もちろん，多くの投影法は，それぞれ**要求理論**，**知覚理論**，**精神分析理論**からある程度説明はされているが，いまだ満足できる理論とはいいがたい面を残している。

投影法にはいくつかの種類があるが，一般に刺激の性質によって大きく4種類に分類される。

① 言語刺激を用いるもの：**言語連想テスト**，**SCT**（文章完成法テスト）など。
② 視覚刺激を用いるもの：**ロールシャッハ・テスト**，**TAT**（絵画統覚テスト），**PFスタディ**（絵画欲求不満テスト）など。
③ 表現を用いるもの：**人物画テスト**，**樹木画テスト**など。
④ 遊戯や劇を用いるもの：**人形遊び法**，**箱庭療法**など。

次にここでは投影法の代表的なテストであるロールシャッハ・テストについて紹介する。

ロールシャッハ・テストは，スイスのロールシャッハ（Rorschach, H.）によって考案され，現在世界各国で広く利用され，日本でも臨床心理学の分野では利用度が高い。このテストは**インクブロット・テスト**ともいわれているが，インクブロットというのはインクのしみを意味する。

ロールシャッハ・テストは，10枚の左右対称のインクのしみの図版を用いる（**図3.2**）。このうち，5枚は濃淡はあるが黒1色，2枚は赤と黒，残りの3枚はいろいろな色のインクが使われている。これらのインクのしみは，何か意味をもった図形ではなく，偶然につくられたインクのしみであるので，図形そのものにはまったく意味はない。

このテストの実施方法は，まずこれらの図版を一定の順序で被検査者に見せる。そして，それぞれの図版が何に見えるか，どの場所がそう見えたかなど自由に回答させる。図版は，どちらの方向から見てもよいし，1枚の図版にいくつ回答してもよい。その間，検査者は，被検査者の回答の内容と回答するまで

図3.2　ロールシャッハ・テストの図版（見本例）

の時間を記録する。

　それらの結果をもとにして，検査者は反応の分類と記号化を行う。反応の分類は，**反応領域，反応決定因，反応内容，形態水準**の4つの観点から分類される。

　反応領域というのは，その反応がどの部分に対してなされたかということで①全体，②一般的に区別可能な部分，③まれにしか見られない部分，④間隙（空白部分）などに分類される。

　反応決定因というのは，ある反応が被検査者に知覚させる刺激として，何が決定的に影響を与えたかということであり，①形，②運動，③色彩，④陰影の4つがあげられ，それぞれ細かく分類される。

　反応内容は，人間，動物，植物，自然，物体，地図などが多く，ときには抽象的反応があげられる場合もある。反応内容はまた，現実的か非現実的か，さらに全体か部分かによって分類される。

　形態水準は反応内容とインクブロットの一致度，明確化の適切さなどの水準をいい，①優秀水準，②良好水準，③不良水準，④病的水準に分類される。

　このような反応の分類とその記号化によって，テスト結果の解釈がなされる。ロールシャッハ・テストの解釈はかなりの熟練を要し，またテスト結果全体か

らみなければならないので，ここではごく基本的な解釈についてのみ述べる。

反応領域において，全体反応は統合力のある高い抽象思考能力があり，また連想能力が豊かであることを意味している。部分反応は，実際的な能力をもち，具体的，現実的な考え方をする人に現れる。また部分反応でも特異な反応は，逃避，不安傾向，劣等感などをもっていると解釈される。

反応決定因では，形態反応は，ものごとを客観的にみようとする傾向のあらわれであり，形態反応が少ない場合は，主観的傾向が強いことを示している。また運動反応は，豊かな感情，自発性，創造性を示すものと解釈される。

色彩反応は，外界に対する感受性を示している。形との間にバランスのとれた色彩反応は，情緒，感情が豊かで安定している。しかし，色にのみ反応した場合は，感情，情緒が不安定で神経症的傾向があることを示している。

以上，個々の意味づけについて簡単に述べたが，このテストの信頼性については，必ずしも完全に一致した見解が得られているとはいえない。

また，妥当性に関して問題となるのは，その規準を何におくかということである。臨床場面ではこのテストだけで全体的な性格を測定することは困難なので，そのほかあらゆる方法を統合して，いわば事例研究によって，それとつねに対応させ，関連させながら，このテストの妥当性を検証していくことが必要である。

3.3.3 作業検査法

作業検査法は被検査者に一定の具体的な作業を与えて，そこでの実際の行動および作業経過やその結果から性格を測定しようとする方法である。一般にこの方法では作業条件が明確に規定され，検査が実験的な性格をもち，さらに被検査者に何を測定しているかという検査の意図がわからないという長所がある。

1. 内田クレペリン精神検査の歴史

作業検査法の中で現在もっともよく使用されているのは**内田クレペリン精神検査**であるる。

ドイツの精神医学者クレペリン（Kraepelin, E.）は，1902年に1桁の数字の連続加算作業による実験から，作業に関する理論を発表した。クレペリンの連続

加算にヒントを得て，これを作業検査として構成し，その基礎を完成させたのは，臨床心理学者の内田勇三郎である。

内田は1920年代から，松沢病院その他での臨床的研究によって，連続加算の作業曲線が作業機能の健康，不健康はもとより，性格類型や精神病者の診断に役立たせることができると考えた。

内田はまず統合失調症の患者に実施し，その作業曲線の特徴に共通性があることを発見した。さらに，健常者にもこの方法で実施し，病者のものとはまったく異なった一定の曲線型（定型）が描かれることを発見した。そして，1933年に，この方法が有効な性格検査法となりうることを確信し，内田クレペリン精神検査として公にしたのである（図3.3）。

2. 内田クレペリン精神検査の実施法と結果の整理

検査用紙にはたくさんの数字が並んでいる。実施法は隣り合う数を加算してその答えの1位の数字のみを両数字の中間の下に書かせる。まず練習の欄について，1行目は時間を計らずに計算させ，第2行目から5行目までは，1行について20秒間ずつ実施する。

練習終了後に本検査を実施する。まず開始の号令をかける。1分ごとに，

```
6 4 8 3 9 5 6 7 4 3 8 6 7 9 4 5 3 8 7 4 6 5 7 9 3 6
4 9 5 7 8 4 7 6 3 9 6 7 8 5 3 7 4 9 8 4 3 5 8 6 9 4
7 8 9 4 5 8 6 4 9 6 8 3 5 6 9 8 4 3 9 7 5 4 8 5 7 9
4 8 9 5 6 3 8 6 4 7 9 4 8 4 3 6 8 7 4 5 3 7 8 6 4 9
9 7 6 3 7 9 4 8 3 5 6 4 7 6 5 9 6 8 3 7 4 8 6 7 5 3
7 5 6 8 7 4 5 7 8 4 6 7 9 4 8 6 9 4 8 5 6 3 8 6 5 8
3 4 7 8 5 6 4 3 9 8 7 6 4 9 7 4 5 6 8 7 6 9 4 8 3
8 5 7 9 6 8 3 7 4 9 6 5 7 8 4 6 9 3 7 5 8 9 4 7 6 9
5 6 4 9 8 3 7 5 8 9 4 7 6 3 8 7 9 6 4 8 6 3 5 7 8 5
7 3 8 4 9 5 7 8 6 9 8 5 4 8 7 3 9 5 8 4 6 7 9 4 3 8
6 5 3 9 8 4 5 7 9 4 8 3 5 8 6 9 8 5 7 4 8 3 7 9 4 6
8 3 6 5 8 9 7 5 4 7 6 8 9 3 7 4 5 8 6 9 5 7 8 5 6 4
6 4 5 8 3 4 7 6 9 6 7 8 5 3 7 8 4 9 7 6 4 8 7 4
5 9 3 4 8 6 7 5 4 9 7 3 8 4 5 7 6 9 4 6 5 8 6 3 9 6
8 4 6 9 5 8 3 6 8 7 4 5 9 8 4 7 5 3 9 4 8 3 6 5 9 7
9 8 3 9 8 4 6 5 7 4 3 8 5 6 4 9 8 7 3 4 8 7 3 5 8 4
5 6 8 9 4 7 6 4 9 3 4 9 8 5 7 8 4 6 8 7 4 3 9 6 5 8
```

図3.3　内田クレペリン精神検査用紙

「はい，行を変えて」と号令をかける。15分間の加算作業の継続後，作業を中断し，正確に5分間休憩する。休憩後は，前と同様に15分間検査を実施し，終了する。

本検査の結果の整理については，まず前期15行，後期15行について，各行の作業がなされた最後の数字を赤鉛筆で結び，作業経過の曲線をつくる。もし，行をとばしてやってある場合には，行をつめて曲線を描く。次に，前後期とも11行目について誤答を調べ，誤答には赤鉛筆で丸をつける。

3. 内田クレペリン検査における定型，非定型

作業曲線の判定は，まず検査結果の作業量の全体の水準を，Ⓐ，A，B，C，Dの5段階のどれに属するかを決定する。次に，その作業曲線がその属する作業量水準における定型曲線から，どの程度隔たっているかによって定型，非定型の2つに分類する（図3.4）。さらに定型を高度定型，定型，準定型に，非定型を非定型，重度非定型に分類する。

曲線型は，定型曲線者の曲線型と，これとは異なるかたちを示す非定型曲線者の曲線型に大別され，それが本人の性格特徴をあらわすというのが本検査の基本的な構想である。

定型曲線者の特徴としては，「仕事に着手すると，ただちに努力し没頭できる」，「仕事の慣れが早く，疲れを感じない」，「外からの刺激に影響されることが少ない」，「事故や災害などを引きおこすことが少ない」，「人格が円満で，バランスがとれている」などである。以上が定型曲線者の特徴であるが，要するに社会のさまざまな場面において，適切な行動がとれる性格特性をもっていると考えられている。

それに対して非定型曲線者の特徴は，非定型曲線のパターンによって異なるが，代表的な特徴として次のものがあげられる。「抑制力がなく，あせり，固執的になりやすい（誤答多発）」，「心的活動性が一時的に停滞し，事故をおこしやすい（突然の作業量の下落）」，「感動性に乏しい（作業量の動揺がごく少ない）」，「精神的エネルギーの衰弱（休憩後の作業量の下落）」，「ものごとに対しておっくうがり，取りかかりが悪い（初頭出不足）」以上が非定型曲線者に現れやすい主な特徴である。（　）内は，曲線の特徴であるが，この曲線の特徴

3.3 テスト法

に応じてそれぞれ，以上の性格特徴が出やすいことを示している。

　本検査の本来の価値は，連続加算という単純な精神作業によって，これと同じような作業事態での作業態度の能力の測定が可能であるということである。つまり性格の中でも，作業場面に反映しやすいような速さ，テンポ，注意力，持続性などの特性の把握にはかなり有効であろう。事実，工場作業員や運転手の事故に関しての予測的妥当性は高いし，またスクリーニングテスト（選抜テスト）としても多く利用されている。

定型曲線の例　　　　　　非定型曲線の例

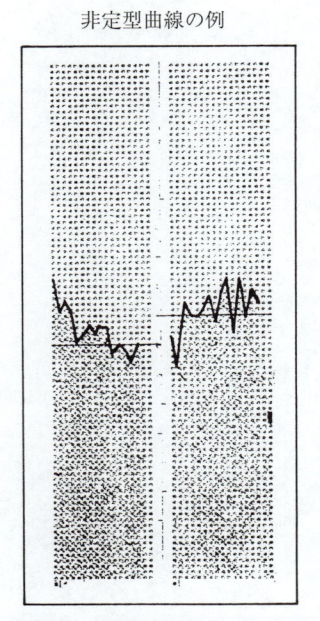

出典：内田クレペリン精神検査・曲線型図例集
（日本・精神技術研究所）より。

図3.4　定型曲線・非定型曲線の例

[参考図書]

安藤公平・大村政男　1967　心理検査の理論と実際　駿河台出版社
藤土圭三　1987　心理検査の基礎と臨床　星和書店
林　潔・瀧本孝雄・鈴木乙史　1989　カウンセリングと心理テスト　ブレーン出版
井上健治（編）　1970　テストの話　中公新書　中央公論社
伊藤隆二・松原達哉（編）　1976　心理テスト法入門　日本文化科学社
佐野勝男　1965　性格の診断　大日本図書
塩見邦雄・金光義弘・足立明久（編）　1982　心理検査・測定ガイドブック　ナカニシヤ出版
詫摩武俊（監）　1986　パッケージ・性格の心理（第6巻）　性格の理解と把握　ブレーン出版

BOX 2　エゴグラム

　エゴグラム（Egogram）は，アメリカの精神科医バーン（Berne, E.）が創始した交流分析（TA）理論に基づいて，彼の弟子であるデュセイ（Dusay, J. M.）によって1970年代の初めに考案された。

　これは交流分析でいう5つの自我状態（心）がどのように発揮されているかに気づく方法で，5つの自我状態の活動量をグラフで表し，性格特性と行動パターンをみるものである。

　エゴグラムの発案者であるデュセイは，当初エゴグラムを主観的・直観的に描くことを勧めたが，ハイヤー（Heyer, N. R.）によって，質問紙を使って客観的にエゴグラムを作成する試みが始められた。

　5つの自我状態というのは，CP（批判的な親），NP（養育的な親），A（おとな），FC（自由な子ども），およびAC（順応的な子ども）である。

　CPは理想，良心，責任，批判などの価値判断や倫理観など父親的な厳しい部分を主とする。

　NPは共感，思いやり，保護，受容などの子どもの成長を促進するような母親的な部分をいう。

　Aは事実に基づいて，客観的にものごとを判断しようとする部分である。

　FCは親の影響をまったく受けていない天真爛漫にふるまう生まれながらの部分である。

　ACは人生早期に周囲の人たち（特に母親）の愛情を失わないために，子どもなりに身につけた順応する部分である。

　ところで，エゴグラムは人の性格の特徴を示すものであり，どの型が理想的で，どの型が悪いということはない。多くのエゴグラムを比較検討すると，共通したパターンには共通した性格特徴がみられる。そして，その特徴を理解することは，交流分析の一つの目標である自己理解につながる。

　エゴグラムはパーソナリティ・テストとして使用する場合と，心理療法の一つの方法として使用する場合がある。現在，エゴグラムは精神科，心療内科などの医療場面，少年鑑別所，教育現場，企業，スポーツ界などさまざまな場面で利用されている。

〈瀧本孝雄〉

性格の類型論 4

　人の性格はそれぞれ微妙に相違し，同じ性格の人はいないとわれわれは思っている。そしてそれと同時に性格のよく似た人が現実に存在することも承知している。「あの人たちは明るくさっぱりしている」，「あの2人は遠慮ばかりしているね」，「春のような感じの人だ」,「ドンキホーテ型だね」というような日常の表現は似た性格の人がいることを示している。外向型，内向型というのは，心理学の専門語としても用いられるが誰もが理解できることばになっている。性格にいくつかのタイプがあることは，ごく自然に古くから認められてきたことなのである。

4.1　類型論の歴史

　性格類型論，あるいは類型学というのは一定の観点から典型的な性格像を設定し，それによって多様な性格を分類し，性格の理解を容易にしようとするものである。このような構想は古くからあって性格の研究は類型の研究から始まったということができる。

　たとえば，2世紀頃，ギリシャの解剖学者であり哲学者でもあったガレノスは体内に血液，胆汁，黒胆汁，粘液の4種の体液が存在するという当時の考え方に基づいて，そのどれが優勢になるかによって多血質，胆汁質，憂うつ質，粘液質の気質が現れると考えた（1.3.1参照）。これは生理学的な基礎に基づいての類型の構想といえる。これらの気質の名称は今日でも残っている。類型を設定する考え方はギリシャ時代にまでさかのぼりうる歴史をもっているといえる。特定の個人の行動様式や対人態度には，ある一定の期間を区切ってみれば高度の恒常性が認められる。しかもこの恒常性はある一群の人々に共通に認められる。類型学の成立する根拠はこのようなところにあるのである。

　性格の類型論は20世紀前半のヨーロッパ，とくにドイツにおいて活発に研究された。それぞれの類型論の基礎にある理論はさまざまで，多くの学派に分

4.2 類型論の分類

　類型をどのようにして把握するかという点から分類すると，ある1つの特徴（多くの場合，何か異常な特徴）をもつか，もたないかによって分類する立場がある。一定の尺度のどのあたりに位置するかという観点からの分類もある。注意作用にみられる固執型と流動型，心的エネルギーの方向に関する外向型と内向型などがこれに属する。また感情的反応の強弱，およびその反応生起の速度（速い遅い）という2種の要因の組合せから4つの類型を設定する多元的な立場もある。さらに多様な性格の中から何々型という典型を見出していく立場もある。

　類型のよりどころとなるものをどこに求めるかという観点から類型論を分類することもできる。身体的特徴や体質的特徴に求める立場と，社会的・文化的な面を含めて，広い意味における心理的特徴に求める立場とがある。クレッチマー，シェルドン（Sheldon, W. H.）などは前者の立場を代表するものであり，ディルタイ，シュプランガー，ユング，フロム（Fromm, E.）などは後者に属するものである。類型論の種類は多いが，これを統合しようという試みはなされていない。次に代表的な類型論について述べよう。

4.3 クレッチマーの類型論

　クレッチマーは精神医学の臨床上の経験から，統合失調症は細身型の体格の人に，躁うつ病は肥満型の体格の人に多く現れることを確かめ，またこれらの患者の発病前の状態に一定の気質的特徴がしばしば認められることに注目して分裂気質と躁うつ気質という類型を考えた。のちに闘士型の体格と関連のあるものとして粘着気質が考えられ，これとてんかんとの関連が問題とされた。クレッチマーは，これらの精神病者の病前性格や家系の研究をもとに，精神病と体型の関係が健常者における体型と性格（気質）の関係にも適用されると考え

4.3.1 躁うつ気質

躁うつ気質には爽快と憂うつを両極とする気分の割合がある。躁うつ気質の特徴は表4.1の通りである。

躁うつ気質は一般に社交的であり，そのときそのときの周囲の雰囲気にとけ込むことができる。また共感性が豊かで，抑制が少ない。他人と厳しく対立することも，一定の主義や方針を堅持してほかを圧迫しようとすることもなく，尖鋭化した闘争をすることもない。現実の環境に融合し適応することができるのである。子どもがよくなつくというのもこのタイプの特色である。自分の仕事について穏やかな喜びや満足感をもっていることが多い。とげとげしい調子，

表4.1 躁うつ気質の特徴 (詫摩，1986)

分類	特徴	内容
躁うつ気質全般にみられる特徴	○社交的 ○善良 ○親切 ○暖かみがある	明るく開放的で人づき合いがよく，誰からも憎まれない。子どものような善良さをもち，喜びや悲しみの感情をそのままに表現する。気持ちの中に暖かさと柔らかさをもっていて，冷たく他人を拒否することがない。
躁うつ病の躁状態に通じる特徴	○明朗 ○ユーモアがある ○活発 ○激しやすい	気分が高揚して，明るい。着想が次々とわき出てくる。他人に対しても積極的になる。
躁うつ病のうつ状態に通じる特徴	○寡黙 ○平静 ○気が重い ○柔和	気分が沈んで重く，何かをするのが億劫になる。じっとしていることが多いが，来る人は拒まない。

狂信的な信仰，過剰な緊張，極端な形式主義などはこの気質には縁遠いものである。

躁うつ気質は，さらに活発な軽躁型を不活発な抑うつ型に分けられる。

軽躁型の長所としては旺盛な活動力，活発さ，ぬかりなさ，愛すべき人柄，のびのびとした感覚，多彩で多方面にわたる話題と機智を備えた社交性，雄弁さ，面倒見のよさなどがある。このために実業家，臨床医師，ジャーナリストとして成功することが多い。短所としては軽薄であること，無思慮，気まぐれ，自分の過大評価などがある。

抑うつ型は慎重で思慮深いが，気が弱い面がある。またものごとを重大に受けとめる傾向があり，指導者には向いていないが，組織の一員として，指示された自分の職務を誠実に良心的に勤めるのに適している。温厚であるために敵をつくらない。しかし抑うつ型の人が責任の重い地位や不安定な立場に急におかれると，元気がなくなって抑うつ状態になることがある。

軽躁型の精神的テンポは早く，ものごとの理解は敏速である。そして多くのことを的確に把握し，異質の仕事を並行して行うことができる。考えることはなめらかに進行するが，その場の条件に支配されて首尾一貫した論理構成が失われることもある。抑うつ型の精神テンポは単純で緩慢である。動作は控え目で思考に時間がかかり，決断が遅いことがある。クレッチマーは一般の人にみられる躁うつ気質の例として，おしゃべりな陽気者，もの静かな諧謔家，静かで気分の豊かな人，気楽な享楽家，精力的な実際家というような例をあげている。

4.3.2 分裂気質

躁うつ気質と対照的な気質である。躁うつ気質の人のものの感じ方は自然で，そのまま外面に現れるので，その人が何を考え，何を感じているかは比較的容易に理解できる。これに対して分裂気質の人には外面と内面とがあって外側から内側を推測するのは難しく，たとえば永年つき合っていながら，なお理解できないところがたくさんあったりする。分裂気質の特徴は表4.2の通りである。

分裂気質の人の社会的態度は躁うつ気質のものと反対で，非社交的であり，

表4.2　分裂気質の特徴 (詫摩, 1986)

分　類	特　徴	内　容
分裂気質の一般的特徴	○非社交的 ○静か ○内気 ○きまじめ ○変わりもの	周囲の人との接触が円満にいかない。冷やか，おもしろみがない，頑固，形式主義というような印象を与える。
過敏性に関する特徴	○臆病 ○はにかみ ○敏感 ○神経質 ○興奮しやすい ○自然や書物に親しむ	優雅で，貴族的な繊細さをもつ。日常の卑俗な生活から脱して高貴なものに憧れる。ときにいらいらと不機嫌になり，興奮する傾向がある。
鈍感さを示す特徴	○従順 ○おひとよし ○温和 ○無関心 ○鈍感 ○愚鈍	決断できない。衣服などに対して無頓着。喜びも悲しみも忘れてしまったように無感動。意欲がなく，他人のいいなりになってしまう。

　自分だけの世界に逃避し，閉じこもろうとする傾向が強い。この気質における過敏なタイプの人にとっては現実の社会の騒音や強い色彩は自分を脅かすように思われ，他人とかかわりをもつことにはわずらわしさが感じられる。すなわち外界からの刺激を避け，ひっそりと心の個室にこもろうとするのである。一方，鈍感なタイプの人にみられる内閉性は，これと違って周囲に対する情緒の共鳴が欠けていることに基づくものである。周りのさまざまなできごとの中で興味をひくものは少なく，心を動かされることがわずかしかないのである。

　分裂気質の人の交際は表面的で，相手に深くかかわろうとしない。自分のことにかかわられるのも好まない。また，他人のことに関心がないために他人の要望に譲歩したり，他人に反対されることを恐れるために態度を控え目にしてしまうこともある。分裂気質の人の場合，人間から逃れ，傷つけられることの

少ない書物や自然の中に親しみを見出そうとすることが多い。彼らのもつ繊細さや，やさしさは美しい自然や遠い昔の世界に向けられるのである。

　分裂気質の中には変わりものといわれる人が比較的多い。たとえば，自分自身の生活習慣をかたく守り，他人との交際を限定しているような人である。周りに自分がどう思われているかに関心をもたず，あまり気にしようとはしない。他人との間に一定の心理的距離をつくり，それを維持しようとする傾向がある。人の好き嫌いが激しく，嫌いな人物は徹底的に軽蔑し，遠ざけようとしたりする。また服装やもちもの，嗜好に関しての好みが厳しいこともある。

　分裂気質においては他人と深い精神的結びつきをもたないで，表面的にだけ交わっていこうとする。しかし中には何の感動もなく，どんな人とも交際していくことのできる人も分裂気質の中に含まれる。

　普通の人にみられる分裂気質の特徴として上品で感覚のデリケートな人，孤独な空想家，冷たい支配者，利己的な人，無味乾燥で感情が鈍麻した人などをその例として，クレッチマーはあげている。

4.3.3　粘着気質

　このほかにクレッチマーは粘着気質という類型を考えている。これはてんかんとの間に関連のあるものとしている。

　粘着気質は文字通り，粘っこい性格であり，1つのことに熱中しやすく，几帳面で凝り性である。机の引出しなどはキチンと整理され，手紙の返事を忘れることもなく，会合には定刻に姿を見せる。習慣とか義理を重んじ，とっぴな行いをしたり奇抜な服装をしたりすることもない。他人，とくに目上のものに対してはいんぎんで丁寧であり，自分自身も修養して精神的に向上することを心がけている。まじめな人物としてみんなから信頼されている。粘り強くやり始めたことは最後までやり通す。しかし他面，頑固で自分の考えを変えようとしない。また軽快さがなく，話の仕方がまわりくどくて要領が悪い。誠実ではあるがおもしろみがないという評判もある。ふだんは忍耐強く，礼儀をわきまえているが，ときどき爆発的に怒り出して，周りのものをびっくりさせることもある。仕事を手早くやることは苦手であるが，誠実で綿密である。一般に

ものごとを堅苦しく考えてしまって，融通性がない。不正直なことやずるいことを非常に嫌う。さっぱりしたところがなく，執念深いところがある。

几帳面さ，粘り強さ，誠実さを活かして根気のいる仕事，1つの企画を推進したり拡大したりする仕事，厳正な生活態度を評価して，正確さをとくに必要とする仕事などが粘着気質の人には適している。

4.3.4　業績と性格

芸術家の作品，学者の業績には，その人がいかなる性格のもち主であるかによってそれぞれ特色がある。クレッチマーは『天才の心理学』の中でもこれを取り上げている。政治的な指導者の場合も含まれて，一般的に述べるとおおよそ表4.3のようになる。

1.　文学者・詩人

躁うつ気質の文学者として知られているのは『緑のハインリッヒ』を書いたゴットフリート・ケラーである。このほかにも多くのリアリズム作家や，ユーモア作家をあげることができるが，その大部分は肥満型かそれに近い体格をもっている。その作風を特色づけているものは素朴な人間美，自然な誠実さ，

表4.3　業績と性格

	躁うつ気質	分裂気質
文学者	現実主義者 諧謔作家	激情家 ロマン主義者 形式作家
研究者	写実的に記載する 経験家	精密な理論家 系統立てる学者 形而上学者
指導者	率直な猪突者 陽気な組織家 思慮ある調停者	純粋な理想主義者 狂熱的な専制者 冷やかな打算家

生に対する肯定的な態度，人間そのものやその庶民的な性質に対する愛情である。きらきらする才智や痛烈な皮肉などは認められない。作品には整った形式はないが，豊かな色彩と暖かなムードがある。1人の少年の生い立ちから青年にいたる過程を描いた『緑のハインリッヒ』はこの種の作品の典型的なものとされている。

分裂気質の詩人，文学者の例としてはシラー，ヘルダーリンなどがいる。悲愴派，ロマン主義者，理想主義者といわれている人々である。分裂気質の作家の書くものはヘルダーリンの『ヒューペリオン』のように悲劇的情熱がみなぎり，叙情的，賛歌的で自然に対する気分は豊かに描かれながら，人間についての描写は十分でない。しばしば暗く悲劇的な情熱に彩られたりする。分裂気質の作家の作品の中には現実を離れた夢想の世界をくりひろげているものもある。ノヴァリスの『青い花』の中には，中世の神秘的なほの暗さが描かれている。分裂気質の詩人では，1つ1つの芸術美は聴覚的なもの，ことばの音楽性にあるが，躁うつ気質の詩人の場合では，それが視覚的なもの，形象的なものに認められることが多い。

2. 学　　者

躁うつ気質の学者としてゲーテ，アレキサンダー・フォン・フンボルト（19世紀のドイツの地理学者，生物学者）などをあげることができる。彼らに共通する特徴として次のような点がある。第1は，多才で研究活動の種類が広い範囲にわたっていることである。第2には，具象的で経験的な研究方向を目ざしていることである。具体的な知識素材と観察対象を集めて記述していく傾向があって，対象そのものに直接ふれてみることを喜ぶ。これらの学者が好んだ学問が哲学や数学ではなく植物学，解剖学，生理学，色彩論，地質学，民俗学のような具象的なものであったことは興味深い。

数学や物理学のような精密な理論的分野の学者には分裂気質のものが多い。分裂気質の学者には，きちんとした構造，純粋に形式的なものを好む傾向，超感覚的で非現実的なものにひかれる傾向が一般に認められる。

クレッチマーの類型論の概要は以上の通りである。体格は年齢によっても栄

養状態によっても変化するものであるが，気質もそれに伴って変化するものかどうか，また分裂気質，躁うつ気質をそれぞれ単一のものとみなしていてよいかなど，問題は残っている。しかし現実に分裂気質といえば理解できる性格特徴があり，「彼は躁うつ気質だ」といえば，その情報だけで，彼についてのイメージが浮かぶ。その意味でクレッチマーの類型論は具体的に人を理解するときに非常に有用であり，類型論を代表するものといえよう。

4.4 シェルドンの類型論

シェルドンは身体の各部を測定して内胚葉型（柔らかで丸く，消化器系の発達がよく，肥満型の体格），中胚葉型（骨や筋肉の発達がよく，直線的で重量感のある体格），外胚葉型（神経系，感覚，皮膚組織の発達がよく，細長い体格）の3つに体格を分け，それぞれに対応する気質の型として，内臓緊張型（くつろぎ，安楽を好む。飲食を楽しみ，社交的である），身体緊張型（大胆で活動的，自己を主張し，精力的に活動する），頭脳緊張型（控え目で過敏，他人の注意をひくことを避ける。安眠できず疲労感をもつ）を取り上げた。いずれも健常者についての研究で，実証的色彩が強い。

4.5 心理学的な特徴による類型論

類型のよりどころを行動，または心理的特徴に求める立場も少なくない。

生活態度もしくは宗教，芸術，哲学などに表現された世界観による類型を考えたのはディルタイである。感性型，英雄型，瞑想型の3つに分けられる。

シュプランガーの生活形式による類型も著名である。彼は6つの基本的な生活領域を考え，それらのうち，どの領域にもっとも価値をおき興味をもっているかによって，次のように6つの類型を考えた（表4.4）。これは生き方にかかわる類型といえる。理論型，経済型，審美型，宗教型，権力型，社会型の6つである。どのような領域に価値をおくかに関して多様な個人差が認められるのは事実であるが，各自の志向する文化価値は職業のいかんなどによって規定さ

表4.4　シュプランガーの生活形式による類型

理論型	事物を客観的に見て，論理的な知識体系を創造することに価値をおく。
経済型	事物の経済性，功利性をもっとも重視する。
審美型	繊細で敏感であり，美しいものに最高の価値をおく。
宗教型	神への奉仕，宗教体験を重視する。
権力型	権力を求め，他人を支配しようとする。
社会型	人間を愛し，進歩させることに価値をおく。

れることが多く，また現実の人間は多くの価値方向があり，どの型に属するか決定できないこともある。楽しいことを志向する快楽型という類型の追加を提案する人もいる。

4.6　ユングの類型論

　ユングは心のエネルギー（リビドー）の向かい方によって，外界の刺激に影響を受けやすい外向型と，内面にエネルギーが向かい自己に関心が集まりやすい内向型に性格を分類している。それぞれの特徴は**表4.5**の通りである。

　ユングはさらに外向型，内向型という類型とともに，精神の主な機能として，思考，感情，感覚，直観の4つの機能類型を考えた。

　思考機能は，自分の選択や行動の結果を論理的に考えて結論を導こうとする機能である。そのため，対象から距離をおいて，客観的に物事をとらえたり，その因果関係を分析することで理解しようとする。

　感情機能は，対象と同じところに立って，当事者として物事をとらえたり，相手の立場に立って理解しようとする。それは調和を大切にし，物事や人をまず受け容れ，他者を理解したり援助しようとすることである。

　感覚機能は，実際に起きていることをとらえるために，視覚，聴覚などの五感を通じて情報を取り入れる機能である。そのため，「実際にいま起きている

表4.5 ユングの外向型・内向型分類

	外向型	内向型
感情的側面	○情緒の表出が自由で活発。 ○気分の変化が早い。 ○あっさりしていてあきらめも早い ○陽気で心配することが少ない。	○感情の表出は控え目。 ○気分の変化は少ない。 ○気難しい。 ○内気で心配しがちである。
意志的側面	○精力的で独立心が強く，指導力がある。 ○決断が早く実行力も旺盛である。 ○慎重に考慮しないで着手し，失敗することもある。 ○飽きやすく気持ちが変わりやすい。 ○新しい状況に対する適応は早い。	○自分が先に立って行うことより，他人に従うことが多い。 ○思慮深いが実行力は乏しい。 ○やり始めたことは良心的に粘り強く行う。 ○凝り性。 ○新しい事態への適応には時間がかかる。 ○他人とのかかわりが少ない仕事を好む。
思想的側面	○常識的で奇をてらうようなことがない。 ○概して折衷的である。 ○他人の考えをよいと思えば抵抗なく受け入れる。	○ものごとに対して懐疑的，批判的である。 ○理論的分析に長じている。 ○自説に固執し，ときに些細なことにこだわり大局を見失う。
社会的側面	○広い範囲の人と交際する。 ○流暢な話し方と巧みな機知をもって明るく，楽しく談笑することを好む。 ○他人におだてられたり，だまされたりすることもある。	○交友範囲は狭い。 ○多くの人と気軽につき合うことが不得手である。 ○おとなしいが自分に対する他人の意見や批判に敏感で感情を傷つけられやすい。

こと」に着目したり，一つひとつを積み重ねて事実を把握しようとすることである。

　直観機能は，物事の全体像から，関係性やつながりに着目して情報を取り入れる機能である。そのため，物事のパターンを把握し，イメージや可能性，あるいは新しい方法をとらえようとすることである。

　ユングは，すでに述べた外向型，内向型とこれら4つの心理的機能を組み合わせて，次の8つの性格のタイプを提出した。

① 外向的思考タイプ
② 内向的思考タイプ
③ 外向的感情タイプ
④ 内向的感情タイプ
⑤ 外向的感覚タイプ
⑥ 内向的感覚タイプ
⑦ 外向的直観タイプ
⑧ 内向的直観タイプ

　ユングの性格の類型論は，ユング自身，性格検査あるいは，その他の実用的な面では，それ以上には発展させなかった。

4.7　そのほかの類型論

　フロムは性格形成に関与する要因として社会体制を重視する。すなわち，経済機構によって人の生活様式は規定され，その生活様式が個人の性格をつくり上げると考え，受容的，搾取的，貯蔵的，市場的，生産的の5つの性格類型を設定した。

　ホーナイ（Horney, K.）は対人関係についての3つの態度，つまり「人々へ向かう態度」，「人々に反抗する態度」，「人々から遠ざかる態度」のどれを基本的なものとして選ぶかによって依存型，攻撃型，離反型の3つの性格類型を考えた。

　シュナイダー（Schneider, K.）の精神病質人格の類型もよく知られている。

これは体系的ではないが，次の10種類に分けられている。高揚型，抑うつ型，気分不安定型，爆発型，自己顕示型，自信欠乏型，狂信型，意志欠如型，情性欠如型，無力型。

ル・センヌ（Le Senne, R.）は情動性，活動性，表象の保持性を3つの基本的特徴と考え，これの組合せから8つの類型を設定した。

4.8 類型論の長所と短所

性格の類型論的研究は以上のようにさまざまな立場からなされている。類型論の多くはそれぞれ一定の理論的背景のうえに構成され，論理的にも統合されている。典型的なものも明示されている。個人個人の性格はそれぞれ独自なものであるが，この独自性を理解するための枠組みとして類型は有用である。このことを医師が患者を診断するときの状況と関連させて考えてみよう。

経験の豊かな医師は病気A（たとえば肺結核）と病気B（肺がん）の病像について詳しい知識をもっている。Aのみに出現する症状，Bのみに出現する症状，AにもBにも現れる症状や，症状の個人差，病気の進行に伴う変化などについてよく知っている。これらが性格類型についての知識に相当する。この医師は患者に発病以来の症状の経過，既往歴などを詳しく聞き，また各種の検査を実施する。そのような資料を総合して，医師は患者の病気はAか，Bか，あるいはAでもBでもないかを決定しなくてはならない。類型が個人を理解するときの枠組みとしてはたらくというのはこの意味である。性格の類型についての知識をもっていると個人の性格の理解にあたって役立つのである。

類型論全般に認められる特徴として，人間をそれぞれ独自性をもった全体として考え，これをより小さな部分には分析できないという点がある。

類型論の短所としては次のことがある。

第1は多様な性格を少数の型に分けるために，1つの類型とほかの類型の中間型や移行型が無視されやすいという点がある。類型論で明示されているような性格が，純粋にそのようなかたちで存在することは少なく，実際には混合しているものが多いのである。個人をある類型に入れようとすると，この類型に

4.8 類型論の長所と短所

特有の特徴だけが注目されて，ほかの特徴が無視されてしまうことがある。たとえば外向型の特徴として陽気で明るく，実行力があるということがある。ところが実際には静かでおとなしいが，実行力のある人もいる。この場合，この人の実行力があるという特徴だけが注目されて，ほかの面が見失われてしまうことがあるのである。

第2の点としては，類型論では性格を静態的なものとしてみて，その力動的な面，とくに性格形成に及ぼす社会的・文化的環境の要因が軽視されがちであるということがある。

性格の類型論で用いられた用語で広く用いられているものもある。他人を理解する過程で分類は必要であるし，性格に変わりにくい安定した面のあることも事実である。このように類型論が存在する理由は認められるが，最近の心理学においては類型論に対する関心は低く，学説そのものにおいても新たな展開はなされていない。性格の粗雑な記述に過ぎないという批判もなされている。被験者の選択も厳密にし，統計的検定にも耐えうる実証的な類型論の発達が期待される。わが国では巷間，いわゆる血液型性格学が流行している（**BOX3**参照）。十分な根拠がないにもかかわらず，血液型と性格との関係が週刊誌などで話題とされるのは，類型的に把握することが強く求められているしるしなのである。

[参考図書]

クレッチマー　E.　内村祐之（訳）　1953　天才の心理学　岩波書店
詫摩武俊　1971　性格　講談社現代新書　講談社
瀧本孝雄　2000　性格のタイプ——自己と他者を知るための11のタイプ論　サイエンス社

BOX 3　血液型と性格

「あの人はA型だから，B型の人とはうまくいかないのよね」「私は，典型的なO型でして……」などと，最近の会話には，血液型の話が出ることが多い。あるデータによると，大学生の8割以上が，ABO式の血液型によって人の性格が異なると信じている。血液型を新入社員採用の手がかりにしたり，昇進の資料にする企業まで現れた。

著者らは以前，こうした血液型と性格の関連について調査したことがある（詫摩武俊・松井　豊，1985）。調査は大学生約600名を対象にして実施された。

この調査ではまず，血液型に関する著名な書物から，各血液型性格を代表する文章を20種類引用し，それらの文章が回答者自身にあてはまるか否かを尋ねている。回答はABO式血液型別に集計され，4つの型の肯定率が比較された。その結果，20の文章のうち，2つの文章の肯定率に統計的に有意な差がみられたが，その差は引用した原典とはまったく異なった方向に現れていた。原典ではA型と表記されていた文章が，実際にはO型の人にもっとも高く肯定されていたというように。既存の性格検査もあわせて実施したが，4つの型の間に系統的な差はみられなかった。

4つの型には差がなかったが，血液型の別の側面には明確な差がみられた。血液型別性格を信じるか否かという個人差に，性格が関連していたのである。血液型別性格学を信じる人は，親和欲求が強く，社会的外向性が高く，追従欲求も高かった。血液型によって性格が異なると信じている人は，人と一緒にいたいと望んでおり，人づきあいが好きであるとともに，権威のあるものに従いたいという欲求（追従欲求）が強かったのである。

さらに，松井（1991）は，全国13歳から59歳の男女を無作為抽出した調査データベース（JNNデータバンク）の調査結果を再解析し，血液型と性格の関連を分析した。分析対象となったのは，1980年，'82年，'86年，'88年の各3,000人前後の回答で，24種の性格項目への肯定率を比較した。その結果，4年度を通じて（統計的に有意な）差がみられたのは，1項目のみであった。その1項目も年度によってB型の肯定率が高かったり，O型の肯定率が高かったりして，結果が一貫していな

かった。回答者をきちんと選んだ調査結果によれば，血液型と性格には一貫した関連はみられないのである。

詫摩・松井（1985）は，血液型によって性格が異なるという信念を，「血液型ステレオタイプ」と命名している。**ステレオタイプ**（stereotype）は，ある個人がある集団に属しているという理由で，特定の性質をもっているという，社会に普及している信念と定義される。ステレオタイプの中で，もっとも目立つのは，国民性に関するステレオタイプである。「イギリス人は紳士的だ」とか「日本人は肩からカメラをぶら下げている」などが国民性ステレオタイプの例である。血液型性格学も「A型はこういう性格である」というステレオタイプの1つである。

第1次世界大戦後のドイツでは，人種に関するステレオタイプ（ユダヤ人への偏見）と英雄（ヒットラー）崇拝が，国民の間に広がっていた（15章参照）。ナチスドイツは，ユダヤの人々を迫害するスローガンとして，「純粋なアーリア人の血をユダヤの血で汚すな」という呼びかけを行ったという。「血で人が異なる」という信念が強調され，アウシュビッツにつながる虐殺が行われた。

血液型で人の就職や昇進を左右する愚かな企業経営者と，ユダヤの人々への偏見を唱道したナチスの指導者との間には，どれほどの差があるのだろうか。恐ろしいことに，先の調査で明らかにされた追従欲求は，英雄崇拝とともに，権威主義につながる心理の一つと理解されているのである。

血液型ステレオタイプをもつ人は，他の人種差別や性差別をもちやすいことも，明らかにされている（坂元，1988）。「血液型によって人の性格が異なっている」という思い込みは，他の差別や偏見の入口になっているのかも知れない。

（松井　豊）

性格の特性論

特性論は性格を比較的多数の基本的単位（特性）に分けて，それらを分析し，それぞれの程度を量的に測定して，各特性の組合せによって個人の性格を記述しようとするものである。

ここでは，まず特性論の意味と問題点について述べ，次に，具体的に主な特性論としてオールポート，キャッテル，アイゼンクの理論を紹介し，それぞれの理論の特徴について検討してみたい。

5.1 特性論の特徴と問題点

5.1.1 特性論の考え方

性格特性（personality trait）ということばを初めていい出したのはアメリカの心理学者オールポートである。オールポートによれば，特性とは性格の基本となるものであり，反応傾向である。それは直接観察できないが，行動から推測的に構成される概念（これを**構成概念**と呼ぶ）である。これらの特性は測定しうるものであり，1人1人の性格は，個々の特性の測定値の総和として表現されると考えたのである。

特性論の考え方は，ある特徴，たとえば，依存性とか神経質といった性格特性の個人差は，程度の問題であって質の問題ではないというものである。そして，すべての人に性格特性のそれぞれがある程度共通しており，個人によって，それらに量的な差があるに過ぎないという見方をしている。すなわち，積極性や支配性という項目について，ある人の積極的傾向や支配性はどのくらいであるかを，テストや行動観察によって測定し，一定の尺度に記入して分析するのである。

ところで，今日の特性論は**因子分析**の方法によって基礎づけられることにより一段と発展したといえる。因子分析というのは，数学的方法を使って，性格

や知能を比較的独立した少数の因子に分けていく統計的手法で，心理学のさまざまな分野の研究でよく用いられている。この因子分析によって，性格の基本的因子を決定することで，性格特性を客観的にまた能率的に測定することができるわけである。さらに量的な測定であるので，個人と個人の特性の比較も容易となる。そして，性格特性の項目によって，人の性格を評定し，その結果を記入した項目表のプロフィールを作成することにより，その人の性格が詳しくとらえられるという長所がある。

5.1.2 特性論の問題点

特性論は以上のようなもので，性格解明のために重要であり，また有用な面も少なくないが，次のような問題点も残されている。

(1) 特性論で用いられる因子分析そのものは客観的操作であるが，この分析の基礎になっている個々の特性は，はたして性格のすべてを網羅しているのだろうか。

(2) たとえば，次節で述べるように，オールポートはウェブスターの辞書から性格用語を抽出したが，特性論では，因子分析の基本となる資料の集め方により，異なった因子が抽出されるといえる。また，性格特性そのものが，性格を記述するために，必要かつ十分なものなのだろうか。

(3) 多くの研究者により因子分析法から，多くの因子が抽出されているが，その結果は必ずしも一致していない。さらに基本的特性についても研究者の間で最終的な一致が，いまだ得られていない。

(4) 特性論では，性格の測定結果はプロフィールであらわされるが，性格特性のプロフィールは，断片的，モザイク的であり，個人の全体像を必ずしも明らかにしていない。またプロフィールだけでは平板的であり，性格の全体構造のあり方が直観的にわかりにくい。

(5) 人が共通にもっている特性の量的な比較のため，その人だけにしかないユニークな特性を無視してしまうのではないか。

このように，特性論は客観的測定を可能にした一方で，個人の全体性や独自性を見逃しやすい欠点をもつことは否めない。

しかし，特性論は，性格の基本的単位である特性の解明に大きな意義をもっており，また，学習理論の立場から性格の形成の問題を扱い，性格形成における社会的・文化的条件の影響を明らかにしている。

したがって，性格研究のためには総合的で質的に把握しようとする類型学的な研究方法と，分析的で量的に把握しようとする特性論的研究方法をともに考慮したうえで，それらを統合することが必要である。さらに，因子分析的方法によって，性格の根源的特性が抽出され，それによって類型論のたてる類型を意味づけることにより，性格の研究はさらに発展するであろう。

5.2 オールポートの特性論

前述のように特性論的性格理論を初めて体系的に構成したのがオールポートである。彼は独自の特性論を通して，個々の人間行動の複雑性と独自性を強調し，その理解をめざした。

特性論的性格研究においては，個々の性格特性の選定が問題となるが，オールポートはウェブスターの辞書から，「明るい」，「あきっぽい」，「慎重」といった，人間の態度や行動の特徴に関することばを17,953語取り出し，それらをまとめた。その結果，まず形容詞を主とする用語を，

① 実際に外に現れる特性用語，

② 心の一時的状態をあらわす特性用語，

③ 評価や価値をあらわす特性用語，

④ それ以外の特性用語，

に分類した。

これらのうち，① の特性用語が比較的恒常的な一般行動傾向をあらわすものとして，重要であると考えられた。

またオールポートは，特性には多数の人々に共通する**共通特性**（common trait）と，ある個人に**独自の特徴を与える特性**（unique trait）とがあることを認めた。すなわち，共通の特性というのは，同一文化圏内に共通するいくつかの適応様式を反映したものである。また，独自の特性というのは，各人に特有な

特性のことである。

　オールポートは共通の特性を**表出的特性**と**態度的特性**に分けた。これらの共通の特性は，明確な基準や方法によって選んだのではなく，オールポート自身が，多くの理論や特性リストから便宜的に選んだものである。ところで，ここにおける表出的特性というのは，人が目標に向かって行動しているときに現れる特性をさしている。つまり，支配的な人，拡張的な人，持続的な人は，それぞれその人なりの個性を示すというのである。また態度的特性とは，環境に適応するときの行動に示される特性のことをさしている。これは，自己に対する態度，他者に対する態度および価値に対する態度をそれぞれ含むものである。

　さらにオールポートは，心理・生物学的要因を身体・知能・気質の3つの側面に分け，これらを特性の基礎をなすものと考えた。彼は以上のような考えをまとめて，性格の総合的分析のために，図5.1のような**心誌**（サイコ・グラフ）を作成した。心誌は，共通の特性を一定数選び出し，それらの程度を測定し，プロフィールを作成し，個人間の性格構造を比較するといった特性論的性格理論の基本的図式を明確にしたという点で大きな意義があるといえる。

　このようにオールポートの特性論は，性格を多面的に考察している点においてかなり包括的なものである。しかし，性格の社会的・文化的要因の考慮や，性格を研究する次元などについては議論の余地があるといえよう。

5.3　キャッテルの特性論

5.3.1　キャッテルの理論

　キャッテル（Cattell, R. B.）の理論では，性格の構造が特性の階層として表示されている（図5.2）。すなわち個人に特有の興味・態度よりなる**独自特性**と，すべての人がつねにある程度はもっている**共通特性**とを第1の階層とし，次に因子分析の手法を導入して，以上の2種の特性とは別に，第2の階層として**表面特性**（surface trait）と**根源特性**（source trait）との2種から特性の構造を決定した。

　表面特性とは，臨床医学における症候群に対応し，外部から直接観察が可能

心理生物的基礎							共通特性													
身体状況			知能		気質		表出的				態度的									
											対自己		対他者			対価値				
容姿	健康	活力	抽象的(言語的)	機械的(実用的)	感情	感情	支配	自己拡張	持久	外向	自己批判	自負	群居	利他的(社会化)	社会的知能(如才なさ)	理論	経済	芸術	政治	宗教
整	良	大	上	上	広	強	的	的	的	的	的	的	的	的	的	的	的	的	的	的
不整	不良	小	下	下	狭	弱	服従的	自己縮小的	動揺的	内向的	自己無批判	自卑的	独居的	自己的(非社会的行動)	社会的知能低劣(非常に非社会的)	非理論的	非経済的	非芸術的	非政治的	非宗教的

図5.1 オールポートの心誌 (Allport, G. W., 1937)

な行動の諸特徴の集まりをさし，キャッテルは多くの研究をもとに，54個の集まり（核クラスター）を見出した。この集まりは，適応的—不適応的，まじめ—ふまじめ，といった形容詞の対になっている。これは多くの表面特性の間の相関係数を算出することによって，潜在する因子としてのいくつかの根源特性が因子分析によって見出されるというのである。

そこでキャッテルは，これらの根源特性が純粋な因子として抽出されたとすれば，さらに質的な分類が可能であると考え，それらは，体質的特性と環境形

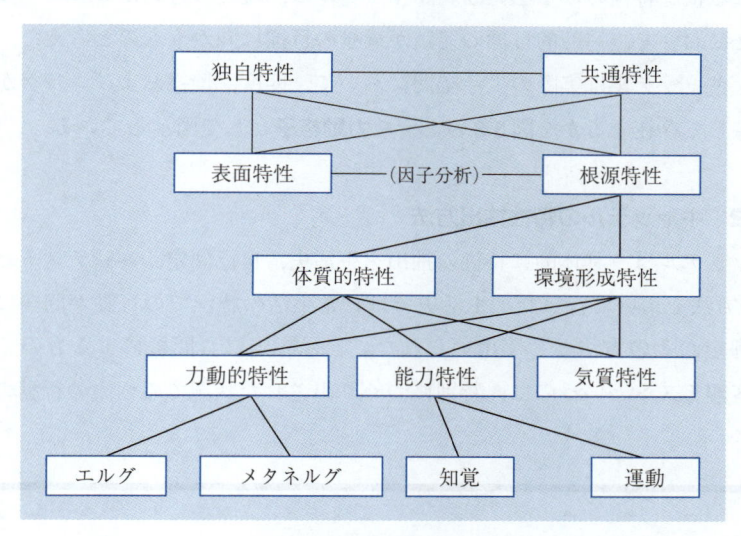

図5.2 キャッテルの特性分類の構造 (Cattell, R. B., 1950)

成特性のいずれかに二分されるとした。ここでいう体質的特性というのは，遺伝的素質によって定められるもので，環境形成特性は，環境における経験によって定められるものである。

　さらにキャッテルは，特性の構造をもっと複雑化して，**力動的特性，能力特性，気質特性**に分類した。力動的特性とは獲得された興味，態度，情操，コンプレックスなどを，また能力特性は，いわゆる能力であり，個体の知覚および運動がどのように行われるかを示している。気質的特性というのは，主として体質的なものからなるスピード，エネルギー，情動的活動性といった特性をさしている。

　最後にキャッテルは，力動的特性の中に**エルグ**（erg）と**メタネルグ**（metanerg）というものをおいた。エルグというのは，生得的な力動的根源特性というものであり，これは人間のみならず高等動物なら保有しているもので，遺伝に基づく成熟の作用を受け，体質的根源特性と相関があるとした。またメタネルグというのは，エルグより抽象化された文化的枠組みに基づいて環境から形

成される根源特性のことをいう。キャッテルは，現実の行動はこのような構造のもとにおいて，補助的目標の連鎖が最後の目標に向かうものと考えた。そのため，キャッテルは実際の生活空間において，態度，情操およびエルグがいかに錯綜して存在するかを図5.3のような**力動格子**として図示している。

5.3.2 キャッテルの特性抽出方法

キャッテルは，具体的に特性の抽出を生活史，自己評定，客観テストという3つの方法を用いて行った。生活史では日常生活の状況での行動が問題にされ行動評定がその方法として用いられた。自己評定は質問紙によるものであり，また客観テストというのは，特別につくり出された状況での個人の行動の観察

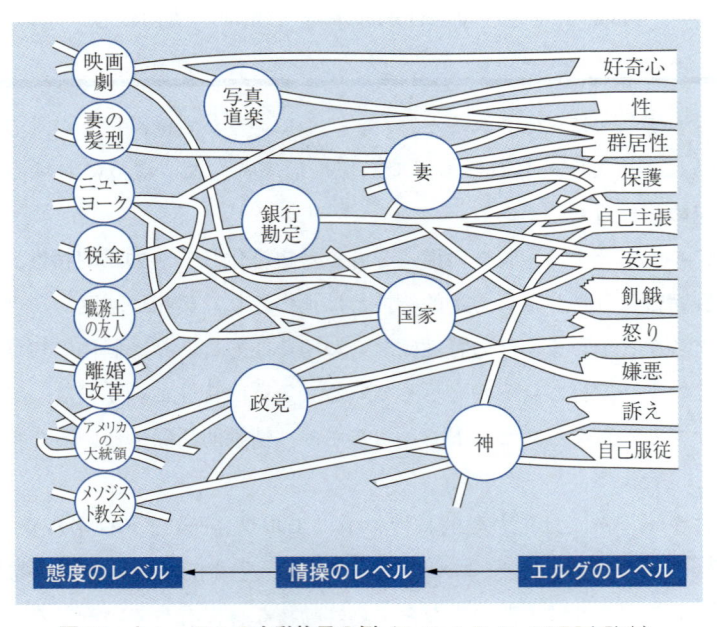

図5.3 キャッテルの力動格子の例（Cattell, R. B., 1950を改変）

によるものである。

　キャッテルは，特性要素のリストの作成として，まずオールポートらの4,500の特性のことばを検討し，同義語と思われるものをまとめて160語に圧縮した。そのほかに表面特性の記述である単語を11個加えて，対をなしている171語を抽出した。これをもとにして，62個の特性群をまとめ，さらに重なり合っているものをまとめて35個の特性群とした。次に，208人の成人男子を被験者にして，16人1組の13組に分け，それぞれのグループごとに相互評定し，因子分析を行って12個の根源特性を見出したのである（**表5.1**）。

　キャッテルは，**表5.1**のような12の根源特性を抽出し，性格は，これらの特性から構成されていると考えた。すなわち，12の特性がどの程度あるかを測定すれば，性格を完全に理解できると考えている。

　キャッテルは，その後も続けられた研究によって，さらに4つの因子（急進性—保守性，自己充足性—集団依存性，高い自己統合性—低い自己統合性，エルグ緊張—エルグ弛緩）を加え，合計16の根源特性を示したが，一般にはすでに述べた12の因子がよく用いられている。しかしながら，抽出された因子についての解釈に主観の混じる恐れはまぬがれないので，キャッテルの理論は十分であるとはいいがたい面を残しているといえよう。

5.4 アイゼンクの特性論

5.4.1 アイゼンクの考え方

　アイゼンク（Eysenck, H. J.）の理論は，主に因子分析法を使った性格特性の実験的研究によるものであるが，その研究には，ドイツ流の類型論とイギリス流の統計学的方法とが巧みに融合されている。

　アイゼンクはクライテリオン分析という従来の因子分析とはやや異なった手法を用いている（それまでの因子分析では，結果として得られた因子がどのような意味をもっているかが明らかでない場合が少なくなかった）。

　この分析においては，抽出しようとする因子がはじめからきめられていた。たとえば，その因子は分裂気質対躁うつ気質というように両極性をもつもので

あるとされ，被験者もあらかじめ両極の2群から選ばれた。

　アイゼンクの性格測定の方法は，多面的かつ操作的であり，精神医学的診断，

表5.1　キャッテルの12の根源特性 (Cattell, R. B., 1950)

	因子の名称	具体的内容
因子1	躁うつ気質―分裂気質	クレッチマーの類型とほぼ同じ内容
因子2	一般的精神能力―知能欠如	聡明さ，思慮深さ，教養の高さと，愚かさ，無反省，粗野を両極とする一般知能因子
因子3	情緒安定性―神経症的情緒不安定性	情緒が安定した現実的生活態度と，不平が多く未成熟な神経症的傾向を両極とする因子
因子4	支配性・優越性―服従性	自己主張的，自信にあふれ高慢で外罰的な傾向と，服従的で自信にとぼしく内罰的な傾向を両極とする因子
因子5	高潮性―退潮性	快活，社交的，精力的，ウィットに富む傾向と，抑うつ的，悲観的，鈍重さをもつ傾向を両極とする因子
因子6	積極的性格―消極的性格	決断的で責任をとる態度と，移り気で軽薄でふまじめな態度を両極とする因子
因子7	冒険的躁うつ性気質―退えい的分裂性気質	冒険的で親切，率直で衝動的な傾向と，はにかみやで冷淡，秘密主義で抑制的な傾向を両極とする因子
因子8	敏感で小児的・空想的な情緒性―成熟した強い安定性	依存的で，空想的な傾向と，情緒が安定し，空想などに影響されない傾向を両極とする因子
因子9	社会的に洗練された教養のある精神―粗野	知的教養，洗練された感じ，芸術的趣味と，無反省，無作法，無教養を両極とする因子
因子10	信心深い躁うつ性気質―偏執病	信じやすく，ものわかりのいい傾向と，疑い深く，嫉妬深い傾向を両極とする因子
因子11	ボヘミアン風の無頓着さ―月並の現実主義	型やぶりで想像力に富むが，あてにならない傾向と，平凡でおもしろみはないが，手堅い傾向を両極とする因子
因子12	如才なさ―単純さ	洗練された緻密さと，気のきかない，とりとめのなさを両極とする因子

質問紙法，客観的動作テストおよび身体的差異の4つの角度からなるものである。この中で客観的動作テストは従来の方法の欠陥を補うものとして重視され，被暗示性，手先の器用さ，要求水準，運動反応というような各種のものが設けられている。

アイゼンクは究極的には性格の基本的次元を求めようとした。それは，キャッテルの目標とする特性のレベルよりも抽出化された**類型**（タイプ）の次元となるものである。そして，アイゼンクは性格の階層的構造というものを考え，類型の下に**特性**を，特性の下には**習慣的反応**，さらにその下に**個別的反応**のレベルがあるという4つの層を考えた。

類型は，いくつかの特性が相互に高い相関をもってまとまったものであり，特性は異なったいくつかの習慣の集まりと考えられる。また習慣的反応は，さまざまな状況の中で，繰り返し現れる行動である。さらに，個別的反応というのは，日常場面でなされる個々の行動で，状況に規定される行動が多く含まれている。

これら4つの階層による表示は因子分析で用いられる概念と密接に対応している。すなわち，類型は一般因子，特性はグループ因子，習慣的反応は特殊因子，個別的反応は誤差因子をあらわしているといえる（**図5.4**参照）。このようにそれぞれの類型に，いくつかの特性をおくこの考え方は，ある意味では類型論と特性論とを結ぶものと考えられる。

5.4.2 アイゼンクの研究

アイゼンクの最初の研究は，神経症的傾向と精神異常との区別であった。アイゼンクは，これら両者が質的な差ではなく，量的な差に過ぎないというフロイトの考え方に疑問を抱き，モーズレー病院の患者819名の男子に対して45項目にわたる測定を行った。そして，因子分析の結果により，彼は神経症と精神異常とは，別の次元に属することを明らかにしたのである。

さらにアイゼンクは10,000人の健常者ならびに神経症の研究から，2つの基本的な変数を抽出した。その基本的因子は，**内向性―外向性の因子**，**神経症的傾向の因子**というものであった。

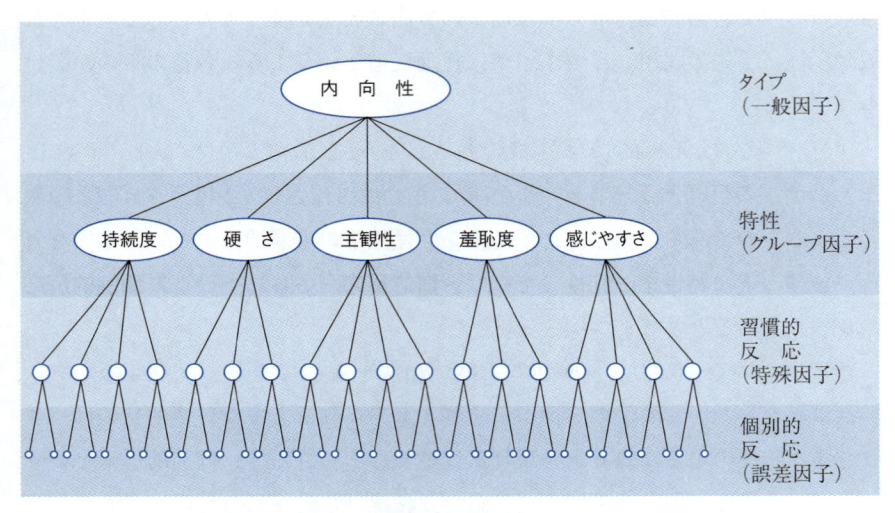

図5.4 アイゼンクの階層構造 (Eysenck, H. J., 1960)

階層構造：
- タイプ（一般因子）：内向性
- 特性（グループ因子）：持続度、硬さ、主観性、羞恥度、感じやすさ
- 習慣的反応（特殊因子）
- 個別的反応（誤差因子）

　内向性という類型は持続性，硬さ，主観性，羞恥性，易感性の5つの特性からなっている。また外向性という類型は，活動性，社交性，冒険性，衝動性，表出性，反省の欠如，責任感の欠如の7つの特性からなっている。さらに神経症的傾向の類型は，自尊心の低さ，不幸感，不安感，強迫性，自律性の欠如，心気性，罪悪感の7つの特性からなっている。この後，彼は，より多くの被験者について研究を進めて，神経症的傾向をより明確に規定した。

　神経症的傾向のある内向性のものおよび外向性のものは**表5.2**にあるような特徴をもっている。

　その後，彼は健常者および精神病院入院患者を対象とした調査の結果から，性格の基本的次元として，新たに精神病質の変数をつけ加えている。

　以上の3つの次元が，アイゼンクが結論づけた基本的な次元（因子）である。さらにアイゼンクは個々の特性や症状の治療から，学習理論，とくに条件づけや条件制止の理論をもとにした**行動療法**を発展させている。

表5.2　アイゼンクによる神経症的傾向をもつ内向性，外向性の特徴
(Eysenck, H. J., 1960)

内向性	外向性
○不安や抑うつの徴候を示す。 ○強迫観念，焦燥感，無感動。 ○感情が傷つきやすい。 ○自意識過剰で神経が繊細。 ○劣等感をもちやすい。 ○気難しい。 ○空想家，非社交的，引っ込み思案。	○むら気で言語動作などのヒステリー的態度を示す。 ○あまり精力的でなく，興味の範囲が狭い。 ○不平不満が多い。 ○何かと事故をおこしやすい。 ○苦痛に弱い。

5.5　ビッグ・ファイブ（特性5因子モデル）

　現在，特性論に関しては**特性5因子モデル**（Five Factor Model；FFM）が注目され定説となりつつある。これは**ビッグ・ファイブ**（Big Five）という5つの特性因子で，人の性格の特徴を説明できるという考え方である。

　このビッグ・ファイブの歴史的背景は，特性名辞（性格特性用語）を基本におくもので，オールポート（**Allport, G. W.**）とオドバート（**Odbert, H. S.**）の研究の流れにつながっている。

　ビッグ・ファイブは，性格特性用語間の類似にもとづいて経験的に取り出された特性用語の分類であり，これら5つの領域はほぼ独立した内容領域となっている。

　研究者によって5つの領域の解釈，命名は多少異なっているが，基本的にはほぼ共通している。

　表5.3は，各研究者によるビッグ・ファイブの解釈・命名の代表例を示している。

　ビッグ・ファイブはテュープス（Tupes, E. C.）とクリスタル（Christal, R. E.），

表5.3　ビッグ・ファイブ解釈・命名の代表例

	I	II	III	IV	V
Tupes & Christal (1961)	高潮性	協調性	信頼性	情緒安定性	教養（文化）
Norman (1963)	高潮性	協調性	誠実性	情緒安定性	教養（文化）
Peabody & Goldberg (1989)	権力	愛情	仕事	感情	知性
McCrae & Costa (1992)	外向性	調和性	誠実性	神経症的傾向	経験への開放性

　ノーマン（Norman, W. T.）の研究を経て，ゴールドバーグ（Goldberg, L. R.）が各因子の本質を心理学的に意味あるものとしてとらえ直したことによって，性格を包括的に記述できるモデルとみなされるようになった。

　その後，5因子による尺度も作成され，それをもとにいくつかの性格検査として発展してきている。

　現在もっとも広く使用されているのは，コスタとマックレー（Costa, P. T., & McCrae, R. R.）のNEO-PI-R（Revised NEO Personality Inventory）である。この尺度は5つの特性がそれぞれ6つの下位特性で構成され，さらに各下位特性が8項目をもつ計240項目からなる。

　次に，ビッグ・ファイブの内容にどのような性格特性用語が使われているのかの例として，ノーマンおよびマックレーとコスタが用いたリストを示す（**表5.4，表5.5**）。

　ところで，ビッグ・ファイブに代表される性格特性研究に対して批判があることは否定できない。それは，性格特性というのは単に性格の認知あるいは現象的表現であって性格心理学的理論の背景があるわけではないという批判である。また性格特性は固定的なものではなく，状況依存的に決定されるべきで，状況とセットにした性格特性という考えが必要であるのに，現在の性格特性研究にはそれが欠けているという批判である。

　このような批判があるにもかかわらず，ビッグ・ファイブを中心とした性格特性論的接近法は，現在，理論的にも実用的観点からも，大きな影響力を持っ

表5.4　ノーマンのビッグ・ファイブ
(Norman, W. T., 1963)

(I) 高潮性
1. 話し好き―寡黙
2. 率直, 開放的―隠し立てのある
3. 冒険的―用心深い
4. 社交好き―隠退的

(II) 協調性
1. 温和―いらつく
2. 嫉妬しない―嫉妬深い
3. 温厚―強情
4. 協調性―拒絶的

(III) 良心性
1. 念入り, きちんとした―不注意
2. 責任感のある―あてにできない
3. きちょうめん―無節操
4. がまん強い―中途半端, 移り気

(IV) 情緒的安定性
1. 落ち着いた―神経質, 緊張しがち
2. 平静な―不安がる
3. 冷静な―興奮しがち
4. 憂うつでない―憂うつな

(V) 文化
1. 芸術的感受性のある―ない
2. 知的―思慮深さのない, 狭い
3. 洗練された, 磨かれた―粗野な, 生の
4. 想像的―単純, 直接的

ていると言えよう。

5.6　類型論と特性論

　類型論と特性論は対立する見解と思われがちである。類型論は，4章で述べたように性格を全体としてのまとまりをもったものとみて普遍的なものから個を理解しようとする。一方特性論は，性格はさまざまな特性から構成されてい

表5.5　マックレーとコスタのビッグ・ファイブ
（McCrae & Costa, 1992）

（Ⅰ）外向性
1. 隠退的―社会的
2. 静か―話し好き
3. 抑制的―自発的

（Ⅱ）調和性
1. 短気―温厚
2. 冷酷―心のやさしい
3. 利己的―献身的

（Ⅲ）誠実性
1. 軽率―慎重
2. たよりにならない―たよりになる
3. 怠慢―誠実

（Ⅳ）神経症的傾向
1. 落ち着いた―うるさい
2. 大胆な―傷つきやすい
3. 安心な―心配な

（Ⅴ）経験への開放性
1. 型にはまった―独創的な
2. 冒険心のない―勇敢な
3. 保守的な―自由な

るものとみて，その特性の測定値の集合として性格を表現しようとする。この意味で両者は考え方において相違があるが，ある類型は，たとえば非社交的，冷淡，空想的などとそれを説明する多くの特徴をもっている。またさまざまな特性によって構成された性格は，これを1つの類型として記述することができる。この意味で類型論と，特性論は相互に補完するものとみることもできるのである。

　性格の研究を発展させるために今後総合的，演繹的で質的把握をめざす類型論的研究法と，分析的，帰納的で量的把握をめざす特性論的研究法をどのように統合させていったらよいかを考えなくてはならない。

[参 考 図 書]

藤永　保・三宅和夫・山下栄一・依田　明・空井健三・伊沢秀而（編）　1977　テキストブック心理学（6）　性格心理学　有斐閣

星野　命・河合隼雄（編）　1975　心理学（4）　人格　有斐閣

瀧本孝雄・鈴木乙史・清水弘司（編著）　1985　性格の心理　福村出版

詫摩武俊（編）　1978　性格の理論（第2版）　誠信書房

性格の発達

「もしあのとき，あのことがなかったら，自分の性格は多分今とは違っていたのではないか」と考えることはよくあることである。親の育て方，きょうだいの有無，怖かった体験，ある人との出会いなど，たくさんの要因が性格の発達にはかかわっている。性格の発達過程は複雑である。それだけにまた興味のある問題である。

6.1 性格発達のとらえ方

　性格の発達に関しては，大別して2つの研究テーマがある。1つは時間の経過，ことばを変えていえば年齢の増加に伴って性格がどのように変化し発達していくかという問題である。たとえば複数の4歳児には活発さ，気おくれの程度，やさしさなどについて，それぞれ個性があるが，4歳児には4歳児に，ほぼ認められる共通の特徴がある。同じように青年には青年らしい，高齢者には高齢者らしい，ほぼ一般的に認められる特徴がある。羞恥心と行動との関係，対人関係を拡大しようとする意欲，憤激の表出の仕方などを例にとれば，ある年齢層にはその年齢層らしい特徴が認められる。このような加齢に伴う性格の変化過程を明らかにしていこうとするのが第1のテーマである。いろいろな年齢層について調べる横断的研究法が用いられることもあれば，1つの対象を追跡的に調べる縦断的研究法が使用されることもある。生涯発達心理学というのはこれらの問題を取り上げる領域である。

　第2は性格発達の規定要因の研究である。具体的にいえば，なぜこの人の性格はこうなったのかということである。性格に認められる多様な個人差の成因分析ということにもなる。多くの人が自分の性格を内省してみて，「やはりそうなのか」と思いあたることの多いテーマでもある。本章では主に，この規定要因について考えることにする。なぜ自分の性格はこうなのかと考えたとき，

すぐ思いつくのは遺伝と環境であろう。この章では少し観点を変えてこの問題を考えてみることにする。

　要約的にいえば，性格は素質を基礎にして，さまざまな環境や人間関係に対する適応過程を通して形成されるものである。しかし性格は素質という，比喩的にいって内側からはたらきかけるもの（内的要因）と，環境という外側からはたらきかけるもの（外的要因）によって受動的にのみつくられるものではなく，意欲的，能動的に自分でつくっていこうとする要因（自己形成の要因）もある。思春期以降にこの要因の果たす役割は大きい。さらに性格の発達を考えたとき，偶発的で1回だけのできごとが，その個人に深い影響を残すことがある（一回性の要因）。自叙伝の中によく述べられていることであるが，ある人との出会いや別れがその個人の心のあり方を変え，生涯の進路を決定づけてしまうようなことがある。性格心理学に歴史的な研究法が必要と考えるのはこのためである。次に4つの要因について順に述べることにする。

6.2　内的要因

6.2.1　遺　　伝

　遺伝というのは，染色体の中にある遺伝子を通して親の世代のもつ特徴が子の世代に伝達される生物学的現象である。人も生物であるから生物全般に認められる枠の中に含まれる。人間からは人間しか生まれない。ネコにネコ特有の姿勢，能力があるように，人間にも体格，動作，能力などに人間としての共通点をたくさんもっている。種属の遺伝を裏づける事実である。血のつながった親子の顔立ちにはかなりの類似性が認められる。種属としての特徴や，身体の形態学的特徴が遺伝することは広く認められているが，性格のような心理的特徴も遺伝するのか，するとすればどの程度か，ということが以前から問題とされた。すべてが遺伝によって決定されるという生得説も，人の心は当初，白紙のようなもので生後の経験によってつくられるという経験説も，そのままのかたちでは支持されず，遺伝に基づく素質と環境の相互作用によってつくられるというのが妥当な見解である。実際には素質がどんなかたちで現れていくかは

環境の条件によるし、また特定の環境のはたらきかけがどんな効果や影響をもたらすかは素質のいかんによって左右される。

6.2.2 親と子の類似

親と子がともに温厚で人あたりがいい、あるいは短気で粗暴である、というような話はよく日常耳にする。いわゆる頭のよさ、音楽的才能、数理的能力、あるいは犯罪傾向という特徴について親と子の類似はたくさん指摘されてきた。そしてこれらの特徴は遺伝するものと考えられがちであった。

しかし親と子は普通同じ家屋の中に起居し、子どもは親の行動をみて学習していく。親は子どものモデルになることが多いのである。さらに、たとえば音楽家の家に生まれた子どもは、早い時期からよい音楽を聞き、楽器に接触する機会も多い。音楽的才能を伸ばすのに適切な環境にいるわけである。したがって親と子が性格や能力に関して類似していることが事実であっても、そのことからその特徴が遺伝したとも、生後習得したものとも判定することはできないのである。遺伝的要因と環境的要因とを分離できないので、親と子や、血縁関係にあるものの相互比較は研究方法として不十分とされるのである。

6.2.3 双生児の比較研究

遺伝と環境について双生児の比較は有力な研究方法である。双生児には1卵性双生児と2卵性双生児がある。前者は1個の受精卵に起源をもち、発達のごく初期に分離したものである。2人は遺伝学的には同一の個体で、相互の間に差があれば、それは広義における環境によるものと考えられる。2卵性双生児は2つの卵が別々に受精したもので、普通のきょうだいが時間的に接近して生まれてきたものと同じと考えられる。2人は同性のこともあれば異性のこともある。2人の間には普通のきょうだいと同じ程度の遺伝学的な差がある。以上のことから多数の双生児についてテストや実験をしたり、行動の観察をしたりして1卵性双生児間での差が小さく2卵性双生児間での差が大きいという特徴がみつかれば、その特徴は遺伝しやすいものと考えられる。また1卵性双生児で生後、何らかの事情があって2人が分けられ、別々の環境で成長したもの、

あるいは高年齢の双生児で生活史に大きな差のあったものを相互に比較し，環境の違いにもかかわらずよく似ている面が見出されれば，それはやはり遺伝的に規定されやすい特徴であろうと考えることができるのである。

　双生児の研究というのは双生児についてだけの研究ではない。1卵性双生児相互間，2卵性双生児相互間の類似点，相違点を比較，検討することによって，何が遺伝するのか，何が環境によって規定されやすいのかという心の発達一般の問題を解明しようとするものなのである。双生児の研究は数多くなされている。前述の通り，テスト，実験，質問紙調査などのほかに，生活をともにしての行動観察という方法がよく用いられる。海や山に双生児たちと研究グループが一緒に行って，起床から就寝までの全生活時間，遊んでいるときの様子，勉強しているときの態度などを詳しく観察するのである。気分の変化，双生児の相手やほかの双生児に対する態度，好奇心，争いごとに対する対応の仕方などを，そのときの情況の流れとの関連の中で観察するものである。これらのさまざまな研究結果からほぼ一致していえることは，活動性，感受性，知的能力などに関して1卵性双生児相互間の一致度が，2卵性双生児相互間のそれにくらべて大きく，その意味で遺伝規定性が大きいと考えられるのである。身長，体格，顔立ちや運動能力，特定の病気のかかりやすさなどについては，心理学的諸特徴よりも一般に高い遺伝規定性が認められる。

6.2.4　身体的特徴からの影響

　身体の諸器官の構造や機能が性格に大きな影響をもつことがある。たとえば，内臓器官のはたらきを支配し調節している自律神経系のはたらきは精神的テンポ，疲労しやすさなど情意的側面と密接な関連をもつといわれている。甲状腺・副甲状腺・副腎腺・性腺などの各種ホルモンの分泌が過剰になったり，不足したりした場合には，それぞれ特色のある方向に性格が変化することが知られている。覚醒剤や麻薬の常用が，抑制の欠如，粗暴など好ましくない方向に性格を変えてしまうことも日常よく聞くことである。

　以上は身体器官の機能が直接に性格に影響を与えている例であるが間接的な影響の場合もある。たとえば個人の体格や容姿が社会的にどのように評価され，

どのように自己認知しているかによって2次的な効果を性格発達のうえに及ぼすことがある。容姿は目につきやすく，周りのものからいろいろと批評される。美しい顔立ちの女性がきれいだと礼讃され，好意をもたれて情緒的に安定感のある性格をもつようになることもあれば，逆に周りの人を見下すような高慢で冷たい性格になることもある。身長は生まれつき決定される程度の高い特徴であるが，かなり背が低く，そのことを指摘されてからかわれていた青年が大いに発奮して意志の強い，実行力のある人になる可能性もあれば，深い劣等感を抱き，他人との交際を避けるような暗い性格のもち主になることもある。また補償的にはたらいて虚勢をはったり，ほかの領域で優位を見出そうと努めることもある。

性格という行動上の特徴も身体的過程と密接に関係している。しかしその関連の仕方は直接的な場合もあれば間接的な場合もあるのである。

6.3 外的要因

外的要因とは個体の外側からはたらきかける要因で，環境要因と普通いわれているものである。環境というと自然的・地理的・物理的環境が連想されやすい。しかし性格の発達を考えるときには社会的，文化的，家庭的環境がきわめて重要である。

人は親の手をわずらわすことのもっとも多い生物である。生物の中には自分の親を知らずに成長し，巣をつくり子どもをつくり生活を営んでいるものもたくさんある。人は本能という生得的な適応手段をほとんど備えていない。人は人の手で育てられないと人らしくならないのである。

人の特徴の中には，たとえば目の色，血液型などのように発達のごく初期にきまり，生涯を通して不変のものもあるが，性格は長い時間の経過の中で徐々に発達していくものである。親がどんな態度で子どもに接し，どんな人間に成長することを望んでいるかということが子どもの性格をつくっていくうえに大きな影響力をもっている。生得的に備えている本能に従って行動する生物は一般に行動の可変性に乏しい。固定した習慣，固定した行動が多いのである。そ

れに対して人間は生後につくられる余地が大きい。1卵性双生児であっても一方を兄，他方を弟として，一方を兄らしく，他方を弟らしく育てると，一方に控え目，親切，責任感が強いといった兄らしい性格が，他方には快活，社交的，依存的などの弟らしい性格がつくられていくことが知られている。親の影響力は大きいのである。

6.3.1 外的要因の内容

個人個人の性格特徴を考えるとき，その発達に及ぼす外的要因を順不同にあげると，次のような項目が考えられる。生まれた家庭の要因，家族構成，育児方法や育児態度，友人関係・学校関係，文化的・社会的要因である（表6.1）。

便宜的に5項目に分けたが，性格の発達に及ぼす外側からの要因のすべてがここにあげられているわけではない。またこれらの諸要因が同じ程度に子どもにはたらいているわけでもない。ある子どもには上に姉がいたということが，ある子どもには敬虔なカソリック教の雰囲気につつまれて育ったということが重要な要因となることもある。国のために尽くすことが奨励され，生活全体が貧しかった時代であったか，全体に贅沢で享楽的な時代に育ったかという，時代に関する要因も無視できない。

6.3.2 外的要因の影響

こんな空想をしてみよう。ある日本の家庭に男の子の1卵性双生児が生まれたとする。健康な赤ちゃんである。この双生児のうちの1人は，そのまま東京のサラリーマンの家庭で育てられる。教育に熱心な母親によって就学前の教育機関に通い，早くから平仮名を読むことや初歩的算数を教えられる。水泳教室に通って高価な授業料を払い25メートルは泳げるようになった。衣類も靴も絵本もたくさんもっている。双生児のもう1人の子どもはさまざま偶然の事情が重なって，生後数カ月には南太平洋のある島の漁村で育てられることになった。以前，旧日本軍がそこで戦って敗れ，その後独立した島嶼国である。温暖な気候と美しい自然には恵まれているが，国としての経済力は弱く，生活はごく貧しい。その子はメラネシア系の部族の家庭で成長する。自分が日本に生ま

表 6.1　性格の発達に及ぼす外的要因の例

■ 1　生まれた家庭の要因
- 親の年齢・教育歴・職業・収入・宗教・人生観・価値観・子ども観・性役割観・人間関係観。
- その家庭の一般的雰囲気。
- 父と母の関係。
- その家のある地域の諸特徴。

■ 2　家族構成
- 家族構成員の人数や関係。三世代家族，核家族などの家族形態。
- きょうだい数と出生順位。異性のきょうだいの有無。きょうだい間の年齢差。出生順位による親の期待内容。
- 家族間の愛情の程度。
- 親と子の心理的距離。

■ 3　育児方法や育児態度
- 授乳や離乳の仕方。
- 食事，睡眠，着衣，排泄などの基本的習慣のしつけ。
- 他人に対する態度，感情の表出（怒り，甘えなど）に関するしつけ。
- 親の子どもに対する一般的態度（保護的，拒否的，放任的，溺愛的，受容的，支配的など）。

■ 4　友人関係・学校関係
- 友人の数・つき合いの程度。友人との遊びの時間や場所。遊びの内容。友人集団内での地位。
- 幼稚園や学校の教育方針。担任教師との関係。

■ 5　文化的・社会的要因
- その社会の生活様式・宗教・習慣・道徳・法律・価値基準・政治形態・歴史・地理・人間関係観・性役割観。
- ほかの社会との関係。

れたことも，実父母やきょうだいが東京にいることも知らない。皮膚の色や髪の毛の感じ，顔立ちがやや違うが，誰もそのことを気にしない。彼は親たちが話すことばを自分のことばとして習得している。周りに子どもがたくさんいるので，朝から日が暮れるまで浜や森の中で遊んでいる。電気もないので，夜は暗くなると寝てしまう。ラジオを聞いたことはあるが，テレビは見たこともな

い。字は親も知らないので教えてもらえないが，そのことで少しも不自由はしていない。

　これは異環境双生児の極端な例である。2人に共通するところは実父母，養父母にそれぞれ愛されていることだけで，生活環境はまったく違っている。この2人の性格の発達はどうだろうか。先にあげた外的要因のほとんどは相違している。ことば，生活習慣，既得の知識，将来の志望，などに共通点はまず認められないのであろう。顔立ちや身長は似ているであろうが，それ以外の性格的特徴になるとどんなところが似ているのか。攻撃性，同調性，支配欲，顕示欲，嫉妬深さ，共感性などはいずれもその子どもの周囲から抑制されたり，奨励されたりする特徴で，2人がそれぞれ育った環境の様子や，何を期待されていたかがわからないと何ともいえない。推測であるが，元気のよさ，多動であるかどうか，環境の中の変化を知覚する能力などについてはある程度の類似性があるのではないかと思われる。これは生後まもない赤ちゃんに認められる活動水準や感受性の程度などの気質的特徴に長期にわたって持続する傾向があることからの想像である。

　このような空想的な例をもち出したのは，性格の発達に及ぼす生育環境の影響力が大きいであろうということを述べたいからである。これまでに異環境双生児の事例研究はあるが，いずれも同じ文化圏の中での例である。日本国内であれば大都市と小都市であっても，そこではほぼ類似した生活環境があり，マスコミを通して同じ情報を入手している。性格発達の規定要因の研究にあたって確かに双生児の比較研究は貴重である。今後，期待のもてる研究の1つは別々の環境条件下で成長した1卵性双生児の差を，その環境条件の差の程度や質と関連させて考察することにあると考える。

6.3.3　外的要因のとらえ方

　再び外的要因について言及しよう。従来の研究の仕方にほぼ共通してみられる点は，ある条件について相違する例をなるべく多数集めて，その平均的傾向を比較するということである。たとえば，2人きょうだいの第1子と第2子の性格差の検討というような課題である。2人きょうだいといっても性別構成，

年齢差などに関して広範な差がある。それをなるべく少なくするという観点から，男の子だけの2人きょうだいで，年齢差は2歳，ともに同じ小学校の6年生と4年生ということにする。この条件にあてはまるきょうだい数十組に協力を依頼するのは実際にはかなり難しい。しかしこれがうまくいったとしても，子どもたちの家庭の様子，たとえば母親の就労情況，父親の職業，収入，祖父母の同居の有無，父または母はどちらをかわいがっているか，きょうだいの健康度，既往症，などについては十分に調べられないことが多い。

　第1子と第2子では確かに生育条件に一般的な意味で差があるのは事実で，それが性格の発達に影響を与え，兄らしい性格，弟らしい性格がつくられると考えられている。第1子の場合は出産にも育児にも経験がない。そのために慎重に手をかけて行う。若い夫婦には親になったという喜びもある。第1子が3歳になった頃，その遊び相手は母親であることが多い。子どもは遊んでもらっているわけであるから意地悪いことをされることもない。与えられるものはすべて新品である。第2子の場合は，出産についての緊張感も子育ての不安もずっと少なくなる。第1子のときの経験がまだ新しいから，神経質な態度で接することも概して少なくなる。写真をとってもらう回数も第2子は減少する。よくいえばゆとりをもって，別の表現を用いれば，手を抜いた育てられ方をする。第2子が3歳になった頃，その主な遊び相手はまだ幼い兄である。この兄は弟をかわいがって遊んでくれることもあるが，おかしを取り上げたり，弟がせっかくつくった積木をこわしてしまったり，後ろからつきとばしたりすることもある。第2子は早い時期から自分より体力も知恵もある第1子とはり合って生きていかなくてはならないのである。2人が一緒にいるとき呼ばれるのは兄からであり，しばしば兄が使用した品物をもらうことになる。「2番目」という意識が定着することになる。第1子と第2子は以上のような生育環境上の違いが一般的に認められる。

　出生順位と性格という研究課題は，前記の例についていえば，小学校4年の弟と6年の兄に対して自分や相手の性格，相互の関係，親の自分たちに対する態度や，自分の親に対する態度，それぞれの所有物，家庭内での情況，友人との関係などを調査し，兄と弟を比較しようとするものである。4年の兄と2年

の弟の相違を補足的に調べることもある。

結果として，たとえば兄には親切，控え目，責任感が強い，わがままなどという特徴が，弟には快活，おしゃべり，社交的，依存的などという特徴が認められ，これを育児条件や幼少時の生活環境の差から説明しようとするのである。兄と弟のどちらに控え目な性格をもつものが多いかといえば，この場合には兄であろうし，おしゃべりは弟に多いかもしれない。しかし多くの資料の中には兄のほうがおしゃべりで，弟が控え目というきょうだいも含まれているはずである。これらは少数のもの，例外的なものとして注目されないことが多かった。

このようなことは先にあげた外的要因のすべてについてあてはまることである。早期に離乳をされた群とゆっくりと行われた群，男らしく（あるいは女らしく）あれということを強くしつけられた子どもたちと，そのようなことはなかった子どもたち，日本人とイタリア人，仏教徒とイスラム教徒，明治初期の男子青年と現代の男子青年など，2つの集団をならべて比較すれば確かにそれぞれの性格に関して一般的な意味での違いは認められるであろう。そこで問題として残るのは，その違いが，研究者の仮説に基づく相違なのか，それともほかの要因による差なのかを検討しなくてはならないということと，例数としては少なくても予期と逆の傾向を示した事例をどう扱うかということである。

6.3.4 外的要因の複雑さ

人間の性格は生後の環境条件によって，その発達が影響されることは誰もが認めていることである。ただその影響の仕方は多くの要因が複雑に関連している。実験心理学者が，たとえば錯視の量を規定する条件を，刺激図形を変えたり，注視点を変えたりして研究するときの条件の違いよりはずっと複雑なのである。

多数例についての研究が意味がないというのではない。非行少年を出しやすい外的要因が判明すれば，その予防にそれは役立つことになる。それとともに周囲の外的要因は非行化を促進するものであったにもかかわらず，非行化しなかった少年についての研究も必要である。

人が生後経験する多くのことの中で，性格の発達に強い影響力をもつのは親

との関係である。幼児と親との関係はきわめて密接である。幼児は自分の家庭外のできごとにはほとんど関心をもたず，また直接的な影響を受けない。親たちがつくった家庭の中にまったく埋没しているといえる。成長するに伴って生活の場は家庭の外に拡がっていくが，幼児期においては家庭が唯一の世界であるといってもいい。それだけに親がその子どもに何を期待してどんなしつけをしているか，親の子ども観，しつけ観を支えているのはどのような考えなのか，親自身がどんな人であるのか，というようなことが子どもの性格の発達には大切である。子どもは毎日親の動作を見，声を聞いている。モデルとすることが多いのである。

　性格の発達というと依存性，攻撃性，協調性，社会性，あるいは自己開示性，愛他性などがテーマとして取り上げられやすい。しかしそれとともに，どんなときに心の痛みを覚えるか，どんなことに対して羞恥を感じ，また感謝するのか，憐れみとか哀惜という心をもっているのか，要するに人間らしい高度の感情がどう発達していくのか，人間の品性とか品位とは何か，という問題も性格の発達に関連して心理学が研究すべき問題であると考える。

6.4　自己形成の要因

　自己形成の要因とは自分で自分の性格を一定の方向に意欲的，能動的につくっていこうとすることである。小学校の後半頃から人は自分自身を1つの対象としてながめることができるようになる。主体としての自分が客体としての自分を考えるのである。どういう性格が望ましく，そしてそれに対して現実の自分の性格はどうなのかを考え，自分の設定した理想像に対して，自分を近づけるような努力をするようになる。もっと勇気のある人になりたい，もっとみんなに好かれる自分でありたい，思いやりのある人になりたいというようなかたちで現れる。中学生や高校生の机の前に「初志貫徹」とか「いつも微笑を」などと書いた紙がはってあることがある。これは自分の性格や行動に不十分なところを見出した青年が，それを是正し克服して理想的な自分になろうとする意欲を示したものである。自分をきたえ，自分を向上させようということに青

6.4 自己形成の要因

年期ほど一生懸命になる時期はない。肉体的に苦しいことを承知のうえでルールの厳しいスポーツの練習をしたり，座禅を組んでみたりするのもこの気持ちの現れである。

　しかし性格には決意し努力することによってつくり直せる面と，それが難しい面とがある。たとえば過敏さを主特徴とする神経質という特徴などは簡単には変えられない特徴である。努力しても変えにくいと気がついたとき，すぐに諦めてしまうこともあるが，相手の人に自分の違う面を印象づけようとすることもある。舞台の上で俳優が，あるときは王様を，あるときは盗賊を演ずるように，本来の自分とは違う姿を演技してみせるのである。自分は臆病だと承知しているが，そのことを相手にわからないように，つとめて大胆に振舞うのである。これを印象管理という。就職試験の面接の場面などがその好例である。おとなの日常生活を考えてみればわかるように，相手と自分との関係を考えて，言いたいことを我慢したり，相手の気持ちを汲みとって儀礼的なほめことばを述べたり，こちらの弱点を気づかれないように話題を選んだりする。子どもは相手の心に映った自分の姿をあまり考えない。しかしおとなになるにつれて自分をどのように印象づけようかと苦心する。子どもの場合は，見たままの性格がその子の性格と考えてまず差し支えない。しかし成長とともに外づら，内づらということばもあるように表面の性格と内面の性格との間に微妙で，複雑な相違ができてくるのである。

　それぞれの年齢や職業には「……らしさ」というかたちで期待されている行動様式がある。青年らしい率直さ，中年にふさわしい判断力，重役らしい鷹揚さ，などといわれるものである。男らしさ，女らしさというのもある。これらはかなり固定した伝統的なもので，気にしない人もいるし，打破しようとする人もいる。しかしまた「自分は課長になったのだから」との自覚から，自分の行動様式を変え，接する人に違った印象を与えようとすることもある。相手に与える印象が変化したからといって，その人の性格が変わったとはいい切れない。しかし自分の立場を自覚し，それらしく振舞うことによって自分が変わっていくこともあるのである。性格の自己形成というはたらきは青年期だけではなく，それ以降にも認められる。

6.5 一回性の要因

　これは広い意味では外的要因，つまり環境からの影響ということに含まれよう。しかし6.3で述べた環境要因というのは，ある期間持続的にはたらくものである。それに対して一回性の要因と名付けたものは，文字通り1度だけの，しかも多くの場合，偶発的な体験である。自分の過ぎた日を静かに振り返ってみれば，誰でも2つや3つは今の自分の性格や生き方に大きな影響を残しているできごとをあげることができよう。大きな感動があったことが共通している。驚き，怒り，喜びという感情が伴っている。ある本のある一節を読んだこと，ある人の講演を聞いたこと，ある事件を目撃したこと，ある人物の意外な面を知ってしまったこと，ある人との出会いや別離など，そのできごとはさまざまである。1つのできごとがすべての人に同じ感動を与えるものではない。友人がつまらなかったと評した講演が，自分には大きな感激となることもある。

　異性に対する好みとか自分の職業の決定というようなことがこのような体験に基づいていることもある。本人が気がついていないこともあるが，われわれの人生には，ときどきそれまでの進路を変えさせてしまうようなできごとがあるのである。

　性格の発達について散文的に述べてきた。1人1人の発達過程は，それぞれが興味深い内容をもっている。ふと出会った人について，この人はどんな家庭に生まれ，どんな幼児期を過ごしたのかと思うことがある。これはこちらが敬意をもって接する人についても反発を感ずる人についてもいえることである。

　性格の発達を規定する要因は確かに存在する。しかしそれを解明するのはきわめて難しい。各人の遺伝要因がさまざまであるうえに，多様な環境要因が長い時間の経過のうちにはたらきかけているので，そこにはたらいている法則性を見出すことが容易にはできないのである。人が人の性格の発達過程を理解しようと望むならば，その人とこちらとの関係も考えなくてはならない。理解を絶するということもある。性格発達の規定要因の研究は心理学の大きな課題であるが，きわめて難しい問題でもある。

[**参 考 図 書**]

星野　命・詫摩武俊　1985　性格は変えられるか（新版）　有斐閣
詫摩武俊　1967　性格はいかにつくられるか　岩波新書　岩波書店
依田　明　1982　母子関係の心理学　大日本図書
渡邊芳之・佐藤達哉　1996　性格は変わる，変えられる　自由国民社
鈴木乙史　1998　性格形成と変化の心理学　ブレーン出版
詫摩武俊・天羽幸子・安藤寿康　2001　ふたごの研究——これまでとこれから　ブレーン出版

BOX 4　行動遺伝学的方法

　双生児の類似性を比較することによって，性格や知能などさまざまな形質への遺伝の影響を推定するという研究法は，近年，**行動遺伝学**（behavioral genetics）として発展しつつある。

　行動遺伝学は性格検査や知能検査のような心理学的データに，量的遺伝学のモデルを当てはめたもので，遺伝の影響の強さを推定するだけでなく，家庭環境の影響の有無，遺伝や環境の影響の発達的変化，遺伝と環境との相互作用の様子，あるいは遺伝要因の因子分析など，さまざまなテーマをあつかう。また最近では関連遺伝子を特定する研究も行われるようになり，分子生物学と心理学を橋渡しする学際領域として注目を集めている。

　性格の個人差に関するデータを行動遺伝学的に解析すると，中程度（30〜60％）の遺伝の影響があること，そして家庭環境（家族を類似させる環境という意味で「**共有環境**」（shared environment）という）の影響はまったくないという結果が見出されることが多い。家庭環境の影響が大きければ，同じ家庭で育った1卵性だけでなく，2卵性も高い類似性を示すはずだが，ほとんどの場合，2卵性は1卵性の類似性から遺伝要因によって予想される程度にしか類似しないからである。このことから，家庭環境は家族の性格を類似させるのではなく，むしろ一人一人異なる個性的な性格を形成することに寄与していることがわかる。この影響を「**非共有環境**（nonshared environment）」という。

　また性格の構造モデルであるビッグ・ファイブが遺伝要因のレベルでも存在するのかどうかを遺伝因子分析という手法で調べると，異なる因子間に複雑な遺伝的相関が見出されることから，このモデルは遺伝構造が直後に反映されたモデルというより，遺伝要因と社会環境との相互作用が反映されたモデルであると考えられる。

　今日の行動遺伝学者に求められるのは，数百組から数千組という膨大な双生児データを収集・管理する運営力，心理学と遺伝学の両方にまたがって知識を吸収しつづける好奇心，そして学問の成果を優生学的な差別に悪用されないようにするための慎重な倫理的配慮だろう。

（安藤寿康）

BOX 5　新生児にみられる個体差

　タブラ・ラサ（tabula rasa）という言葉がある。ラテン語で，「文字の書かれていない書き板」という意味で，白紙を意味している。長い間，人間の新生児はこうした白紙の状態で生まれてくるもの，つまり能力も個性も「ゼロ」からスタートすると考えられてきた。確かに生まれたばかりの赤ちゃんはいかにも頼りなげで，一見しただけではまだ何もできないように見える。しかし，20世紀後半の小児科学や発達心理学における新生児研究では，視覚・聴覚といった感覚系はすでに機能開始しているし，また生後数日目でも複雑な学習が成立すること，人の顔などの魅力的な刺激には選択的に反応することなど新生児にも複雑で組織的な行動が可能であることが示されてきた。

　ブラゼルトン（Brazelton, T. B., 1984）は，こうした新生児の行動に見られる個体差を多次元的にとらえるための評価尺度を作成している。この尺度で測定できる特性としては，① 外的刺激に対する反応性（呈示される玩具や人の顔・声への注目の程度や反応の仕方），② 興奮性（いらだちやすさや泣きやすさ），③ 刺激順応性（不快刺激に対する馴れの程度），④ 鎮静性（なだまりやすさ），⑤ 運動の制御性などがあげられている。

　近年では，ブラゼルトン検査で測定された新生児の個体差が遺伝子上の個体特徴と実際に関連を持つことを示す行動遺伝学的研究もあらわれ始め（Epstein, 1998），人格の基礎としての新生児行動があらためて注目されてきている。こうした個体差が生後の多様な環境要因と具体的にどのような相互作用を引き起こし，後年の人格特徴の形成に関わってくるのかを解明することが今後の性格発達研究の課題の一つであるといえよう。

　　　　　　　　　　　　　　　　　　　　　　　　　　　　（菅原ますみ）

人間のライフサイクル

　1人の人間は，ある時代の，ある文化・社会の中で，ある特定の特質をもった両親のもとに，産まれ，育っていく。1人の人間は，ほかのすべての人とは異なった特質をもち，異なった環境の中で，自己の人格を発達・形成していく。

　しかしながら，視点を変え，"人間の一生"という，より大きな観点からながめてみると，人間の一生には，時代や文化・社会の差異を超えた，共通性がみえてくる。ライフサイクル論は，人格の生涯発達の基礎モデルと考えることができるのである。

7.1　ライフサイクルの意味

7.1.1　人間の生の認識

　有能なエリートサラリーマンとして，ほかのすべてを犠牲にしながら仕事に打ち込んでいた人が，突然の大病を境に，それ以前とまったく異なる行動と態度を示し，他者から「人が変わったようだ」と言われるような例をみることができる。

　私たち人間は，1回限りで，繰返しのきかない，有限の人生を生きている存在である。産まれ落ちたときから，死の方向へと，有限の生きられる時間を生きつつある存在である。このような，人生の有限性・一回性は，人間の発達の初期の段階では，ほとんど認識されることはない。

　青年期になって，自己を客観的にみることができるようになるにつれ，私たちは，「この1回限りの人生を，どのように生きていくか」ということを意識的に考え始める。しかしながら，この段階においても，人生の有限性・一回性という特質は，知的に理解されているだけであり，青年は，あたかも永遠に生きられるがごとくに，また，この先，ずっと若いままであるがごとくに感じていることが多いのである。

7.1 ライフサイクルの意味

人間が，自分の人生の有限性・一回性を実感をもって理解し，自己認識の中心に組み込むときはいつであろうか。冒頭で述べたような，死に直面する経験をした場合，人は，しばしば大きな人格変化を示すことがある。これは，死に直面することによって，いやおうなしに，今まで目をそらしていた自己の人生の有限性・一回性を認識し，急激な価値観の転換がおきたためと考えることができる（14章参照）。

人間は，たとえこのような危機的体験を経験せずとも，歳とともに，人生の有限性・一回性，さらに，そのような人生を生きつつある自分を認識するようになる。自分の一生についての，このような認識は，個人の価値観，態度，行動，対人関係のもち方といった，人格の多くの側面に影響を与えていくのである。

7.1.2 ライフサイクルとは

レビンソン（Levinson, D. J., 1978）によると，**ライフサイクル**（life-cycle）ということばには，次のような2つの意味が込められている。

第1は，出発点（誕生，始まり）から終了点（死亡，終わり）までの過程，または旅という意味である。人は，時代や文化・社会の特質を超えて，みんなが1人の人間として，同じ過程，または旅を繰り返しているのだといったニュアンスが含まれている。

第2は，人の一生には，いくつかの時期，または段階があり，それぞれ個有の特徴があるという意味が含まれている。もし，一生を1年にたとえれば，それらの段階は，"春，夏，秋，冬"といった四季のイメージをあてはめることができるであろう。また，1日にたとえれば，"夜明け，午前，正午，午後，夕暮れ"といったイメージで，それぞれの段階の特徴を示すことができるのである。

ライフサイクルと類似したことばに，ライフスパン（一生）とか，ライフコース（生涯）ということばがある。**ライフスパン**は，生まれたときから死に至るまでの，時間的間隔の長さを示すことばである。**ライフコース**は，その間隔を，マラソンのコースのごとくイメージし，走っている際の経過やできごとを含んでいることばである。しかし，ライフサイクルのように，人間に共通した人生のパターンや段階といったニュアンスは含まれていないのである。

ライフサイクル的観点から，人格の発達・変化，人生の課題といった問題をとらえていくという考え方は，はるか古代からなされていた。レビンソンは，"吾れ十有五にして学に志す"，から始まる孔子の有名なことば，ヘブライの書『タルムード』の中の"箴言"から「人間の年表」，そして古代ギリシャの詩人，立法家ソロンの「ライフサイクル10段階説」を取り上げ，古代文化におけるライフサイクル論を検討している。

7.2 ライフサイクルの心理学的研究

7.2.1 ライフサイクル論の流れ

ライフサイクルの心理学的研究は，ユング（1946）から始まったといってよいであろう。それ以前に，フロイトが，独自の心理性的発達段階（2.1.2参照）をつくってはいるが，彼の関心は，青年期までに限定されていた。また，発達心理学の関心も，青年期までに焦点があてられていた。

ユングの関心は，むしろ，青年期以降にあった。彼は，人間のライフサイクルを4段階に分け，1日の太陽の運行のイメージを使い，それぞれの段階の特徴と課題を考察した。とくに，人生の午後の課題と人格のあり方に着目したのである。

ハヴィガースト（Havighurst, R. H., 1953）は，それぞれの発達段階には，達成すべき課題（**発達課題**：developmental task）があるという考えを提唱した。彼は，ライフサイクルを6段階に分け，細かな発達課題をあげている。彼以降，発達課題という概念が重要となる。

ライフサイクルの心理学的研究を発展させ，定着させたのは，エリクソン（1959）である。彼は，人間のライフサイクルを，誕生から死に至るまでの8段階に区分し，理論化した。彼の人生8段階説は，基本的には，フロイト理論の修正・発展であるといいうる。とくに，彼の理論では，青年期から成人期への移行に焦点があてられており，「**自我同一性**」（ego-identity）の概念と，人格適応との関連性についての研究を発展させた。

すでに述べたレビンソンは，フロイト，ユング，エリクソンなどの理論を検

討し，面接法を用いて実証的にライフサイクル研究を行っている。その結果，① 児童期と青年期（0～22歳），② 成人前期（17～45歳），③ 中年期（40～65歳），④ 老年期（60歳以上）の，4つの発達期を見出した。それぞれの発達期には，特有の特徴があり，それらの特徴は，生活構造（ある時期における，その人の生活の基本パターン，ないし設計）と密接な関係があることを示した。また，ある発達期から次の発達期への移行は，その人の生活構造を根本的に変えねばならないため，簡単には行われず，通常4，5年もかかり，その時期（過渡期）が，危機的な時期であるとした。

過渡期には，以前の時期に適応的であった生活構造が，自己と外界の変化によって，もはや適応的ではなくなる。人は，新たな生活構造を再構築しなければならなくなるのである。

レビンソンの実証的研究以降，ライフサイクル的観点による人格発達・変化研究が，盛んになされるようになってきている。また，発達研究においても，生涯発達的観点が重要視されるようになってきている。

次にライフサイクルの基本的理論である，ユングとエリクソンの考えを詳しく紹介する。

7.2.2 ユングのライフサイクル論

精神分析学者であり，後に独自の学派である「分析心理学」を創設したユングは，すでに述べたように，ライフサイクルという概念をつくり出した。彼の小論文「人生の転換期」（1946）は，彼のライフサイクル論を，明確に示している（図7.1）。

彼は，人間のライフサイクルを，4段階に分け，太陽の運行になぞらえながら，それぞれの段階の特質を説明した。最初の4半期は，少年期である。この時期は，本来，問題のない時期である。なぜならば，この時期にいる人間は，自分自身の問題性をまだ意識することができないからである。問題とするのは，少年・少女をとりまくおとななのである。

同様に最後の4半期（老人期）においても，人間は自分の意識状況にはだんだんと無頓着になり，またしても，むしろほかの人々にとって問題となる状態

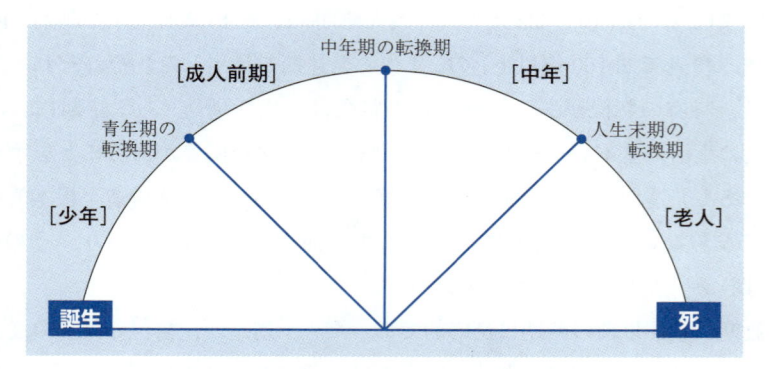

図7.1 ユングのライフサイクル論（Staude, J. R., 1981）

に再び沈み込んでいく。それゆえ、少年期と老人期は、人生において問題のない時期であると、ユングは述べている。

　常識的見解とは逆に、人間にとって、もっとも問題となる時期は、成人前期（young adulthood）と中年期（middle adulthood）である。そして、最大の危機は、中年期の転換期であると彼は考えた。

　彼は次のように述べている。「朝になると、太陽は夜の大海から昇ってくる。そして天空高く昇るにつれて、太陽は、広い多彩な世界がますます遠く延び広がっていくのをみる。上昇によって生じた自分の活動範囲の拡大の中に、太陽は、自分の意義を認めるであろう。」

　人生の前半では、自分や自分の生が、上昇し拡大し強化されるのを感じる。身体も大きくなり、力も強化される。能力も増大し、世界も拡大する。私たち人間は、そのような基盤の中で生き、それが当然のように感じている。人生の目的は、"よりできること"、"まさること"、"獲得すること"のように感じられる。

　「この信念を抱いて太陽は予測しなかった正午の絶頂に達するのである。──予測しなかったというのは、その1度限りの個人的存在にとって、その南中点を前もって知ることはできないからである。」この南中点こそ、中年期の危機

の始まりである。ユングは，この時期の始まりを40歳頃と考えた。

「正午12時に下降が始まる。しかも，この下降は，午前のすべての価値と理想の転倒である。太陽は矛盾に陥る。それは，あたかもその光線を回収するような具合である。光と暖かさは減少していき，ついには決定的な消滅に至る。」

人生の午後は，午前と同じプログラムで生きるわけにはいかない時期である。人生の午後にいる人間は，自分の人生がもはや上昇し拡大するのではなく，生の縮小を強いられるのだと悟らなければならない。

人生の午前の意義は，個体の発展，外部世界における定着と生殖，そして子孫への配慮である。これに対して，午後の意義は，自己に対して真剣な考察をささげることである。中年期の課題は，人生の前半で排除してきた自分自身を見つめ，取り入れることなのである。このプロセスを，ユングは**個性化**と呼んだ。

もし，ある個人が，午前の生き方を，そのまま人生の午後にもち込もうとするならば，そのこと自体で不適応にならざるを得なくなる。中年期の転換期は，人生の転換期であり，最大の危機的時期であると，ユングは考えたのである。

7.2.3 エリクソンの「人生の8段階」

エリクソンは，正統派精神分析学者であり，フロイトの理論を基礎とし，ユングの考えを組み込み，彼自身の統合的ライフサイクル論を展開した（**表7.1**）。

彼は，ライフサイクルを8段階に分け，それぞれの段階における**ライフタスク**（life task）を示した。ライフタスクとは，人間の生活，生涯，生命にとって重要な課題を意味している。従来，発達課題という用語が用いられてきているが，ライフタスクとは，多くの発達課題のうち，人間の成長にとって，もっとも中心的課題をいう。

表に示したように，8つの段階には，それぞれの発達段階特有のライフタスクがある。しかしながら，それ以前には，その問題が存在しないわけではない。たとえば，自律性は早期児童期の課題となっているが，幼児は，それ以前にも自律的行動を示すのである。しかし，正常な条件のもとでは，2歳頃になって初めて，「自律的な存在か，依存的な存在か，のどちらを選ぶかという全体としての危機的な選択を経験し始める（エリクソン，1959）」と考えられる。

表 7.1 エリクソンの 8 段階とパーソナリティの構成要素
(Erikson, E. H., 1959 を改変)

	構成要素1	構成要素2	構成要素3	構成要素4	構成要素5	構成要素6	構成要素7	構成要素8	基礎的活力
Ⅰ 乳児期	信頼 対 不信	それ以前の現れ方	それ以前の現れ方	それ以前の現れ方	それ以前の現れ方	それ以前の現れ方	それ以前の現れ方	それ以前の現れ方	希望
Ⅱ 早期児童期	その後の現れ方	自律性 対 恥, 疑惑	〃	〃	〃	〃	〃	〃	意志力
Ⅲ 遊戯期	〃	その後の現れ方	積極性 対 罪悪感	〃	〃	〃	〃	〃	目的性
Ⅳ 学齢期	〃	〃	その後の現れ方	生産性 対 劣等感	〃	〃	〃	〃	自信
Ⅴ 青年期	〃	〃	〃	その後の現れ方	同一性 対 同一性拡散	〃	〃	〃	忠誠
Ⅵ 初期成人期	〃	〃	〃	〃	その後の現れ方	親密さ 対 孤立	〃	〃	愛
Ⅶ 成人期	〃	〃	〃	〃	〃	その後の現れ方	生殖性 対 停滞	〃	配慮
Ⅷ 成熟期	〃	〃	〃	〃	〃	〃	その後の現れ方	完全性 対 嫌悪, 絶望	英知

7.2 ライフサイクルの心理学的研究

自我が形成されるにつれて,親を代表とする社会が,何らかの要求を出していることを意識するようになり,人間は,自己と環境との出会い(encounter)を経験する。この際個人は,自己のあり方を選択しなければならなくなる。このような特定の時期が,**心理社会的危機**(psychosocial crisis)と呼ばれる。心理社会的危機は,特定の時期において,重要な人格構成要素がうまく獲得されるか,あるいは変形や欠陥をつくるかの分岐点ないしは峠のようなものと考えることができる。個人は,次の発達段階に進むために,前段階で習得した発達技能を駆使して,この危機を克服していかなければならない。エリクソンは,「危機的というのは,転機の特質であり,前進か退行か,統合か遅滞かを決定する瞬間の特質である」と述べている。

各段階には,その段階で優勢となるパーソナリティの構成要素があり,その要素をめぐる危機がおとずれる。この危機を,肯定的に解決した場合と否定的に解決した場合とを比較して,次のように示している。しかし,普通のあり方では,正の要素と負の要素が配合されるのであって,両方の要素を学ぶということが大切なのである。問題は,どちらの要素が優勢かということである。

7.2.4 8段階の特質

1. 乳児期 ――「基本的信頼」対「基本的不信」

この段階で学習しなければならない基本的な心理・社会的態度は,母親を通して,自分の世界を信頼できるようになることである。基本的信頼感とは,他者は基本的には暖かい存在であり,自分には価値があり,自分が生きているこの世界はいごこちがいいという感覚と考えられる。しかし,同時に,不信の感覚も獲得する必要がある。人は,ある状況に入り込むとき,そこがどれだけ信頼でき,どれだけ不信感を抱かなければならないかを,見分ける必要があるからである。問題は,基本的信頼感が不信感を上回って獲得されることなのである。エリクソンは,「実際には,信頼と不信とが,一定の割合で基本的態度に含まれることこそ,決定的要因になる」と述べている。

2. 早期児童期 ――「自律性」対「恥と疑惑」

この時期の子どもは,「保持すること」と「排除すること」を中心とした,自

律的欲求を増大させてゆく。しかし，同時に，親による統制である「しつけ」が強められていく時期でもある。子どもは，自己の自律性をめぐって，自己の欲求に従って思い通りにするか，または，親に従って親の愛と承認を得るかといった，自己主張・自己表現と自己抑制・協力との葛藤を経験する。

エリクソンは，永続的な自律と自尊の感覚は，「自己評価を失っていない自己統制」の感覚から生まれ，永続的な恥と疑惑の感覚は，筋肉と肛門の無能感や自己統制の喪失感，両親から過度に統制されすぎたという感覚から生まれると述べている。

3. 遊戯期 ──「積極性」対「罪悪感」

この時期の子どもは，幼児的な性的好奇心が強まり，性器に関心をもつようになる。また，親のようになりたいという欲求も強くなってくる。

子どもは，このような欲求や関心をもつことによって，環境に対して積極的な探索をし始める。しかしながら，性的な関心は，親によって禁止を受けやすいものでもある。

「積極性」とは，世界を探索して何かをなしとげることは楽しいことだという感覚であり，現実的な野心や独立の感覚の基礎になるものである。もし，このような関心や欲求が，親の強い禁止と罰によって傷つくと，好奇心をもち，積極的に探索すること自体が悪いことのように感じられ，「罪悪感」の感覚を強くもつようになる。

4. 学齢期 ──「生産性」対「劣等感」

この時期の子どもは，「ものを生産すること」によって，自分が認められることを学ぶようになる。また，「学びたい」，「知りたい」願望が強まり，広い世界に進んで入り込もうとするようになる。かつてのように，遊びや空想だけでは満足できず，現実的で実際的なものごとの達成が喜びをもたらすことを知るようになる。

そのためには，忍耐強くものごとを達成していく勤勉さが必要となる。このようなことに失敗すると「劣等感」を感じざるを得なくなってくる。

5. 青年期 ──「同一性」対「同一性拡散」

青年は，これ以前の段階で発達させてきた，自分にとって重要な他者との同

一化や自己像を解体して，この時期に再構成する必要がある。青年期には，将来，自分がどのように生きていくかという観点を通して，「自分は何者で，どこから来て，どこへ行くのか」といった基本的な問いに，一応の答えを出さなければならない。

「自我同一性」とは，それなりに，「自分は何者か」という問いに答えを得た状態であり，「このような自分を社会は承認するであろう」という自信であると考えられる。

青年期の終わりには，職業選択と配偶者選択という，自分のその後に強い影響を与える選択が迫られる。これらの選択は，広い可能性の中から1つを選び，決定しなければならない。逆にいえば，それ以外のすべての可能性を断念するという決定を含んでいるのである。

それゆえ，これらの決定が安定してなされるためには，自我同一性が獲得されている必要があるのである。エリクソンは，「青年期の終わりに確固たるアイデンティティが発達していなければ，次の段階へと発達していくことができない」と述べている。

マーシャ（Marcia, J. E., 1966）は，エリクソンの考えを基にして，大学生の自我同一性の様相を実証的に検討した。彼は，① 危機の経験，② コミットメント（傾倒）の程度という2つの基準を用い，4つの地位（類型）を見出している。それらは，

(1) 同一性達成（危機の経験がある，コミットしている）

(2) モラトリアム（しつつある，しようとしている）

(3) 早期完了（ない，している）

(4) 同一性拡散（したかしていない，していない）

である。アメリカの男子大学3，4年生を対象とした調査によると，それぞれの地位で，(1) 21％，(2) 26％，(3) 27％，(4) 26％というように分かれることが示された。

現在，自我同一性の概念は，青年期の心理学の中心的概念になっているだけでなく，幅広い領域で有効な概念として用いられている。

6. 初期成人期——「親密さ」対「孤立」

この時期の課題は,「親密さ」の獲得である。親密さとは,エリクソンによると「自分の何かを失うという恐れなしに,自分のアイデンティティと他者のアイデンティティとを融合する能力」のことである。

自我同一性の獲得とは,「1人で生きていかねばならない自分」を自覚することでもある。それゆえ,親密さは,自我同一性の獲得の後に現れる課題である。親密さが獲得されて初めて,真の愛情関係を他者との間に築くことができるようになる。

もし,親密な人間関係をもつことができなければ,その個人は,形式的な人間関係の中で「孤立」の感覚を強めざるを得なくなる。

7. 成人期——「生殖性」対「停滞」

「生殖性」とは,広い意味での「産む」という意味であり,次の世代の確立と指導に対する興味・関心のことである。人間は,自分以外の他者にエネルギーを注ぎ,その他者が育っていくことに喜びを感じることができる。典型的には,親が子を産み,育て,子どもが親を超えていくことに喜びを見出すことに,「生殖性」の現れをみることができる。

もし,生殖性の発達が阻止されると,自分の世界のみに限定され,「停滞」の感覚が浸透し,人間関係が貧困化するようになる。また,しばしば,自分本位となり,子どものように自分自身のことばかり考えるようになるのである。

8. 成熟期——「完全性」対「絶望・嫌悪」

この時期の課題は,自我の「完全性」の獲得である。しかし,エリクソンにおいても,この状態は,明確には定義し得ないとしている。ただ,彼は,自分自身のただ1つのライフサイクルを受け入れること,自分を産み,育てた両親を受け入れること,自分の人生は自分自身の責任であるという事実を受け入れること,と述べている。

このように,もし,ただ1回限りのライフサイクルが,この時期に受け入れられないと,「絶望」が現れる。人間は,もう時間がないのに別の人生を始めようとあがいたり,無意識的な死の恐怖にとらえられたり,人嫌いになったりするのである。

7.3 ライフサイクルと自己実現

　私たち人間は，ほとんど無力に近い存在として産まれてくる。発達していくことによって，身体は大きく強くなり，能力も増大していく。まさしく"発達"というイメージは，拡大・強化である。従来，発達心理学は，青年期までの心理学であった。青年期以後は，拡大・強化というイメージがあてはまらず，むしろ，停滞か縮小・弱体化というイメージになってしまう。

　私たちは，しばしば，中年以降の人々に，"お若いですね"とか"万年青年"といったことばを，ほめことばとして用いている。若いということや，青年のようであることが，人生のピークのようにイメージされている。このようなライフサイクル観を，図 7.2 の色の実線で示すことができる。産まれてから青年期までは，拡大・強化の時期，成人期から中年期までは，現状維持，それ以降

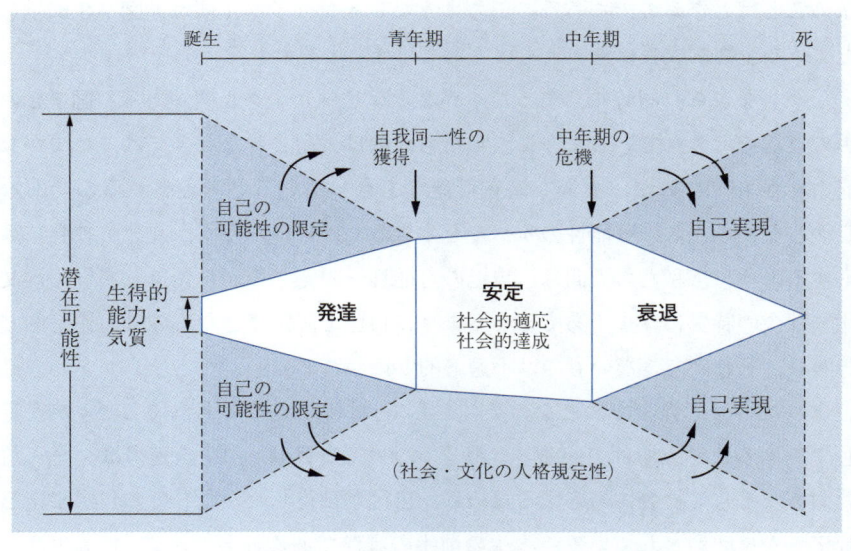

図7.2　同時平行的に進行する2つのライフサイクルモデル

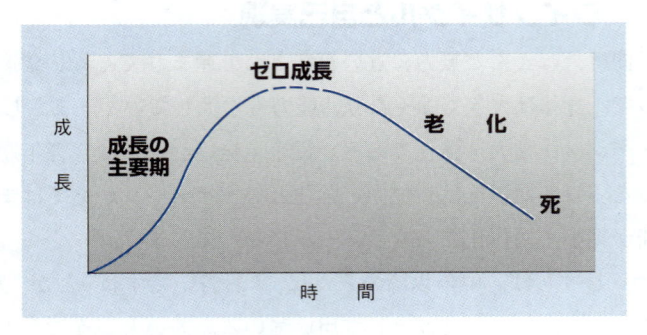

図7.3 生物的成長モデル（カスタニエダ J., 1989）

は，縮小・弱体化の時期といったイメージである。このようなライフサイクル観をもつ人は，多くいると思われる。それゆえ，万年青年といったことばが，ほめことばとなるのであろう。このようなライフサイクル観は，図7.3に示したような生物的成長にもっともよくあてはまると思われる。

しかしながら，同時に，まったく異なるライフサイクル観がある。図7.2の黒の点線で示されているように，私たち人間は，産まれたときには，わずかな能力しかもたないが，大きな潜在可能性をもっていると考えられるのである。しかしながら，この可能性のすべてを生きるわけにはいかず，文化・社会に適応するように，私たち人間は，自己の可能性を限定しながら発達していく。文化・社会の特質にうまくあてはまるように自己を限定できたものは，適応的といわれ，それができないものは不適応的といわれる。

フロイトは，健全なおとなの条件として，「愛することと働くこと」が安定してできることをあげている。エリクソンの「自我同一性」の獲得は，一人前のおとなとして社会に適応するために，自己が納得したかたちでの自己限定を行えるかを問題としている。人生の前半の課題である社会的達成（職業生活と家庭生活の安定）は，自己限定をし，その場でエネルギーと生きられる時間を費やすことによって実現するのである。社会に適応するためや，安定した生活

をするために必要とされる能力，技能，性格などは，発達が促進されるが，それ以外の側面は，抑制されることになる。

　中年期の過渡期に，ぼんやりとであるが，初めて，このことに気づくことができる。私たちの人生は，永遠には続かず，1回限りのものであり，そして今まで生きてこなかった自分（排除してきた自分の可能性）があることを感じ取る。そして，「今まで，何をして何をしてこなかったのか」，「このままで人生を終えていいのか」といった根源的な問いを問わざるを得なくなってくる。いわば，青年期の自我同一性を再構築しなければならなくなってくるのである。多くの人が，中年期以降，かつて排除した自己の可能性を取り戻すかのように，美術や音楽や文学などの多様な領域に情熱を傾け，自己を豊かにしている。

　人生の後半では，すでに獲得した社会的達成を基盤にして，自己を拡大し，強化し，実現すること（自己実現）が可能である。人生の前半では，得られるものに焦点があてられ，失うものは見逃されやすい。逆に，人生の後半では，失うものだけに焦点があてられ，得られるものに本来の意味が与えられないことが多い。しかし，同時に進行する2つのライフサイクル観からみれば，どの時点においても，「得られるものと失うもの」があり，またそれぞれの段階には，それぞれの意義があるということができるのである。

[参 考 図 書]

エヴァンス　R. I.　岡堂哲雄・中園正身（訳）　1981　エリクソンは語る——アイデンティティの心理学　新曜社

飯田　真・笠原　嘉・河合隼雄・佐治守夫・中井久夫（編）　1983　岩波講座　精神の科学6　ライフサイクル　岩波書店

BOX 6　女だから数学ができない？：性役割とジェンダー・アイデンティティと性差

性役割と文化差

性役割とは，各文化において，男性あるいは女性として，両親，同胞，社会から期待される適切な行動や態度のことである（Maccoby, 1988）。性役割は，われわれの行動や，思考にかなり多大な影響を及ぼすが，これは発達過程で獲得されるものと考えられる。通常子どもは，2〜3歳で自分や他人の性が男の子であるか，女の子であるかラベルづけができるようになり，平均4〜5歳になると，性に応じて持つべき社会的特性や，心理的特性を形成できるといわれている（Biernat, 1991）。

以上のように，性役割は，他者や社会が個人に期待する行動様式や態度であり，したがって，歴史や文化，教育などに依存している。24カ国を比較検討した研究結果（Williams & Best, 1990）によれば，5歳までの子どもに関しては類似性がみられた（「強い」，「攻撃的である」という特性が男の子に期待されており，「やさしい」，「感情的である」という特性が女性に期待されている）。しかし，同時に文化による違いもみられた。たとえば，アメリカ，カナダ，ペルー，アイルランド，イギリスなどの諸国間では類似性が高く，典型的な性役割特性がみられたが，ドイツ，日本，パキスタン，ヴェネズエラ，インドでは，それぞれ独特の，非典型的な特性がみられた。たとえば，ドイツでは「自信がある」，「活発」，「冒険を好む」，「安定している」というのは女の子に期待されているが，日本では，男の子に期待される特性となっている。このように，性役割には文化間で共通の面も大きいが，相違もある。

性アイデンティティとアンドロジニー

性役割が，社会の個々人に対する期待であるのに対して，個々人が自分自身について，性との関わりで持つイメージを，**性アイデンティティ**と呼ぶ。性アイデンティティが世間一般でいう男らしさ（男性性）や女らしさ（女性性）と関連しているのはいうまでもない。しかし，男性性の正反対が女性性と考えがちな世間一般の常識に反して，両者は独立の二次元で考え得る（Bem, 1974）。このジェンダー・スキーマ理論では，性アイデンティティの個人差を性に関するセルフスキーマの統合度として位置づける。この立場からみると，両方の性格特性を併せ持ったアンドロジニー（両性具有性）が，社会でもっとも適応的であるといえる（Bem, 1985）。

性差とは？

一方，**性差**とは，性格，技能，認知能力，行動などの各側面で，実際に観察される男女間の平均的な差をさすものである（Jacklin, 1989）。たとえば，知能については，IQテストの総得点では性差がみられないが，1980年代のはじめに数理的能力において，男の子が優れているという研究が発表された（Benbow & Stanley, 1980）。しかしこれらの研究により，メディアや社会で「女の子は数学が苦手だ」とか，「両親やまわりも女の子には数理的能力があるとは期待しない」といった状況が生じ，この状況が逆にこの性差を生み

好評書ご案内

ライブラリ 心理学の杜
〈監修〉大渕憲一・阿部恒之・安保英勇

・A5判・2色刷

学習・言語心理学

木山幸子・大沼卓也・新国佳祐・熊　可欣 共著　　352頁　本体2,850円

本書は，学習・言語心理学の入門的な教科書です．公認心理師カリキュラムを参照しながら，著者がそれぞれ専門とする学習心理学と言語心理学の領域全体に照らして，初学者が把握すべき事柄を厳選しています．また，科学的道筋を自分で考えられるよう，実験的な根拠とともに，できるだけ具体的に平易な表現で説明しました．初めて学ぶ方から心理職を目指す方まで，おすすめの一冊です．

心理学研究法

本多明生・山本浩輔・柴田理瑛・北村美穂 共著　　304頁　本体2,600円

本書は，心理学研究法をはじめて学ぶ方のための教科書です．途中で挫折することなく，最後まで楽しく読み終えることができるよう，最近の話題や身近な例，時にはユーモアを交えて，親しみやすくわかりやすく執筆されました．初歩的な内容にとどまらず，研究を行うときに役に立つ実践的な情報も含められています．公認心理師，認定心理士等の資格取得を目指す方にもおすすめの一冊です．

心理学概論
行場次朗・大渕憲一 共著
304頁　本体2,600円

教育・学校心理学
石津・下田・横田 共著
312頁　本体2,700円

司法・犯罪心理学
森　丈弓 他 共著
344頁　本体2,800円

株式会社 サイエンス社　　〒151-0051　東京都渋谷区千駄ケ谷1-3-25
TEL (03)5474-8500　FAX (03)5474-8900

ホームページのご案内　https://www.saiensu.co.jp　　＊表示価格はすべて税抜きです．

新刊のご案内

パーソナリティ心理学

山田尚子・藤島 寛 共著　　　　　A5判／224頁　本体2,300円

「自分は責任感がある」「あの人は親切だ」などのように、私たちは生活の中で自分や周りの人のパーソナリティをとらえようとし、それは、人間関係やコミュニケーションを円滑にする上で役に立つこともあります。本書は、そのようなパーソナリティ理解の心理学について、経験豊富な著者陣がわかりやすく解説します。基礎知識を習得したい方、心理職を目指す方におすすめの一冊です。

はじめてふれる心理学 [第3版]

榎本博明 著　　　　　　　　　　A5判／304頁　本体2,000円

本書は、わかりやすさで定評のある心理学入門書の改訂版です。これまでのエッセンスはそのままに、第2版以降の最新の研究成果を盛り込みました。心理学の各領域について、進展の著しい分野を中心に、重要な研究を追加しています。見やすい2色刷・見開き形式で、視覚的な理解も助けます。

集団心理学

大橋 恵 編著　　　　　　　　　　A5判／288頁　本体2,400円

本書は、心理学の一分野である社会心理学のうち、集団や大勢の人たちとの関わりあいに関連する部分を扱う集団心理学の教科書です。集団の定義から、私たちが日常いかに他者からの影響を受けているかについて、社会生活を想定した具体例を交えながら紹介していきます。また、各種資格試験にも対応できるよう、章末に理解度テストを設けています。通信教育課程にもおすすめの一冊です。

好評書ご案内

ライブラリ 読んでわかる心理学
〈監修〉多鹿秀継

読んでわかる臨床心理学

伊東・大島・金山・渡邉 共著　　　　A5判／208頁　本体2,300円

臨床心理学は，病気や障害，不幸な経験などによって引き起こされる心理的苦痛を軽減するために心理的援助を行い，それを通して問題の解決や改善を目指す学問です。本書は，教育，福祉，医療，高齢者の4つの領域の視点から，その役割と心理臨床の方法や対応について，事例を交えながら，わかりやすく説明しています。基本的な知識を押さえ，実践に役立てることのできる一冊です。

読んでわかる家族心理学

相谷 登・中村 薫・築地典絵 共著　　A5判／216頁　本体2,300円

家族心理学は，家族を複数の人の関係性としてとらえ，心理学的観点から研究する学問です。本書では，家族とは何か，それはどのように形成され発達するのか，その際どのような問題が生じ，場合によっては崩壊に至るのか等について見ていきます。また，家族を理解するための視点・理論や今後の問題，対応する専門機関についても紹介します。大学等で学ぶ方，独習される方におすすめの一冊です。

読んでわかる教育心理学

多鹿・上淵・堀田・津田 共著　　　　A5判／280頁　本体2,400円

読んでわかる児童心理学

藤本浩一・金綱知征・榊原久直 共著　　A5判／336頁　本体2,900円

読んでわかる社会心理学

辻川・阿部・神原・田端 共著　　　　A5判／232頁　本体2,400円

読んでわかる心理統計法

服部 環・山際勇一郎 共著　　　　　A5判／304頁　本体2,700円

サイエンス社・出版案内 Oct.2022

新刊のご案内

発達心理学の視点
「わたし」の成り立ちを考える

小松孝至 著　　　　　　　　　　　　　A5判／240頁　本体2,400円

本書は、はじめて発達心理学を学ぶ方のための教科書です。専門用語の羅列に陥らず、心理学の研究がどのような考え方で発達をとらえようとするのかを丁寧に説明するよう心がけました。大学生が理解しやすいよう青年期から始まり、子育てをするような流れで乳児期・幼児期・児童期と続き、中年期・老年期で終わるようになっています。実感をもって学び、考えることのできる一冊です。

わかりやすい発達心理学

榎本博明 著　　　　　　　　　　　　　A5判／264頁　本体2,350円

発達に関する研究は、かつては子どもが大人に成長していくまでの心身の変化を中心に行われてきました。しかし、科学技術や高齢化の進展などにより、現在では大人になってからの葛藤や、衰えや喪失などを経て死に至るまでの変化を対象とし、生涯発達心理学として研究が行われています。本書は、そのような発達心理学を、わかりやすさに定評のある著者が丁寧に解き明かします。

スタンダード教育心理学　第2版

服部 環・外山美樹 編　　　　　　　　　A5判／248頁　本体2,450円

本書は、教育心理学の基礎的な理論から学級集団や心の問題などについて、わかりやすく解説された定評ある教科書の改訂版です。エッセンスはそのままに、初版刊行後に出された研究知見や教育統計、心理検査、法改正等について加筆・修正を行いました。また、図表を多用して2色刷とし、視覚的な理解も助けています。心理学専攻、教職課程、通信教育にもおすすめの一冊です。

だしているという指摘が，6年後の研究（Eccles & Jacobs, 1986）でなされた。その後の研究では，概念化テストや知覚速度テストにおいて，女子の言語的優位性が明らかにされている。また，数理的推理能力テスト，空間認知能力テスト，隠し絵テストにおいては，男子のほうが優位であった（Kimura, 1992）。

性格についても，さまざまな性差が指摘されている。たとえば攻撃性については，従来より一貫して言語的にも身体的にも発達の初期段階から男子優位であり，その点は各文化共通しているとされている（Maccoby & Jacklin, 1974）。男性ホルモンと攻撃性の関係も，繰返し指摘されている（Sullerot & Thibault, 1983）。依存性については，青年期後期の女子のほうが優位に高いことが指摘されている（Maccoby & Jacklin, 1974）。しかし，リーダーシップや達成動機については，明確な性差はみられないという研究結果が多い（下條, 1997）。

これらの性差研究をまとめると，性差がある特性はかなり少数で，あったとしてもあまり大きな違いではないことがわかる。反面，それらの性差については，一時期は，文化や教育の効果を強調する考えが主流であったが，最近では遺伝子・ホルモンと脳機能の発達を重視する生物学的な立場がみられる（特に上記の攻撃性の場合）。より重要なことは，生物学的に元来存在すると思われる性差に加えて，社会には男性，女性についてのステレオタイプ（**ジェンダー・ステレオタイプ**）が根強く存在しており，それが教育やマスコミなどを通して，性差の顕れ方に影響している点である。

以上にまとめたような，社会が期待する性役割と，実体としての性差とを比較すると，それらは果たして本当に一致しているのかという疑問が生じる。すでにみてきたとおり，性差と性役割が一致しているものには，攻撃性，知能のうちの視覚的・空間的認知能力，知能の数学的能力などが挙げられ，これらの能力はいずれも男性が優位であるといわれている。反面，依存性や，知能のうちの言語的能力では女性が優位であるという点で一致している。

しかし，性役割と実際の性差が一致しない側面もある。たとえば，リーダーシップ，達成動機は男性が優位であるとされているが，実際には性差は報告されていない。

このような性役割，性アイデンティティと実体的な性差の関係を考える上で注意しなければならないのは，社会的な文脈に依存して，性アイデンティティが多面性を示すことである。たとえば，韓国人女性の被験者に対して，アジア系であるというエスニック・アイデンティティを強く意識させるような操作を加えた後では，「数学が得意」と自己報告しがちなのに対して，女性であることを意識させるような操作の後では，「数学はむしろ苦手，言語が得意」という自己報告が増える，という研究結果もある（Hardin ら, 1997）。

以上のように，性役割，性アイデンティティ，性差は，互いに影響し合いながら社会の変動とともにダイナミックに変化していくものである。　　　　　　　　　　（下條英子）

BOX 7　高齢者の性格

　人間のこころの働きの背景にある中枢神経系にも老いの陰はおよび，受精からの時間的経過にしたがってゆっくりと，しかし確実に非可逆性の「加齢（aging）」現象が進行する。加齢は，身体的機能の全体的な低下と同時に，頭髪や皮膚組織をはじめとする全身にその兆候を現す。

　高齢者に特有の性格傾向が認められるとすれば，それが生じる第一の原因は生物学的な加齢と推測される。たとえば，神経の伝達速度は加齢に伴って低下するし，神経細胞の脱落，前頭葉や側頭葉の萎縮，老人斑やアルツハイマー原線維変化なども顕著になってくるからである。だが，人間の性格は生物学的要因ばかりではなく，社会・文化的要因の影響も非常に強く受けて形成される。ここでは，高齢者に見られる性格をステレオタイプという視点から考察する。

　ステレオタイプとは，外界の事象や集団のメンバーなどに対する「類型化されたイメージ」を意味する。もちろん時代や文化による差異はあるが，高齢者の性格に対するステレオタイプには，文化の違いを越えて存在する側面もある。たとえば，人生の流れ（ライフサイクル）を季節の変化にたとえて「春の芽生え」や「冬の枯死」として表現する仕方を多くの詩人や文学者が用いてきたことは，レビンソン（Levinson, D. J., 1978）や橘　覚勝（1971）らが指摘しているとおりである。また，高齢者の性格や行動上の特徴としてリストアップされるのは，どこの国・どこの時代であっても，おおむね次のようなものであろう。

　保守的，自己中心的，融通がきかない，価値観に固執する，猜疑心が強い，嫉妬心が強い，愚痴っぽい，出しゃばる，内向的，抑うつ的，心気的，適応性が乏しい。

　このような高齢者に特有とされる性格傾向の有無を検証するための心理学的研究は数多く行われたが，「内向性」を除けば，一貫した結果は得られていない。つまり，加齢による変化としてほぼ共通に様々な研究の結果として認められているのは，内向性の増加だけなのである。その内向性も，高齢者に特有の注意深さや慎重さの現れであるという説があり，もしそうであるならば，性格の変化それ自体ではないということになる。

筆者は，高齢者に対するマイナス・イメージを「否定的老人像」と呼んでいるが，これは高齢者の性格に対するステレオタイプと考えられる。だが，これらと正反対のイメージ，つまり長い人生経験に基づいて，「幅広い知識」，「優れた技術」，「深い教養」，さらには全てを超越し悟りの境地に至った「老賢者」，という高齢者像もある。これも一種のステレオタイプであり，「理想的老人像」と呼ぶことができるであろう。

　つまり，高齢者の性格・行動に関するステレオタイプは，現実を過度に歪めて否定的なものになるか，理想を求め現実には存在しないような神々しい老人像を作り上げるか，そのいずれかになりやすいのである。

　高齢者の性格についての研究は，意外に難しい。それは，長期にわたる縦断的な性格研究が困難なことや，現代社会特有の社会・文化的な変動の大きさにも起因している。つまり，その高齢者が生きている社会における価値観や世界観などの変化と，個人の発達的な性格変化を峻別することが方法論的にみても難しいのである。このようなことから考えると，性格に関する横断的な比較研究は，既にその使命を終えたのではないだろうか。

　今後の性格心理学の視点からの老年期研究においては，高齢者の「価値観」や「欲求」，さらには「適応」や「健康」いう視点からの研究が強く求められるように思われる。

〈林　洋一〉

家族関係と性格

8

人間の乳児は，本来，すぐに自立しうる潜在能力をもちながら，まったく無力で，親の養育なしには1日たりとも生きられない状態で産まれてくる。このことが，依存と自立との葛藤を長い期間続けてゆく，人間の親子関係の源となっている。また，子どもは，家族関係を変化させつつ，その関係に適応しつつ育っていく。子どもの性格は，親のあり方，家族関係の特質によって大きく影響を受けざるを得ないのである。

8.1 性格形成と家族

8.1.1 家族とともに生きる存在

私たち人間は，独立した個人であると同時に，ほぼつねに，家族メンバーとともに生きる存在である。私たちは両親のもとに生まれ育ち，成人となっては，配偶者を見出し，結婚によって，生まれ育った家族（定位家族）を離れ，新たな家族（生殖家族）を形成する。

日本では，一般に，家族と離れ単独で生きていく期間は，きわめて短い。大学などに通うために下宿をする，夫の単身赴任，独居老人などが，家族と離れて生活する形態としてしばしばみられるものである。しかしながら，日本においては，就職していても，結婚するまでは親とともに住む若者が多い。また，結婚するものの率が高く，離婚するものの率は低い。最近増加しつつある独居老人の率も欧米諸国にくらべて，まだまだ低い値である。私たちは，よきにつけ悪しきにつけ，家族とともに生きている存在である（図 8.1）。

8.1.2 性格形成の場としての家族

私たちは，家族の人間関係の中で生きている。とくに，生まれてくる子どもにとっては，どのような特徴をもつ両親のもとに生まれるか，また，どのよう

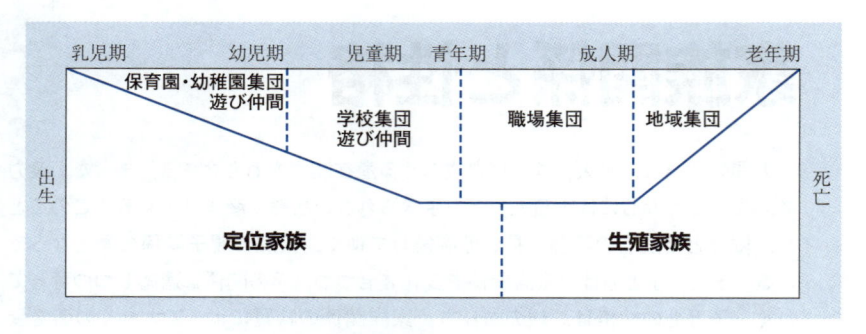

図8.1　社会化のエージェント（望月，1986）

な夫婦関係をもつ両親のもとで生まれ育つかは，その子どもの性格形成に重要な影響を与える。

　まず，人間の乳児は，ほかの高等哺乳動物の子どもと異なり，自立することができない無力な存在として生まれてくる。スイスの動物学者，ポルトマン（Portmann, A., 1951）は，哺乳動物を，離巣性，留巣性の2つに分類した。離巣性とは，出産後，数時間から十数時間で，巣から離れ，自ら走ったり，食物をさがしたり，親とのコミュニケーションができたりするような成熟した状態で生まれてくるものをさしている。離巣性の哺乳動物は，脳髄の発達がよく，体の組織構造が特殊化している。また，妊娠期間が長く，1胎ごとの子数も少ない。たとえば，ウマやサルのような高等哺乳動物が，離巣性に分類される。

　これに対して，ウサギやリスなどの下等哺乳動物の子どもは，脳髄の発達度が低く，組織構造の特殊化も少なく，妊娠期間は短く，1胎ごとの子数が多い。そして，未熟な状態で出生し，養育してくれる親なしには生きることができない存在として生まれる。それゆえ，巣に留まらざるを得ないのである。

　このように，離巣性，留巣性に分類すると，人間の乳児は，離巣性の特徴をもっているにもかかわらず，かたちとしては留巣性として出生するような，特殊な存在であることがわかる。ポルトマンは，人間の子どもは，本来，1歳頃

の離巣しうる状態で生まれてくるべき存在であるが，それでは母体が危険であるために，「生理的早産」で生まれてくるのだと考えた。

　本来，自立しうる存在であるのにもかかわらず，まったく無力で，母親の保護なしには1日たりとも生きられない状態で生まれてくる。このことが，人間の親子関係のあり方に，さまざまな影響を及ぼしているのである。親は，無力な子どもに，養育としつけを与え，何とか自立できるように育てようとする。子どもは，親に依存しつつも，反発したり，独立しようとする。このような，ダイナミックな親子関係が，形態は変化しつつも非常に長い期間，続いていく。子どもは，親子関係を中心とする家族関係の中で，基礎的な性格特徴を形成していくのである。次からは，いくつかのトピックスを取り上げ，具体的に検討する。

8.2　親子関係と性格

8.2.1　野生児研究から

　私たち人間は，人間として生まれるだけでは，"人間"的な特徴を身につけることはできない。人間環境の中で育って初めて"人間"らしい存在になるのである。このことを，野生児の研究が教えてくれる。

　野生児には，大別すると3つのケースがある。まず「狼に育てられた子」のように，幼い子が動物に育てられたケース。次に，もう少し大きな子が森にさまよい込んだり捨てられたりして，自力で生き延びた「アヴェロンの野生児」のようなケース。もう1つは，無慈悲な親や異常な親によって閉じ込められていたり，放置されていた「カスパー・ハウザー」のようなケースである。

　ジング（Zingg, R. M., 1942）は，これら野生児のケースを35例にわたって検討し，3つの共通点を見出している。

　第1には，報告された事例すべてが，ことばをもたないということである。彼らは，非常に鋭い感覚はもっていても，話すことはできず，動物のような音（声）を発するだけであった。また，人間社会に復帰後，話すことを集中的に訓練されても，ほとんどことばを使えなかった。

　第2には，ほとんどの事例（とくに動物に育てられたケースではすべて）が

直立歩行をしなかった。直立できるような手足の構造をもっているが，両手と両足，もしくは両手と両膝で，すばやく移動し，人間が追いつくことができなかった。逆に，後に訓練を受けても，直立して走ることはできなかった。

第3には，すべての事例で，感覚・知覚・感情の発達が，人間の発達とは異なっていた。まず，嗅覚・聴覚・視覚（とくに夜間）は動物的鋭敏さを示した。暑さ寒さに対する感覚も人間とは異なっていた。人間には興味を示さず，敵対的であった。感情も未分化で，喜びや悲しみといった感情は示さず，怒りや怖れのみが示された。

このように，人間は，人間環境の中で育たなければ，人間として当たり前に発達するだろうと思われがちな直立歩行，言語，感覚・感情などの基礎的な人間らしい特徴すら発達しないのである。生後6カ月以前の乳児を観察すると，彼らが豊富な本能的反射をもっていることがわかる。しかし，これらの反射は，6カ月以降に消失していき，順次，学習された行動に取って換わられるようになっていく。このとき，子どものそばにいる存在は，親なのである。どのような親のもとに育つかが，子どもの性格形成に強く影響することがわかる。

8.2.2　母親の機能と子ども

人間の乳児は，母親（母親代理）の養育なしには生きられない存在である。養育する母親が，どのような態度で赤ちゃんに接するかが，子どもの性格形成に影響すると考えられる。

ハーロウ（Harlow, H. F., 1979）は，赤毛ザルの赤ちゃんを用いた一連の実験で，母親存在の重要性と，母親が機能しない場合の重大な障害を示した。まず，生まれたての赤毛ザルの子を母親から離し，人工の母親代理とともに育てる。母親代理は，針金を筒状にして頭らしきものをつけたハード・マザーと，その針金の胴体に柔らかい布きれをかぶせたソフト・マザーである。両者の差異は，布があるか否かであり，子どもが抱きついたときに肌ざわりがよいかどうかである（図8.2）。

1つの実験が次のような手続きでなされた。まず，8匹の生まれたての子ザルを一匹ずつおりに入れて，ハード・マザーとソフト・マザーの両方と同居さ

図8.2　ソフト・マザーとハード・マザー（ハーロウとメアーズ，1985）

せる。8匹のうち4匹は，ハード・マザーの胸にある哺乳ビンから，残り4匹はソフト・マザーからミルクを飲んだ。しかし，どちらの母親代理から授乳されるかにかかわらず，子ザルは，ソフト・マザーに抱きついている時間が長かった。ソフト・マザーからミルクを与えられる子ザルは，ハード・マザーに触ろうとはしなかった。ハード・マザーから授乳される子ザルは，ミルクを飲んでいる間だけ触り，飲み終わるとすぐ離れ，ソフト・マザーに抱きついていた（図8.3）。

次に，それぞれの子ザルが母親代理から離れて遊んでいるときを選んで，たいこを叩いて動きまわるクマのおもちゃを置く。子ザルは，突然現れた見知らぬものに対して恐怖を感じ，母親代理のもとに逃げ帰りしがみつく行動をする。このとき，どちらの母親代理に授乳されたかにかかわらず，子ザルは，ソフト・マザーにしがみつくのである。子ザルは，しばらくしがみついた後，次に，後ろを振りかえり，クマのおもちゃを見つめ，最後には，おそるおそる母親代理から離れ，クマに近づいていくことすらできるようになる（図8.4）。

ほかの実験で，子ザルをハード・マザーとだけ同居させておくと，子ザルは，おりの片すみにいつも身をよせているような行動を示す。その片すみから出て

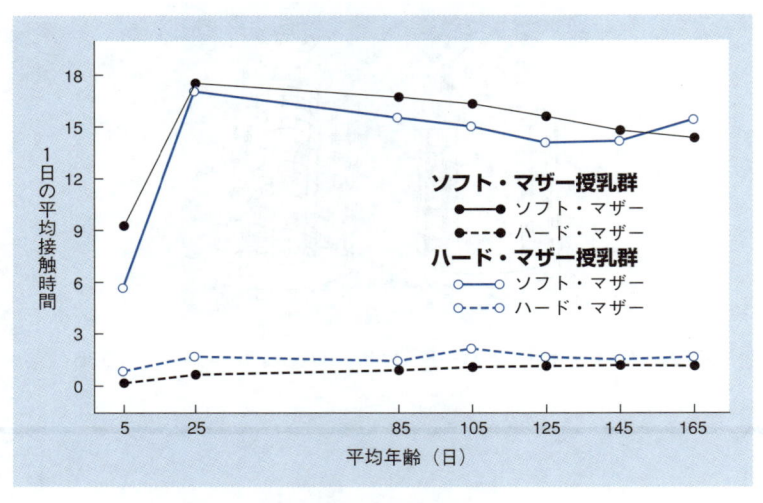

図8.3 子ザルがそれぞれの母親代理と接触する時間（ハーロウとメアーズ，1985）

図8.4 恐怖テストにおいて，子ザルがソフト・マザーに示す典型的反応
（ハーロウとメアーズ，1985）

8.2　親子関係と性格

きたときを見はからい，同様にクマのおもちゃをみせると，片すみに逃げ帰り，頭をかかえるようにしてちぢこまり，キーキーと泣き叫び，体をゆすり続けるような行動が長くみられる。

　この両実験を比較すると，恐怖を感じた子ザルは，ソフト・マザーにしがみつくことによって，安心感ややすらぎを感じ，恐怖を減少させることができ，ついで，新奇な対象に対する好奇心をつのらせ，探索行動をすることができるようになると考えられる。

　人間の子どもにおいても，類似の行動を観察できる。母親は，子どもにとって安全の基地である。子どもは，そのような母親を求める。この行動を，**アタッチメント**（**愛着**）と呼ぶ。ハーロウの実験は，アタッチメントの形成に，肌ざわりのよさ（しがみつきやすさ）が授乳よりも強く関連していることを示唆している。

　ボウルビィ（Bowlby, J., 1969）は，人間の子どもの愛着形成のプロセスを，観察と実験によって，次のような4つの過程によることを明らかにした。

(1) ある種の刺激に定位し，注視し，聞くという内在的傾向——これは，まず，人間の声や顔に対して特別の注意を向けるという生得的傾向がある。次に，自分の世話をする人に特別の注意を払うようになる。

(2) 顕示学習——繰返し見る，世話をする人の知覚的諸特質を学習し，ほかのもの・人から弁別する。ここにおいて見慣れた親しい対象と，見知らぬ対象が弁別される。

(3) 見慣れた対象に対しては接近するという内在的傾向——見慣れた対象に対して接近しようとする行動が現れる。接近行動には，吸うこと，しがみつくこと，後を追うことがある。また，泣いたり，微笑したりすることは，信号行動であり，相手の接近行動を引き出す行動であると考えられる。

(4) 1つの行動の，いろいろな結果が，フィードバックされて，その行動が増大したり，減少したりするオペラント条件づけのプロセス——子どもが示す行動が母親によって受容され，強化されるかどうかが，子どもの行動パターンに影響する。

　以上のようなプロセスがうまく進行すると，子どもは，8カ月～12カ月に

みられるような，典型的な人見知り行動を示すようになり，母親を求め，母親に抱かれると泣きやみ，母親を後追いするようになる。母親を安全の基地として，探索行動をすることができる。ボウルビィは，母親と子どもの安定した愛着関係が，安定したパーソナリティの基盤となると考えているだけでなく，子どもは母親との関係のあり方をもとにして，他者との対人関係を形成していくと考えているのである。

ボウルビィは，「最初の愛着の発達に関して，乳児たちは，明らかに生後3カ月から6カ月の間に，感覚が鋭敏であり，容易に弁別された対象に対する愛着を形成する。6カ月以降でも，乳児たちは弁別された対象に対して，愛着行動を形成しうる。しかし年齢が進むにつれて，困難性も増大する。2歳では，これらの困難性は，明らかに著しくなりもはや軽減しない」と述べ，愛着形成には鋭敏期があると考えている。

それでは，母親（または母親代理）が剥奪された場合には，子どもにどのようなことがおきるであろうか。これは，古くは，**ホスピタリズム**（**施設病**）研究の中で，最近では，**マターナル・ディプリベーション**（**母性剥奪**）研究の中で明らかにされている。母親が剥奪されると，身体的，知的，性格的といった広い側面の発達に障害がみられるようになる。

しかしながら，もし母親が存在していても，母親が母親らしく機能しなければ，同様の障害が現れると考えられる。ボウルビィの共同研究者であるエインスワース（Ainsworth, M. D., 1979）は，① 乳児の出すサインに対する母親の反応の敏感性，② 母子間にみられる相互作用の量と質，③ 子どもとの相互作用に喜びをわかちあう母親であるかどうか，などの条件をあげ，アタッチメントの形成に母親と子どもとの相互作用を強調している。

また，エインスワースは子どもの愛着の質を測定しうる実験法を開発した。この方法は，**ストレンジ・シチュエーション法**と呼ばれ，1歳児，母親，ストレンジャー（実験助手）の3名が，接近したり分離したりするといった8つのエピソードから構成されており，それぞれのシチュエーションにおける子どもの反応が分析される。

その結果，1歳児の愛着スタイルは，安定型，不安定型（回避型，アンビバ

レント型）に分類しうることが示された。この方法は，質問紙法のように言語に依存しないため，文化が異なっても同じ方法で実施が可能であり，母子関係と子どもの愛着形成に関する比較研究を大きく発展させた。

8.2.3　IWMとアダルト・アタッチメント

ボウルビィ（1973，1980）は，発達の初期に形成されたアタッチメントは，子どもの心にそれと対応した自己認知・他者認知・関係認知とそれに伴う期待を形成すると考えた。この認知と期待を**インターナル・ワーキング・モデル（内的活動モデル，IWM）**と呼ぶ。安定した愛着を形成することができた子どもは，「母親（他者）は温かく，不安なときや困ったときには助けてくれる，またそうしてもらえる自分には価値がある」といった感覚を得ることができ，このモデルを母親以外の他者との関係に用いやすく，そのように期待して行動するようになる。また，アタッチメントがうまく形成されないと，「他者は冷たく，助けてくれず，そのような自分には価値がない」というモデルが形成されると考えた。

IWMは，乳幼児期から児童期，青年期にかけて徐々に形成されるが，個人が他者との間に親密な関係を築く際に比較的永続的に用いられ，その個人の対人関係の形成に影響すると考えたのである。

アメリカの心理学者，ヘイザンとシェイバー（Hazan, C. & Shaver, P., 1987）はこの仮説に立ち，地元紙に今まで経験した「愛情に関する質問」（94項目）を載せ，読者からの返信を求めた。応じた者は，14歳から82歳までの男女620名で，年齢の中央値は34歳であった。これらの質問項目の中には，エインスワースが分類した乳幼児期の愛着のタイプに対応する質問が含まれており，返信を分類すると安定型が56％，回避型が25％，アンビバレント型が19％となり，それぞれのタイプは想定されたような愛情経験をしていることが確認された。

そして，この比率は，アメリカでのストレンジ・シチュエーション法を用いた乳幼児の愛着研究を要約したキャンポスら（Campos, J. J. et al., 1983）の報告，安定型62％，回避型23％，アンビバレント型15％とほぼ同様であることを

示した．また，第2研究では，大学生（108名）を対象として質問紙調査を行い，同様な結果が示されることも示した．このように，大人の愛着タイプの出現率が，乳幼児の愛着タイプの出現率と高い類似を示すことを報告し，IWM に関する議論を巻き起こしたのである．

その後，メインら（Main, M. et al., 1985）は，IWM を実証的に研究する方法として，大人の愛着を判定する半構造化面接を構成し，乳幼児の愛着スタイルと対応する大人の愛着（**アダルト・アタッチメント**）スタイルが存在することを報告した．

しかしながら，乳幼児期の愛着スタイルが IWM を媒介として大人の愛着に直結していると実証されているわけではない．縦断的研究には多くの方法論的困難があり，結果は一貫していないのである．現在ではこの領域の研究がさまざまに行われるようになってきている．

8.2.4 父親の機能と子ども

母親においても，存在することと機能することとは異なっているが，父親においては，この差異がより大きいと考えられる．一般的に，家庭には父親が存在しているが，父親らしく機能しているかは個人差が大きいと思われる．

父子関係の心理学的研究は，母子関係研究にくらべて，はるかに遅れていた．伝統的考え方では，父親は，母親にくらべて子どもにとって重要性が低く，たんに社会を代表し，家族の中に社会的ルール・規範をもち込む存在として意味があるとされていた．父親がおもてに現れるのは，精神分析学におけるエディプス・コンプレックスの概念の中であった．子どもは，3歳頃になると，同性の親と異性の親とを区別するようになる．男の子は，母親を独占しようとし，父親を排除しようとする．しかし，父親が強大であり，なおかつ自分に愛情を向けていること，そして父親と母親が愛し合っていることを感じ取り，不安と罪悪感から，このエディプス欲求を抑圧し，父親と同一視することにより，コンプレックスを克服する．こうして，5, 6歳頃には，男の子は，父親との同一視により，男らしさを獲得していく．女の子もほぼ，同様のプロセスによって，母親同一視から女らしさを獲得していくのである．このとき，父親の条件

は，子どもによって強大であると認知されていること，愛情を向けてくれていると感じられていること，夫婦関係がよいと感じられていることである。これらの条件がないと，エディプス・コンプレックスは克服されず，この段階で固着がおき，後に神経症の原因になるとしたのである。子どもが3歳になる前では，父親は，母子関係の安定を周りから支える存在であると考えられていたにすぎなかった。

　しかしながら，最近の研究では，父親の登場は，もっと早いと考えられるようになってきた。ラム（Lamb, M., 1981）によると，父親と乳幼児との交流のもっとも顕著な特徴は，遊びである。乳幼児は，父親を楽しく交流してくれて，刺激を与えてくれる人として，期待する。父親が体を使った遊びをすることにより（例：高い高い，飛行機，おうまさんなど），子どもは，母親に対する愛着とは別の，父親に対する愛着をもち，接近していく。また，母親の機能（主として養育，保護）は，子どもの発達によってそれほど変化しないが，父親の役割は，変化していくと考えられる。子どもが発達するにつれて，遊びの内容が変化し，ルールや規範がもち込まれ，技能が要求されるようになる。父親は，より広い社会の代表者として，モデルとしての役割をもつようになるのである。しかしながら，父親と子どもとの関係は，父親が子どもと十分に交流しているかどうかによって変わってくる。子どもは，モデルの行動を模倣したがるが，モデルとして機能する人は，無関心な人や子どもが恐れている人ではなく，好ましい感情を抱いてる人なのである。それゆえ，もっとも影響力の強い父親は，父親の役割をまじめに果たし，子どもといろいろな面で交流する父親である。そして，この側面が果たされている限りにおいて罰の効果があると考えられる。

　ビラー（Biller, H., 1981）は，多くの研究をレビューして，父親のあり方が，子どもの（とくに男の子の）性役割発達に強く影響していることを示している。父親が養育的（nurturance）であると認知している男の子は，男らしくて，かつ同輩関係も適応的にもてると，彼は要約している。父子関係の心理的研究は，最近になって盛んになされるようになってきている。今後の発展が期待される領域であろう。

8.2.5 親の養育態度と子どもの性格

　親の養育態度と，子どもの性格との間には，一応の因果関係がみとめられている。サイモンズ（Symonds, P. M., 1937）は，親の育児態度を，支配－服従，保護－拒否の2つの軸で分類した。まず，支配－服従の軸と子どもの性格との関連をみると，支配的な親の子は，服従的な親の子にくらべて，礼儀正しく，正直であるが，自意識が強く，内気な傾向があった。服従的な親の子は，不従順で攻撃的であったが，独立心が強く，友人関係を容易にもてる傾向があった。次に，保護－拒否の軸では，保護的な親の子は，拒否的な親の子にくらべて，社会的に望ましい行動が多く，情緒的にも安定していたのである。

　同様に，ラドケ（Radke, M. J., 1946）は，親の養育態度，家庭の雰囲気などと，子どもの性格との関連性を検討して，次のような結果を得ている。

(1) 民主的な家庭の子は，専制的な家庭の子より，思いやりがあり，協調的で，情緒も安定している。

(2) 自由な家庭の子は，束縛の多い家庭の子より，競争心が少なく，友人間の人気が高い。

(3) 寛大な家庭の子は罰が厳しい家庭の子より，他人に思いやりがあり，他者の批評に敏感である。

(4) 子どものしつけに対して両親が平等に責任を分担する家庭の子は，指導的な傾向がある。

サイモンズとラドケの研究は，以上のような結果を示したが，親の養育態度と子どもの性格との関連性についての研究は，それほど研究上の展開がみられなかった。

　子どもの性格形成に影響する要因は，数多く存在する。すでに述べた，母子関係や父子関係のあり方，親の養育態度や家庭の雰囲気のほかにも，家族構成の問題，兄弟姉妹の組合せや出生順位の問題，社会階層の問題など多様である。また，方法論の問題もある。現在では，質問紙法や面接法を使うだけでなく，観察法や実験法も用いて，子どもの社会化のプロセスをより精密に，長期間にわたって，親子の相互交渉を縦断的に検討していくような研究がなされるようになってきている。

8.3 システムとしての家族

8.3.1 全体としての家族

「統合失調症患者とその家族」についての研究（13章参照）の流れから，家族についての新しい視点が現れてきた。それは，家族を，個々の成員や，それぞれの関係（たとえば，母子関係，父子関係など）の合計としてみるのではなく，1つの全体としてみようとする視点である。「統合失調症患者とその家族」研究の文脈の中では，統合失調症を，患者個人の問題としてみるのではなく，また，親子関係の問題としてみるのでもなく，家族全体の関係の歪みが，患者とされた人に現れたものとして考えている。家族には，全体的な安定を求める力がはたらく。これを，**家族ホメオスタシス**と呼んでいる。すなわち家族メンバー全員が，相互にバランスをとるようなかたちで，全体的な安定が実現されているのである。問題は，この安定が家族メンバー全員にとって適応的なものか，それとも不適応的なものかなのである。

レイン（Laing, R. D., 1979）は，統合失調症のある少女の，妄想と家族関係について次のように記述している。彼女は，17歳のときに統合失調症になった。急に活発さを失い，自分の中に閉じこもるようになった。そして終わりのないテニスの試合の空想にふけり，自分はボールそのものであった。ボールは打ち込まれ，強打される。ボールはテニスには必要なものだけれども，誰も大切にはしない。ボールは，相手を打ち負かすために使われるだけのものである。

彼女の家庭は，図 8.5 に示すように，5人で構成されていた。そして，父と父の母，母と母の父は，組になり，お互いに対立していた。いわば，混合ダブルスを戦っていたのである。彼女は，その2組を仲介するボールだった。この2つのサイドは，ときとして数週間も直接的にコミュニケーションをしないことがあった。このときには，彼女を通してのみコミュニケーションが成立するだけであった。彼女は，この家族をまがりなりにもまとめている重要な存在であったが，誰も彼女のことを本当には大切に思っていなかったのである。

食卓では，次のような会話がなされていた。

- 母親→少女へ：「お父さまに塩を取ってくださるように言って」

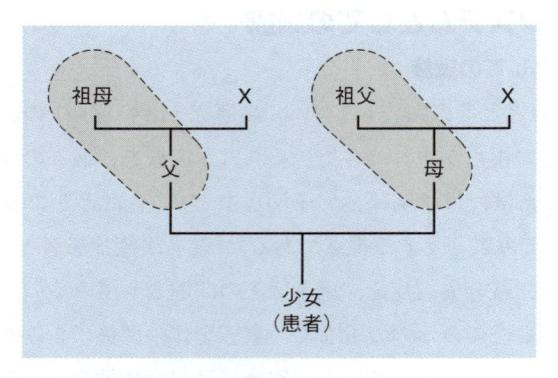

図8.5　ある統合失調症少女の家族関係（レイン　R. D., 1979より作図）

- 少女→父親へ：「お母さまが塩を取ってくださいって」
- 父親→少女へ：「お母さんに自分で取りなさいって言いなさい」
- 少女→母親へ：「お父さまが自分で取りなさいって」

　彼女にとって，この家族のあり方，自分の役割は，感じ取られていたが，意識化されてはいなかった。なぜならば，テニスボールに期待されてはならないことの1つは，テニスボールがテニスボールである自分を知ることなのである。彼女の妄想は，家族全体の病理性を正確に示していたのである。

8.3.2　システムとしての家族

　家族関係が統合失調症の原因であると実証されているわけではないが，この研究領域からは，興味深い理論や研究結果が数多く生まれている。少なくとも，家族関係のあり方が家族メンバー全員のあり方に影響し，もし家族関係が大きな歪みをもっている場合には，その歪みがメンバーの誰かに何らかの精神的障害として現れる可能性があるということがいえるであろう。

　家族は，1つのシステムと考えることができる。システムは，複数の異なった要素が構造化されて成立する。システムには，目的があり，目的を実行する

8.3 システムとしての家族

ために, 常同的な行動パターンが繰り返される。また, それぞれの要素は, 一定の役割をもつことになる。

たとえば, 消化器系は, 1つのシステムである。口や食道や胃といった要素が構造化されており, 消化という目的のために, それぞれの要素が, それぞれの役割をもち, 常同的な行動パターンが実行されている。

家族も同じように考えることができる。いったん, 安定したシステムとして成立すると, それぞれのメンバーが, それぞれの役割を期待される。たとえば,「ぐうたら亭主」とか,「しっかりものの姉」とか「問題児の弟」とかいったレッテルが貼られる。

ある4人家族は,「エリート」で「仕事人間」の父親,「かわいく」「子どもっぽい」母親,「母親の相談相手」で「しっかりもの」の姉, そして「自分勝手」で「わがまま」な妹によって構成されていた。この父親は疲れているので休日には休みたいのだが, ときおり,"子どもたちのために"家族全員でどこかへ行こうと考え, 母親に対して「次の日曜日, 子どもたちのために, どこどこへ行くことにする」と言う。母親は自分の用事があってもそれを二の次にして, 行くことにする。夫は反対されると気分を害することを知っているからである。母親は, まず姉に相談する。「お父さんが次の日曜日, どこどこへ連れて行ってくれると言っているけど大丈夫よね」という風に言う。姉は, 自分の約束があるし, そちらのほうが楽しいと思っているが, それを言うと母親が困るので断念し, 行くことにする。次に, 母親と姉とが妹を説得する。妹は, 自分の好きなことを言い, ときには父親に反論し, 家庭内に緊張をもたらすからである。反面, 唯一, 父親と対立できる存在で, 母親や姉は, 妹によって代理的満足を得ている。母親や姉は,「お父さんがどこどこへ連れて行ってくれるから, あなたも行ってね」という風に言う。妹は,「行きたくない」とか「行くなら違うところがいい」とか言うが, 母親や姉から「わがまま言わないの」とか「お願いだから」とか言われて, しぶしぶ同意する。そして, 次の日曜日, 4人全員で出かけ, 誰も楽しまず, 疲れただけで帰ってくる。このように, 誰もが他者のためであり, 同時に誰のためでもないような行動が, この家族では, しばしば実行されているのである。この家族では, 意見の対立が表面化するのが怖れら

れている。家族がばらばらになる不安が強いからである。それゆえ，自分の本当に気持ちを表明することが禁止されているのである。また，一見，無意味のように思えるこの行動には，全員がまとまっていることを確認するという重要な意味がある。それゆえ，同様な行動が繰り返されるのである。

家族システムは，いったん成立すると，同じ状態で安定しようとする力がはたらくと考えられる。家族システムの変化は，出産や死のような家族メンバーの出入り，メンバーの病気や成長による変化，そして，転勤や昇進といった社会的変化などの大きなできごとによってのみおきる可能性がある。

問題は，いったん成立した家族システムが健全なものか病理的なものかなのである。このことは，① 家族メンバーの中に，否定的な自己概念をもっているものがいるか，② コミュニケーション様式はどのようなものか，③ 家族内のルール，規範が固定的か柔軟性があるか，また，人間的なものか非人間的か，④ 家族が社会に対して閉鎖的か開放的か，などによって調べることができる。

関係のあり方は，個人のあり方を規定している。また個人のあり方は関係のあり方を規定する。個人と関係とは，相互規定性をもっていると考えられるのである。ある個人は，関係の中で期待される側面を，その関係の中で実現しやすい。ある個人が変わることは，関係も変わるということを意味しており，大きなエネルギーを必要とする。

家族関係のあり方は，家族構成メンバーのあり方に大きく影響しているのである。

[参 考 図 書]

レイン　R.D.　阪本良男・笠原　嘉（訳）　1979　家族の政治学　みすず書房
望月　嵩・木村　汎（編）　1980　現代家族の危機　有斐閣選書
ポルトマン　A.　高木正孝（訳）　1961　人間はどこまで動物か　岩波新書　岩波書店
ジンク　R.　中野善達・福田　廣（訳）　1978　野生児の世界　福村出版

BOX 8　きょうだいと性格

　きょうだいに関する研究は，大きく2つのテーマに分けられる。ひとつは，きょうだいと性格との関係，他はきょうだい間の人間関係に焦点を当てた研究である。

　きょうだい関係を規定する要因は多く，きょうだい数，性別構成，出生順位，年齢，きょうだい間の年齢差などが考えられる。

　ここでは，出生順位と性格との関連についてとりあげる。

　今までに，出生順位と性格との関連についての研究はいくつかあるが，依田明ほかの研究が代表的なものである。

　依田ほかは出生順位と性格との関連についての調査を3回行っている。

　第1回目は1963年に行われ，被調査者は小学校4年生から中学校2年生までの児童・生徒145名とその母親であった。

　第2回目の調査は1980年に行われ，対象は小学校5年生の子ども187名とその母親であった。

　第3回目の調査は1985年に行われ，対象は小学校4年生から中学校2年生までの3人きょうだいの児童・生徒525名とその母親であった。

　この3回の調査結果によると，長子的性格，次子（末子）的性格として，かなり共通した項目が得られている。

　3回の調査で共通して得られた長子的性格は次の3項目である。① 仕事がていねいである。② 面倒なことは，なるべくしないようにする。③ 何かと控え目である。また，次子（末子）的性格としては次の7項目である。① 父母に甘える。② 父母に告げ口をする。③ 依存的である。④ お調子者である。⑤ 嫉妬深いほうである。⑥ 外で遊ぶことが好きである。⑦ 知ったかぶりをする。

　この3回の調査で，長子的性格，次子（末子）的性格というものが，ある程度明確になり，しかも時代の影響をあまり受けずに存在することが明らかになった。

　しかし，児童期や思春期にみられた，きょうだいと性格との関連性が，発達のある段階から変化していくものなのか，あるいは継続していくものであるかは，現在のところ結論は出ていないといえる。

（瀧本孝雄）

人間関係と性格 9

　私たちはふだん多くの人と接して，さまざまな相互作用を営んでいる。ある人にはものを頼み，ほかの人からは命令され，ある人を好きになり，その人を憎んだりする。私たちが結ぶ人間関係は多様であるが，いずれの関係においても，相手の性格を推測し，自分の性格に合わせた関係を続けている。

　こうした人間関係のうち，家族関係は本書の8章で詳しく説明され，人とのコミュニケーションについては10章で扱われている。そこで本章では，友人関係や恋愛関係などにおいて他者を好きになる現象を中心に，性格と人間関係にかかわる研究を紹介する。

9.1　対人魅力と性格

　人はなぜ人を好きになるのであろうか。人が人にひかれる心理を研究する学問分野は，**対人魅力**（interpersonal attraction）と呼ばれている。

　人が人を好きになる場合には，相手の外見や経済力，周囲の評判などの外面的な条件が大きく影響する。しかし，相手の内面的条件も魅力に大きな影響を与えている。詫摩（1973）は，大学生に質問紙調査を行い，結婚相手を選ぶときに，どんな要因が重要となるかを調べている。**表9.1**はその結果の一部であり，回答者がそれぞれの項目を，結婚にあたって「非常に重視する」と回答した比率を示している。

　表からわかるように，男女とも「愛情」に並んで，相手の「性格」を重視している。また，表には興味深い性差がみられる。男性は女性にくらべて「顔立ち」や「スタイル」を重視する比率が高く，女性は男性より相手の「収入」や「学歴」「将来性」を重視している。男性は将来の妻に外見のよさを求め，女性は未来の夫に財力や地位を期待しているわけである。この調査は30年以上も前の調査であるが，この表にみられる性差は，現代の青年にもみられるものと推測される。

表9.1 結婚にあたって重視する項目 (詫摩, 1973)		
	男 子	女 子 (%)
性格	80.0	93.1
愛情	70.5	79.7
健康	42.2	58.6
収入	0.6	9.2
趣味の一致	5.6	13.4
将来性	4.5	14.0
顔立ち	14.0	4.9
スタイル・身長	12.2	2.3
両親の賛成	5.3	13.4
頭のよいこと	17.3	23.5
生育環境の類似	3.1	10.4
同じ人種であること	8.0	16.3

注) 都内の大学生484名に「結婚にあたって重視すること」を尋ねた結果,「非常に重視する」と回答した比率。男女とも「性格」が第1位にあがっている。

9.2 類似説と相補説

相手の性格は対人魅力の重要な規定因であるが,どんな性格の相手が好まれるかという点については,長い論争が繰り広げられてきた。論争の一方は「人は自分に似た相手を好きになる」と主張し,他方は「人は自分にない性格をもった相手を好きになる」と主張してきた。前者は**類似説**,後者は**相補説**と呼ばれている。

9.2.1 態度の類似と対人魅力

アメリカの社会心理学者バーン (Byrne, D.) らは,態度の類似と対人魅力との関係を実験的に検証し,類似説を支持する結果を得ている。たとえば,ある研究 (Byrne & Nelson, 1965) では,大学生を対象にして,法律や小説などさまざまな問題に関する態度が質問紙によって調査された。後日,被験者たちは心

理学実験室に呼ばれ，次の実験に参加させられた。実験では，ほかの見知らぬ学生が答えたという質問紙が提示され，その「回答者」に対する好き嫌いが尋ねられた。実は，この「回答」は被験者の回答結果に対応させて，実験者があらかじめ作製しておいた偽の回答であった。たとえば，「100％類似」条件では，全項目への「回答」が被験者の回答と一致しており，「33％類似」条件では，3分の1の項目への「回答」が被験者と一致していた。この実験では，「回答」の類似の程度と「回答者」への好意の度合が分析された。

この実験を含めて，バーンらが行った11の実験の結果は，図9.1に要約されている。図の縦軸は「回答者」に対する好意の度合を示し，横軸は「回答者」と被験者との類似度を示している。△印は実験結果，●印は実験結果から得られた理論値を意味している。図からわかるように，類似度と好意度は明確な比例関係を示している。見知らぬ人への好意度は，自分と態度が似ているほど高

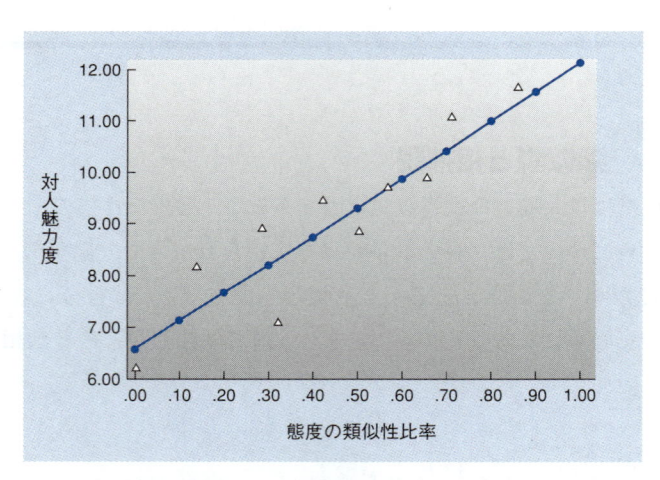

図9.1 態度の類似性と対人魅力の関係（Byrne & Nelson, 1965）
横軸は態度尺度項目がどの程度類似しているかという比率。縦軸は魅力度得点の平均を示す。△印は実験結果，●印は実験から得られた予測値を示す。態度の類似率が上がるほど，魅力が高まる比例関係がみられる。

9.2.2 役割の相補性

　バーンの研究を中心として，類似説を支持する研究結果は数多く提出されている。一方，相補説を支持する研究としては，ウィンチ（Winch, R. F.）の研究が著名である。ウィンチは，結婚2年以内の夫婦に面接し，夫婦間には欲求の相補性がみられると報告している。彼の報告によると，夫婦の一方が養護を求める欲求が強いと，他方は相手を受容しようとした。また，一方が相手を支配する欲求が強いと，他方は服従の欲求が強い，という相補い合う欲求をもっていた。

　しかし，彼の研究は被験者数が少なく，その後の追試研究では同じような結果が得られていない。このため，相補説の一般性には疑問がもたれている。

　現在では，相補性を性格の問題ではなく，役割の問題とみる研究者が増えている。この視点によれば，関係が進展した2人が，互いの役割を分化させた結果が，相補性となって現れると考えられる。たとえば，もともと支配欲求が強い2人でも，どちらかが相手の命令をきく立場をとらなければ関係を続けることができない。そのため，結果的に一方が服従的な立場をとらざるを得なくなる。この支配と服従という立場が固定すると，ウィンチの研究で発見されたような，役割の相補性が生じると考えられる。

9.3 人に好かれる性格

9.3.1 好ましい性格

　しかし，類似説や相補説に対しては，別の視点からの批判も向けられている。この批判は，自分と相手の性格の類似や相違より，相手の性格の一般的な好ましさに注目する。「社会には一般的にみて好ましい性格が存在し，その性格を有する人は，自分と似ていようといまいと，魅力的だと受け取られる」というのが，この説（社会的望ましさ説）の主張である。

　松井ら（1983）は，大学生と30歳前後の一般成人400名を対象にして，質問紙調査を行い，「現在魅力を感じている異性の人柄や印象」を調査している。

回答は異性の性格や印象をあらわす38のことばに，その異性があてはまるか否かを答える形式になっている。

回答結果は，**表9.2**にまとめられている。この表には「あてはまる」と肯定された比率の高いことばが男女別に一覧されている。順位には多少の違いがあるが，男女とも「思いやりのある」「やさしい」「明朗な（明るい）」「清潔な」「健康な」が上位にあがっている。表には記していないが，これらのことばは学生・成人のいずれでも高位にあがっていた。この結果は，同調査の10年以上前に実施された詫摩（1973）の結果ともほぼ一致している。男女・年齢を問わず，やさしく思いやりがあり，明るく，健康的で，知的な人が好まれており，この人物像はこの10年間ほとんど変化していないのである。

さらに，アメリカの大学生を対象にして行われた，「好ましい性格」をあらわすことばについての調査（Anderson, N. H., 1968）の結果を**表9.3**に示す。

2つの調査で用いられていることばに違いがあるために，調査結果を直接的に比較することはできないが，アメリカでは「誠実で信用できる」ことがより重視され，日本では「やさしさ」が重視されていることがわかる。しかし，誠実で，思いやりのある，知的な人が好まれていることは日米に共通している。

表9.2　魅力ある異性の印象・人柄（松井ほか，1983）

女性が選んだ魅力ある男性			男性が選んだ魅力ある女性		
順位	項　目	%	順位	項　目	%
1	思いやりのある	61.5	1	明朗な（明るい）	63.6
2	やさしい	60.2	2	清潔な	60.1
3	誠実な	59.1	3	素直な	54.4
4	生き生きしている	58.4	4	やさしい	53.9
5	明朗な（明るい）	51.5	5	思いやりのある	52.6
6	清潔な	49.8	6	健康な	50.0
7	健康な	47.6	7	生き生きしている	45.6

注）大学生と30歳前後のサラリーマンやOLに，「現在魅力を感じている異性にあてはまる項目すべてに○をつけてください」と尋ねた結果。男女とも共通した項目があがっている。

表 9.3　好意を感じる性格特性
(Anderson, N. H., 1968)

順　位	性格特性語
1	誠実な
2	正直な
3	理解のある
4	忠実な
5	信用できる
6	当てにできる
7	知的な
8	頼りになる
9	心の広い
10	思慮深い
11	賢い
12	思いやりのある

注）アメリカの大学生50名に「好ましい」性格特性語を尋ねた結果。555語のうち，好意度の高かった上位12語を示す。ただし，訳語は齊藤（1987）による。

好まれる人物像は，日米の文化や時代のへだたりを越えて一般性をもっているのである。

9.3.2　魅力ある異性像

　ただし，魅力ある人物が上記の性格をすべて備えているわけではない。松井らは，**表9.2**の結果を解析して，魅力ある男女像が5,6種のパターン（まとまり）に分けられることを明らかにしている。そのパターンを**表9.4**に示す。

　表に示されるように，魅力ある男性は5つのパターンに分かれ，魅力ある女性は6つのパターンに分かれている。たとえば，魅力ある男性の第1のパターンは「静かな，クールな，自制心の強い，知的な」イメージをもつ男性をあらわしている。

　これらのパターンは，文学や映画やテレビの登場人物に対応させて理解する

表9.4 魅力を感じる異性像(松井ほか，1983)

男 性 像	
番　号	パターンの内容
1	静かな，クールな，自制心の強い，知的な男性
2	清潔な，洗練された，スマートな男性
3	情熱的な，たくましい，積極的な，仕事やスポーツに打ち込む，エネルギッシュな男性
4	社交的な，明るい，健康な，生き生きとしている，素直な，あっさりした性格
5	まじめな，寛大な，誠実な，やさしい男性

女 性 像	
番　号	パターンの内容
1	洗練された，スマートな，神秘的な，静かな，知的な女性
2	セクシーな，情熱的な，積極的な，社交的な女性
3	初々しい，清潔な，素直な，思いやりのある，やさしい女性
4	生き生きとした，健康的な，明るい女性
5	誠実な，まじめな，自制心の強い女性
6	あっさりした，おおらかな，聞き上手な女性

注) 表9.2への回答を，数量化Ⅲ類によって解析した結果。

ことができる。男性像の第1パターンは「眠狂四郎」，第4パターンは『男はつらいよ』の「寅さん」，第5パターンは寅さんの義弟「ひろしさん」，女性像の第3パターンは吉永小百合さんなどというように。

9.4　関係の進展と性格

　では，性格の類似性や相補性と，一般的な好ましさは，どちらが魅力により強く影響するのであろうか。中里浩明(1975)は，大学生を対象とした実験によって，この問題を検証している。

　彼らは関西の大学生132名を対象にして，性格検査を行って，外向的な人と内向的な人を選び，選んだ対象者に対して「見知らぬ他者(刺激人物)の性格

検査の結果」を示して，その人物に対する印象を調査した。刺激人物の回答は2種類用意され，一方は「やや外向的」で，他方は「やや内向的」な回答になっていた。

表9.5は，この実験で，2種類の刺激人物についてどの程度好ましいと思うかを回答した結果である。得点は高いほど，刺激人物を好ましく評価したことを意味している。もし類似説が正しければ，外向的な回答者は外向的な人物に高い好意を示し，内向的な回答者は内向的な人物に高い好意を示すはずである。一方，相補説が正しければ，外向的な回答者は内向的な人物に，内向的な回答者は外向的な人物に，それぞれ高い好意を示すはずである。

しかし，**表9.5**に示す結果は，いずれの予測とも異なっていた。回答者が外向的であれ，内向的であれ，外向的な人物が高い好意を受けているのである。このように，少なくとも初対面の人についてみると，類似説や相補説より，社会的望ましさ説のほうが，妥当であることが明らかになっている。

松井（1985）は，異性に対する対人魅力を規定する要因を検証した研究成果を整理し，**図9.2**のような図にまとめている。この図によれば，性格の好ましさや類似性や相補性は，2者関係の進展の度合によって，魅力への効き方が異なる。出会ったばかりの相手に魅力を感じるかどうかは，相手の「外見」や「社会的評判」によって左右されるが，相手の「性格の好ましさ」も重要であり，

表9.5 見知らぬ他者に対する好意度
（中里ほか，1975）

回答者の性格	相手の性格	好ましさの平均点
外向	外向	6.13
外向	内向	4.57
内向	外向	6.13
内向	内向	4.80

注）中里ほか（1975）による実験結果の一部。回答者と見知らぬ相手の性格別にみた，相手の好ましさの得点の平均値。

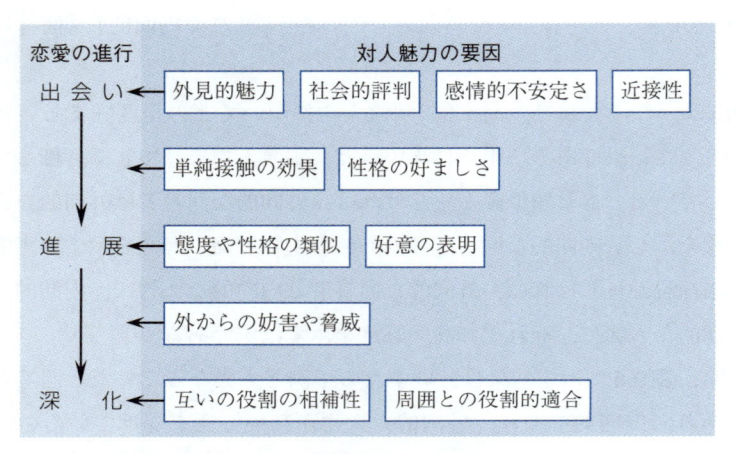

図9.2 恋愛の進行と対人魅力を規定する要因[模式図]（松井，1985を改変）
異性交際の進展に影響する要因を，整理した図。性格に関する要因が異なる段階で影響することを，模式的に示している。

好ましいほど，関係は進みやすい。しかし，関係が進展するためには，相手との「態度や性格の類似」が必要となる。さらに関係が深まると，「互いの役割の相補性」が形成されることが必要となる。このように，関係の進展に合わせて，対人魅力の要因を整理すれば，一見矛盾する要因も，論理的に位置づけることができる。

社会心理学の領域では，人が他者とどのように親しくなっていくかという過程を，**親密化過程**と呼んでいる。友人関係が形成される過程（下斗米　淳，2002など）や恋愛が進んだり壊れたりする過程（松井　豊，1993など）が研究が展開されている。

9.5 仮想された類似性

以上のように，対人魅力と性格の関連は，2者関係の進展に合わせて変化し

9.5 仮想された類似性

てゆくが，友人関係や恋愛関係の場合には，実際以上に互いの性格の類似性が強く意識されることがある。

フィードラー（Fiedler, F. E.）ら（1952）は1つの寮に住む大学生に性格テストを実施して，人への好意と性格認知の関連について分析している。この研究では，回答者自身の性格テストへの回答とは別に，寮内のもっとも好きな知人と，もっとも好きでない知人とを選び，それらの人たち自身がテストにどう答えているかについても，推測させた。また，回答者が理想とする性格についても回答している。結果の分析にあたっては，これらの推測と実際のテスト結果との関連が分析された。分析された指標は**図9.3**に図示し，結果は**表9.6**に示してある。

図と表を見るとわかるように，好きな知人に対しては回答者自身の回答と知人の回答の推測との関連（AS）が強いが，好きでない知人に関してはこの関連がみられない。しかし，回答者と知人との間には，好きな相手でも嫌いな相手でも，明確な関連（RS）はみられない。これらの結果は，回答者が好意を抱く相手に対しては，実際以上に自分と似ているという錯覚をもっていることを意味している。このように，好意を抱く相手を自分に似ていると誤って認知する

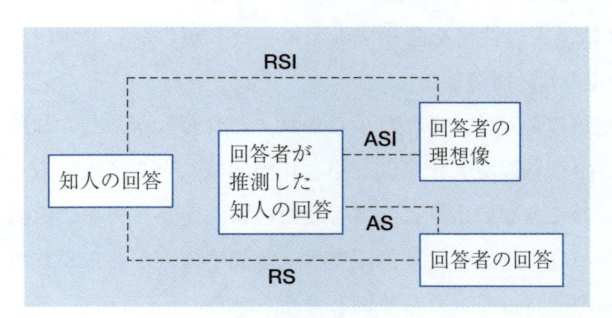

図9.3 フィードラーらが検討した指標（Fiedler, F. E., et al., 1952を改変）
枠内は，測定されたテストの結果を，点線は検討された関連（相関）を示す。

表 9.6　対人認知の指標間の関連 (Fiedler, F. E., et al., 1952)

関連	好きな相手	好きでない相手	差の有意性
AS	.245	.025	**
RS	.135	.093	
ASI	.245	.025	**
RSI	.245	.090	

注）数値は図9.3に示した関連における相関係数を示す。相関係数は，数値の絶対値が大きいほど，関連が強いことを意味する。差の有意性は，好きな相手の関連と好きでない相手の関連の差の検定結果である。＊＊印は1％水準で有意であることを意味する。

傾向は，**仮想された類似性**（assumed similarity）と呼ばれている。

仮想された類似性は，好きな相手を自分の理想像に似ていると錯覚する（**表9.6**のASI参照）ために生じることも明らかになっている。

9.6 性格認知における歪み

9.6.1 対人認知の歪み

われわれは，仮想された類似性以外にも，さまざまな認知の誤りをおかしている。**表9.7**に，人の性格を認知する際に私たちがおかしやすい，認知の誤り（対人認知の歪み）を列挙した。

これらの認知の歪みは，多かれ少なかれ，われわれがふだん経験しているものである。このうち，寛大化傾向と中心化傾向は，人を評価するときに，できるだけ誤りをおこさないように配慮したために，かえっておこる誤りと考えられる。一方，ハロー効果や論理的誤差は，認知する人があらかじめもっている認知の枠組みが，誤ってはたらく例と考えられる。

9.6.2 暗黙の性格観

対人認知においてはたらくこうした枠組みは，**暗黙の性格観**（implicit per-

表9.7　対人認知に生じやすい歪み

名称	内容
寛大化傾向	人を評価するときに，より肯定的に評価しやすい傾向。 （例：人事評価などで，評点を甘くしようとする。）
中心化傾向	人を評価するときに，極端な評価を避け，平均的な評価を下す傾向。 （例：人事評価などで，極端によい評定や悪い評定を下さないようにする。）
対比誤差	自分がある性質をもっていると，似た性質をもった人のその性質を厳しく評価する傾向。 （例：時間に正確な人は，待ち合わせた相手が数分でも遅れると，時間にルーズな人間と評価する。）
ハロー効果	人をよい悪いの次元でとらえ，よい（悪い）とみれば，ほかのよい（悪い）性質ももっていると判断する傾向。 （例：いったん相手の人柄を信じてしまうと，十分な情報もないのに，頭がよいとか，やさしい人であると思い込んでしまう。）
論理的誤差	自分の知識にそって，ある性質をもった人は，ほかの性質ももっていると予想する傾向。 （例：「眼鏡をかけた人は冷たい」という知識をもっている人は，初対面の相手が眼鏡をかけているとすぐに，冷たい人と判断する。）
傾性帰属傾向（基本的帰属傾向）	他人の行動は，状況によって引きおこされたのではなく，本人の本来もっている性質によっておこされたと思い込む傾向。 （例：ある人が車の欠陥のために事故をおこした場合でも，車や状況のせいではなく，本人の過失によるものだと判断されやすい。）

sonality theory）と呼ばれている。暗黙の性格観は人が自分や他者を知覚するときに，能力・態度・身体的特徴・性格・価値観などを記述するときに用いられる枠組みである。この枠組みの内容は個人個人によって異なっているが，自分や他者を認知するときには，意識的無意識的に認知内容に影響すると考えられている。われわれは人の性質について，素朴な性格理論をもっており，その理論に従って人や自分を見ているのである。現在では，表にあげたハロー効果や論理的誤差やステレオタイプなどは，暗黙の性格観の一部であると考えられている。

なお，最近の心理学においては，暗黙の性格観を「**社会的認知**」（ p.148）

BOX 9　恋愛の類型

あなたが求めている恋愛とあなたの恋人が求めている恋愛とは，同じ恋愛であろうか。恋愛研究を進めている研究者は，恋愛にはいくつかのパターン（類型）があると指摘している。

カナダの心理学者リー（Lee, J. A.）は，恋愛に関する哲学書や文学の記述を分析して，図9.4に示す6つの恋愛類型を抽出した。

ルダス型（遊びの愛）は，恋愛を楽しいゲームと考え，相手に束縛されることを嫌い，同時に複数の恋人を持ちうる類型である。プラグマ型（実利的な愛）は，恋愛を地位獲得やよい家庭を持つための手段ととらえ，恋愛対象を選ぶ際には多くの条件を設定する。日本で言えば，見合い結婚やコンピュータの結婚相談などが，この恋愛類型に当たる。ストーゲイ型（友愛的な愛）は，友情のように穏やかな恋愛で，交際期間が長く，長い別離にも耐えられる。日本では，遠距離恋愛に耐えうる類型ととらえることができる。アガペ型（愛他的な愛）は，愛する相手のために，自分を犠牲にすることをいとわない類型である。エロス型（美への愛）は，一目惚れを強く起こし，恋愛対象の外見的な美にこだわり，ロマンティックな行動をとる類型である。マニア型は，嫉妬や切なさなどの激しい感情をもち，気持ちが揺れ動く。愛されていることに不安を感じやすいために，絶えず相手の愛情を確かめようとし，傷つきやすい。

リーは図9.4の6類型を色相環（12色の色紙を円形に並べたような図）になぞらえ，現実の恋愛は類型という原色を混ぜ合わせた混色になっていると理論化している。リーによれば，図9.4の対極に位置する恋愛をする恋人たち（たとえばルダ

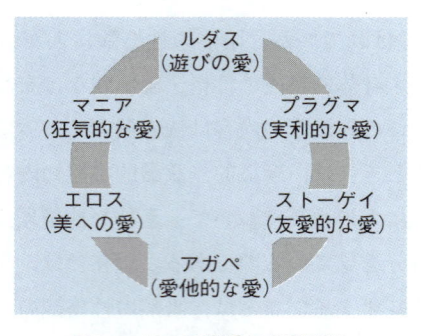

図9.4　リーの恋愛の色彩理論

ス型とアガペ型）は，互いに相手の恋愛を理解できないため，長続きしないと予測される。恋愛を色相環になぞらえているため，リーの理論は**恋愛の色彩理論**と呼ばれている。

　恋愛の色彩理論は，後の研究者によって（Hendrick & Hendrickなど）各類型を測定する尺度が開発されており，各類型の存在を確認している。日本語版としてはLETS-2（松井他，1990）が発表されている。

　ただし，LETS-2を用いた研究では，6種の類型が図9.4のような円環図に並ばず，エロス・アガペ・マニアがひとかたまりになっていることが明らかになっている。また，エロス型の尺度得点が恋愛の進展に大きな影響を持つことを明らかにした研究も発表されている。そこで松井（1993aなど）は，6つの類型は図9.4のような円環図ではなく，図9.5に示す三角錐ではないかと仮説している。この仮説によれば，エロス，アガペ，マニアはいずれも恋愛の基本形であり，恋愛が進展するにつれていずれの意識も深まってゆく。一方，ストーゲイ，ルダス，プラグマは，この基本形にあてはまらない亜型ではないかととらえられている。

　なお，日本語版の尺度（LETS-2）は，松井（1993）に全項目が紹介されている。この尺度に回答すれば，あなたやあなたの恋人の恋愛を測定することができる。

　あなたとあなたの恋人は，同じ恋愛をしているであろうか。

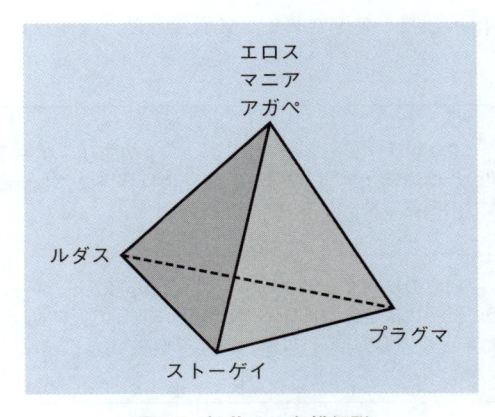

図9.5　松井の三角錐仮説

（松井　豊）

BOX 10　リーダーの性格

　人が共同で活動するときには，集団が構成され，指導するリーダーと，リーダーに従うフォロワーに分かれることが多い。心理学においては，どんな性格の人がリーダーになりやすいのかという視点から，多くの研究が行われてきた。

　それらの研究によれば，リーダーは，自分に自信をもっており，状況の変化に対して柔軟に適応し，外向的である。支配性は強いが，保守的ではなく人の感情に対する感受性が強い，という研究結果が多い（三隅二不二，1978）。しかし，向性を調べた研究の中には，外向的な人より，内向的な人のほうがかえって指導者になりやすいという報告もある。ほかの性格に関する研究結果も，必ずしも一貫していない。

　日常生活を省みても，あるグループではリーダーとなっている人が，ほかの集団ではフォロワーになるといった現象はよくみられる。ある性格の人がいつもリーダーになるとはかぎらないのである。こうした事情を背景にして，最近の研究では，リーダーの機能に注目して，リーダーの現象を整理する研究が多くなっている。

　たとえば，三隅はリーダーの機能を **P**（performance）**機能**と **M**（maintenance）**機能**に分けてとらえ，その機能の果たし方に応じて，現実のリーダーを図9.6の4タイプに分類している。P機能とは，生産や業績などの集団の目標を達成するためにリーダーが指示し導く機能であり，M機能とは，集団成員のことを考え，集

PM型リーダー（集団の目標達成と集団の維持の両方の機能を果たしている）	P型のリーダー（集団の目標達成にしか関心がない）
M型のリーダー（集団の維持には留意しているが成績などの目標達成には無関心）	pm型のリーダー（集団に関して何の機能も果たしていない）

図9.6　PM理論によるリーダーの類型
（三隅二不二の理論（1976など）より作成）

団を維持させようとする機能である。三隅ほかの一連の研究によれば，集団の成績や成員のやる気は，PM型のリーダーの下でもっとも高くなり，pm型リーダーの下で最低となる。この理論によれば，リーダーがP型であれば，リーダーの補佐役はM型であることが望ましい。また，集団の性質によって1人の人がP型のリーダーになったり，M型のリーダーになったりもする。

　リーダーを機能の面からとらえれば，集団の性質や場面によってリーダーが変わる現象が，うまく説明できるのである。

〔松井　豊〕

（ p.143）（social cognition）という大きい理論的枠組みの中に取り入れて研究する動向がみられる。こうした研究では，スキーマ（schema）やスクリプト（script）などの概念から，対人認知が検討され始めている。

[参 考 図 書]

松井　豊（編）　2002　対人心理学の視点　ブレーン出版
水田恵三・西道　実（編）　2001　図とイラストでよむ人間関係　福村出版
詫摩武俊・鈴木乙史・清水弘司・松井　豊（編）　2000　シリーズ・人間と性格　第3巻　性格と対人関係　ブレーン出版

コミュニケーションに現れる性格 10

　芥川龍之介の作品に「手巾」という短編がある。作者の応接間に1人の婦人が訪ねてくる。話を聞くと最近子を亡くしたというが，彼女のことばや表情には悲しみが現れていない。ところが，作者がふと身を屈めると，テーブルの下に隠した婦人の手が見える。その手にはハンカチ（手巾）がきつく握りしめられており，作者はその仕草に深い悲しみを読み取ったのである。

　この小品は文学的に香気あふれる作品であるだけでなく，われわれのコミュニケーションについてもさまざまな示唆を与えている。本章ではこの作品を参考にしながら，人と人のコミュニケーションに関する諸領域の中でも，性格との関連がとくに深い，3つの分野（非言語的コミュニケーション，自己開示，説得）について，研究例を紹介してゆく。

10.1　コミュニケーションの分類

　コミュニケーション（communication）ということばは，学問領域によってやや異なる意味で使われているが，心理学では「人々が知識や意見や感情などの情報を，伝えたり交換したりする過程」の意味で使用されている。この定義には，さまざまな内容の行為や現象が含まれる。人に自分の意見を伝えたり，感情を表出したりするように，コミュニケーションの伝え手が意図的に行う行為もあれば，「手巾」の婦人のように，自分の感情を意図せずに伝えてしまうコミュニケーションも存在する。コミュニケーションの手段も，ことばや仕草だけでなく，携帯電話やメイルや書籍，テレビ映像など多様である。

　コミュニケーションには，それを送る送り手（発信者），送るときの手順（発信過程），送るときに用いる手段（送信媒体），送られる内容（送信情報），受けるときの手順（受信過程），受け手（受信者）の6つの要素から構成されて

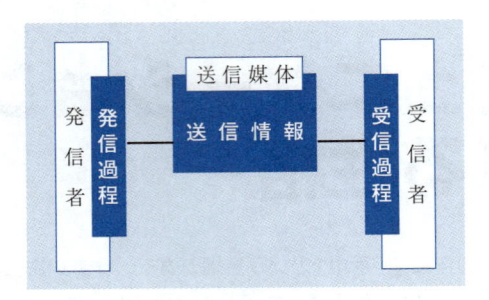

図10.1　コミュニケーションの要素

いる（figure 10.1）。

　発信者と受信者の関係から分類すれば，コミュニケーションは**マスコミュニケーション**（マスコミ）と**対人コミュニケーション**（個人間コミュニケーション）に大別される。前者は，少数の発信者が機械を使って，不特定多数の受信者に情報を送るコミュニケーションを意味し，後者は発信者と受信者が個人か少数の人々であるコミュニケーションを意味している。対人コミュニケーションはさらに，送信媒体の種類によって図10.2のように分類されている（大坊郁夫，1987）。

　図10.2の「言語的」を除く5種類のコミュニケーションは，言語内容に依拠しないコミュニケーションという意味で，**非言語的コミュニケーション**（Non Verbal Communication，以下 **NVC** と略す）と呼ばれている。図10.2に示されるように，非言語的コミュニケーションには近言語，身体言語，プロクセミックスなどの要素が含まれている。

10.2　近言語と身体言語

10.2.1　近言語

　近言語（paralanguage；準言語とも訳される）とは，声の調子や，息継ぎの様子など，言語内容を除いた発言に関する性質の総称である。

10.2 近言語と身体言語

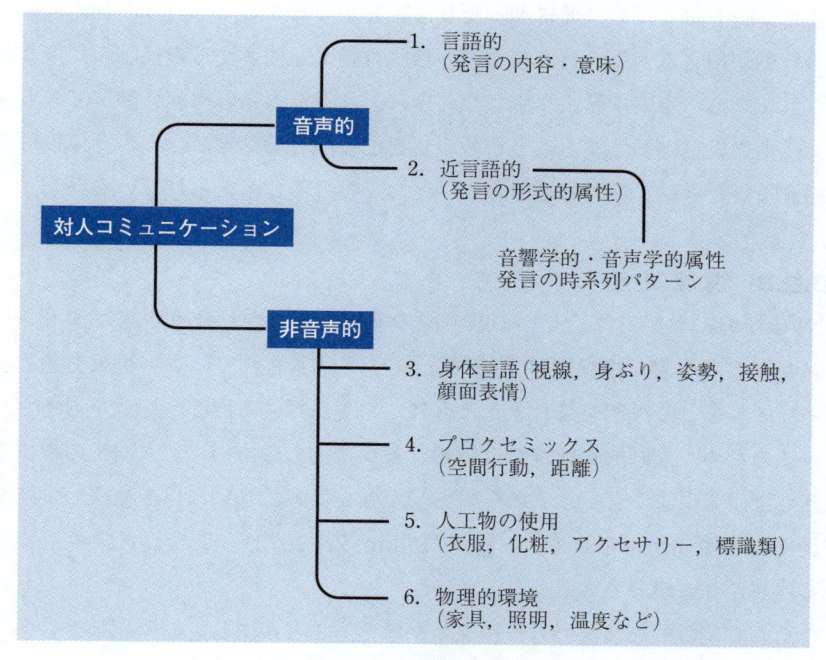

図10.2 対人コミュニケーションの分類（大坊，1987を一部改変）

対人コミュニケーション
- 音声的
  1. 言語的（発言の内容・意味）
  2. 近言語的（発言の形式的属性）
     音響学的・音声学的属性
     発言の時系列パターン
- 非音声的
  3. 身体言語（視線，身ぶり，姿勢，接触，顔面表情）
  4. プロクセミックス（空間行動，距離）
  5. 人工物の使用（衣服，化粧，アクセサリー，標識類）
  6. 物理的環境（家具，照明，温度など）

　一般に，近言語は発話者の感情状態をあらわすと考えられている。たとえば，意図的に聴き手に嘘をつくときには，話し手の発言には言い誤りが多くなり，まわりくどくなり，声の調子が高くなるという。会議や討論の後で整理された記録を読んでも，討議の様子がわかりにくく感じるのは，記録の中に近言語の記述が欠落しているためである。電子メイルで絵文字(^_^)などが使われるのは，メイルのメッセージに近言語を含ませようとしているためと理解することができる。

10.2.2　身体言語

　身体言語には，身ぶり，視線，接触，顔面の表情，姿勢などが含まれる。こ

れらのNVCにも動作者の感情がよく現れる。たとえば，人は不安や緊張を感じると，腕を組んだり，髪に触ったり，頭をかいたりして，自分の身体に接触する行動が増える。こうした自己への接触行動は，他者からの接触の代償と考えられている。不安や緊張を感じたときに，身近な人に肩や腕に触ってもらうと，感情の動揺がおさまることが多い。自己接触行動は他者からの身体接触が得られないときに，他者接触のかわりとして生じると考えられている。

10.2.3 視線交差

NVC研究においては，互いの眼や眼のあたりを見つめ合う現象が注目されており，この現象は**視線交差**（eye contact）と命名されている。視線交差は会話のリズムをとる役割を果たすとともに，相手に対する関心や好意をもあらわす。このため，友好的な状況では視線交差が増加しやすい。恋人同士の視線を観察した研究によると，2人の熱愛感情が強いほど，互いに目を見交わす時間が長くなる傾向がみられる（ルビン（Rubin, Z.）1973）。これは日常生活でも，よく観察される現象である。

ただし，競争的な状況でも視線交差が増えることがある。競争相手から多くの情報を得たり，相手を威嚇するために視線交差が増加するものと考えられている。

10.2.4 NVCに現れるもの

言語にくらべて近言語や身体言語は，コミュニケーションの発信者が意識的に制御することが難しい。このため，近言語や身体言語には発信者が隠そうとする意図や感情が現れやすい。冒頭で紹介した「手巾」はまさに，言語とNVCとのこうした乖離を描いている。

NVCには隠した意図が現れやすいため，他者が発する言語とNVCが食い違うときにわれわれは，NVCが伝える情報のほうを信じやすい。1970年代に起きたロッキード事件では，当事者が証人として国会に喚問され，その様子がテレビによって放映された。証言者の姿を見た国民の多くは，証言の内容を疑った。それは，彼らが汗をかき，声をうわずらせるなどの，不安と緊張を示す

NVCを示していたためであった。NVCには隠された情報が現れやすい。

　こうした理由からか，1980年代に生じたリクルート事件では，証人喚問のテレビ映像の中継が禁止されている。

10.3　プロクセミックスなど

　プロクセミックス（proxemics）は，個人の空間の知覚や空間の使用の仕方を研究する学問で，**近接学**や**近接心理学**と訳されている。人と接するときにはどれほど距離をとるか，教室での席の座り方は成績や性格と関連するか，などの日常生活における空間の使用が，プロクセミックスの主な研究対象となっている。

10.3.1　ホールの研究

　われわれが人と接するときには，知らず知らずのうちに，相手や状況に合わ

表10.1　人間の距離帯（Hall, E. T., 1968を改変）

名称		大体の距離	内容	例
密接距離	近接相	0〜15cm	愛撫，格闘，慰め，保護の空間	熱烈な恋人
	遠方相	15〜45cm	親しい相手との距離	恋人，ダンス
個体距離	近接相	45〜75cm	手や足で接触できる距離	親しい友人
	遠方相	75〜120cm	個人的な関心を議論できる距離	友人との会話
社会距離	近接相	120〜210cm	個人的でない用件の会話，共同の仕事	仕事場の机，パーティの挨拶
	遠方相	210〜360cm	互いに遮蔽できる距離	ゼミ，威圧を与える
公衆距離	近接相	360〜750cm	形式的な文体で話す	やりとりのある講演会
	遠方相	750cm〜	演説などの公的な機会	講演や演説

注）Hall, E. T.（1968）に基づく距離の分類。例は引用者が作製した。大体の距離は人と対面しているときの，顔と顔の間の距離にあたる。ただし，実際の距離は文化によって異なる。

せた距離をとっている。プロクセミックスの提唱者であるアメリカのホール（Hall, E. T., 1968）は，アメリカ北東海岸生まれの人々の観察結果に基づいて，人の空間の使い方を**表10.1**のように整理している。

表からわかるように，われわれは親しさの程度に応じて距離を使い分けている。親しい友人なら45から75cmの距離で会話するというように。しかし，物理的な制約などによってこの距離が保てなくなると，さまざまな防御手段がとられるようになる。たとえば，地下鉄やエレベーターなどで，親しくない人と密接距離をとる場合には，できるだけ身体を動かさないようにし，手足や身体の前面が人に接しないようにし，上のほうを見て視線を合わせないように工夫する。プロクセミックスの観点からいえば，これらの工夫はすべて，「私は仕方なく密接距離をとっていますが，あなたのプライバシーに関わるつもりはありません」という意思を表示する手段である。

10.3.2　個人空間

個人のプライバシーに関する空間としては，**個人空間**（personal space）も重要である。個人空間は自分の身体をとりまく空間で，他者が近づいてきたときに，近づき過ぎて不快感を感じる境界と定義される。個人空間は前方に大きい卵型をなしている（**図10.3**）。個人空間は，自分に脅威を与えるものから自我を防衛し，対人関係を調整する機能を果たしている。

個人空間は自我のはたらきと結びついているため，個人空間の大きさは性格と強く関係している。渋谷昌三（1986）は，従来の研究で個人空間との関連が明らかになっている性格特性を**表10.2**のように整理している。

10.3.3　座席の位置と性格

プロクセミックスは，大学の授業にも関連している。渋谷（1983）は，授業のために教室にやってくる学生の座席位置を数カ月にわたって調査し，不安傾向や成績との関連を調べている。その結果を講義室の座席位置に合わせてまとめた図が，**図10.4**である。彼の結果によると，教室の出入口の近く（**図10.4**の領域C）に座る学生は不安傾向が高く，中央の席（領域B）に座る学生は不

10.3 プロクセミックスなど

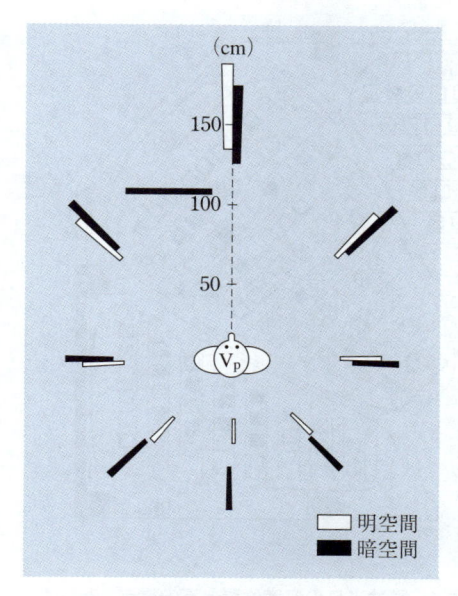

図10.3 個人空間のかたち（田中，1973）
各方向で，被験者が人に接近されるときの，個人空間の距離。図の中央（V_p）は被験者を意味し，枠は個人差（95％信頼空間）を示している。白枠は，明るい空間，黒枠は暗い空間の条件を示す。個人空間は前方が大きい卵型であり，周囲が暗いと前方が小さくなり，後方が大きくなることがわかる。

表10.2 個人空間と関連する性格特性（渋谷，1986）

特　性	個人空間との関連の仕方
内向性	内向的な人ほど大きい
親和欲求	親和的な（人と一緒にいたがる）人ほど小さい
不安傾向	不安傾向の強い人は大きい
権威主義・自己評価	権威主義的で自己評価の低い（自信のない）人ほど大きい
内的・外的統御性	内的統御型の（自分に原因があるとみる）人は小さい

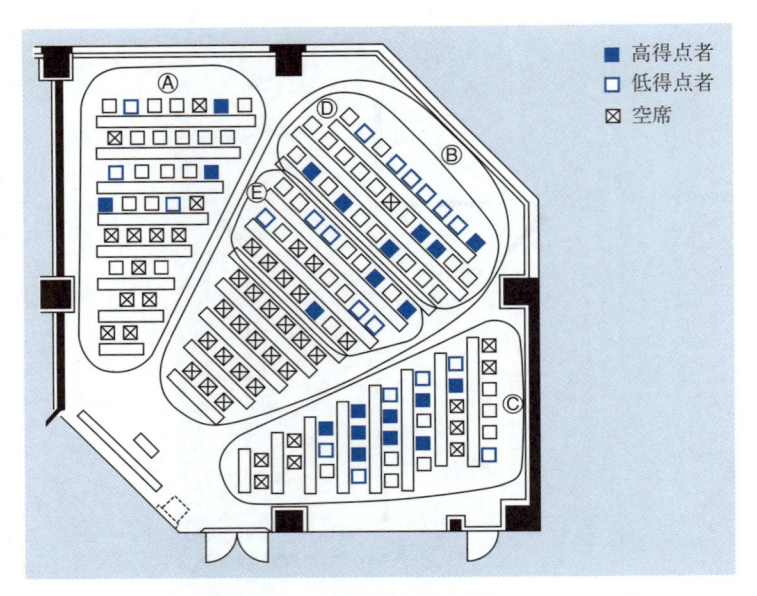

図10.4 試験当日の座席位置と不安得点 (渋谷, 1983)

安傾向が低い。また，後方の席（領域 D）に座る学生は，前方（領域 E）の学生より成績が悪いが，授業ごとに席を頻繁に替える学生も成績が悪かったという。

　NVC に関しては上記の研究領域以外に，衣服や化粧（**BOX 11** 参照）などの人工物の使用や，家具や照明などの物理的な環境に関する研究も行われている。

10.4　NVC の文化差

　NVC は文化によって，その内容や生起の頻度が大きく異なる。たとえば，日本では自分自身を意味するときには自分の鼻を人差指でさすことが多いが，アメリカ人は自分の胸を親指や手全体で指すことが多い。こうしたサイン以外にも，多くの NVC に文化差がみられる。

10.4 NVC の文化差

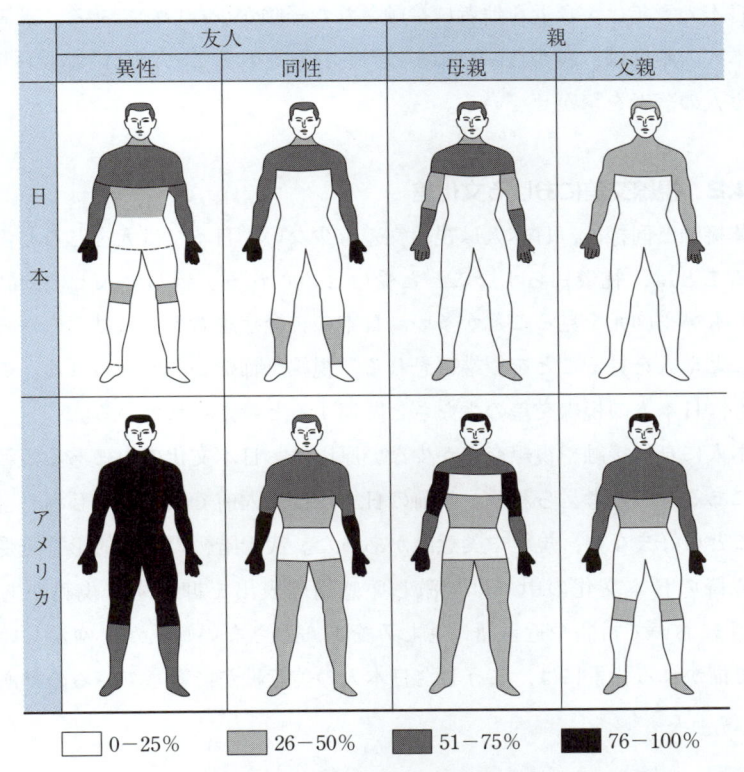

	友人		親	
	異性	同性	母親	父親
日本				
アメリカ				

□ 0-25%　▨ 26-50%　▨ 51-75%　■ 76-100%

図10.5 日米青年の身近な他者から身体に接触された比率
（バーンランド D. C., 1973）

10.4.1 身体接触における文化差

　バーンランド（Barnlund, D. C., 1973）は日米の学生240名を対象にして調査を行い，身近な他者から身体を触られた経験を調べている。図10.5は，調査の結果をまとめた図である。この図では，接触された部位が身体の領域で示され，接触の程度が色の濃さで表現されている。図からわかるように，日米ともに，親にくらべて同性の友人や異性の友人から接触される部分が多く，接触部位にも共通性がみられる。

しかし，接触の全体量には明確な文化差がみられる。アメリカの青年にくらべて日本の青年は，身近な他者に接触された経験が少ないのである。調査された日本人の中には，親からふだんまったく接触されることがない者もおり，アメリカ人の著者を驚かせている。

10.4.2　視線交差における文化差

身体接触と同様に，日本人は視線交差も少ない。日本では人をじろじろと見つめることは，礼儀知らずなことと受けとめられる。親しい人との会話でも，眼よりも鼻や胸元を見ることが多い。日本の神経症患者の中には，人から見られることや人を見ることを極端に恐れる，視線恐怖症が多くみられる。この恐怖症も，日本人の視線交差の少なさと関連すると考えられている。

日本人に身体接触や視線交差が少ない原因は，日本文化の中にある規範や美意識にあるものと考えられる。戦前の日本には，人前で激しい悲しみや喜びを示すことを好まない，規範や美意識があった。武士階級の文化的影響を受けた明治以降の日本文化の中には，激しい感情の表出を抑制する規範があった。「手巾」において言語や近言語に悲しみをあらわさない婦人が，ゆかしい存在として描かれる背景には，こうした日本人の美意識が影響しているのであろう。

10.5　自己開示

自分の感情や意見を人に伝えるかどうかは，文化によって異なるだけでなく，同じ文化のメンバーの間にも個人差がある。他者にわかるように自分自身をあらわにすることを，心理学では自己開示（self disclosure）と呼んでいる。

10.5.1　自己開示の個人差と性差

アメリカの心理学者ジュラルド（Jourard, S. M.）は，自己開示の個人差を測定するために，表10.3に示すような尺度を作製している。この尺度は6つの領域から構成され，各領域内の項目について，4人の他者（父親・母親・もっとも親しい同性の友人・もっとも親しい異性の友人）に対して，どの程度開示

表10.3 ジュラルドの自己開示尺度 (古屋, 1987)

態度と意見	金銭
1. 私的な宗教観	1. 給料や手当の金額
2. ほかの宗教, 宗教団体についての意見	2. 借金の有無, その金額
3. 共産主義についての見解	3. 現在または過去に金を借りた人
4. 現政権についての見解	4. 貯金の有無, その金額
5. 人種差別撤廃の問題についての意見	5. 金を貸しているか, また誰に, いくら
6. 飲酒についての私的見解	6. 賭けごとをするか, また何を, いくら
7. 性道徳についての私的見解	7. 現在の収入源
8. 女性の美しさや魅力判断の私的基準	8. 全財産額
9. 男性に求められることについて	9. 今, 金を必要とすること
10. 子供への親の接し方について	10. 予算, 必要経費とぜいたく費

好みと趣味	性格
1. 食べものの好き嫌い	1. 自分の性格で嫌いなところ
2. 飲みものの好き嫌い	2. 自分で表現, 統制できないこと
3. 音楽の好き嫌い	3. 現在の性生活について
4. 読書の好み	4. 異性への自分の魅力とその問題
5. 映画やTV番組の好み	5. 恥ずかしさや罪悪感をもったこと
6. 服装の好み	6. 腹の立つこと
7. 住居や家具調度の好み	7. 憂うつにさせること
8. パーティや集会の好き嫌い	8. 心配, 不安, 恐れを感じさせること
9. 好きな余暇の過ごし方	9. 感情を深く傷つけること
10. プレゼントされてうれしいもの	10. 誇りに思うこと

仕事 (勉強)	身体
1. 仕事上の圧迫や緊張	1. 自分の容貌の好き嫌い
2. 仕事の不快で退屈なところ	2. 現想的な外観
3. 仕事から得られる満足や喜び	3. 顔以外の身体部位についての感じ
4. 仕事を進めるうえでの自分の欠点や障害	4. 外観について悩んだこと
5. 仕事上での自分の強みや適性	5. 健康上の問題
6. 仕事を人からほめられたときの気持ち	6. 長期的な健康状態についての悩み
7. 仕事上の野心や目標	7. 既往症
8. 給料や報酬についての気持ち	8. 健康のために特別にしていること
9. 自分のした職業選択の満足や不満足	9. 体重や身長などの現在の身体の特徴
10. 雇い主, 上司, 同僚に対する気持ち	10. 性行動の適切さ

注) Jourard, S. M. & Lazakov, P. (1958) の尺度。

しているかを3段階で回答させる形式になっている (Jourard & Lazakov, 1958 など)。

　男性と女性の自己開示をくらべると, 男性は見知らぬ人に対しては女性より開示度が高いが, 知り合いに対しては男性より女性のほうが開示度が高い (榎

本博明，1986)。また，自己開示は領域によっても異なり，「好みと趣味」や「仕事（勉強）」「態度と意見」は開示されやすいが，「金銭」「性格」「身体」は開示されにくい。

10.5.2 自己開示と性格

性格との関連からみると，自己開示研究では精神的な健康との関連が主に分析されている。精神的に健康な人の自己開示には，相手の開示に合わせて自己開示の度合を調整するという相互性がみられる。一方，神経症傾向のある人は相手の開示度に合わせないで，自己開示を行うことが知られている。精神的に不健康な人は，親しくなった相手にも自分のことを隠したり，初対面の相手に対して自分の秘密や激しい感情をあらわにするといった，相互性を欠いた行動がみられる。

前項において，激しい感情を人前であらわさない規範や美意識の存在を指摘したが，自己開示にも文化差がみられる。従来の研究によると，アメリカ人はドイツ人や日本人，イギリス人，プエルトリコ人よりも，自己開示をよく行うことが明らかになっている（榎本，1986)。「手巾」に描かれた婦人の行動は，アメリカ人にはどのように受けとめられるであろうか。

10.5.3 心的外傷と自己開示

最近では，精神的健康の中でもとくに外傷経験からの回復に自己開示が及ぼす影響に，関心がむけられている（小口孝司，1998など）。

近親者の死や大災害の被災のような精神的に強いショックを受けた後には，興奮状態が続いたり，眠れなくなったり，当時の様子が突然思い出されたりすることがある。精神医学や心理学では，愛情を持った対象を失ったり，危機状況に出会ったりしたあとに，心に残る傷を**心的外傷**（trauma，**トラウマ**）と呼んでいる。心的外傷の病的な影響は，外傷を起こした出来事の直後に起こるだけでなく，数カ月や数年も続くことがある。

心的外傷の病的な影響は，3種に分けてとらえることが出来る。第1は，興奮状態が長く続く，**過覚醒**である。寝付きが悪くなったり，眠りが浅くなった

10.5 自己開示

り，悪夢が続いたりする。ちょっとしたことに驚きやすくなったり，イライラや怒りっぽさが表れたりする。第2は，心的外傷を受けた当時のことを思い出す**再体験**である。外傷体験当時に似た光景を見たり，音を聞いたり，遺品の匂いをかいだりすると，突然外傷体験当時のことが思い出され，記憶が蘇る。思い出したくないと思っても，その防衛をかいくぐるように思い出されてしまうため，この現象は「**侵入**」とも呼ばれている。第3は，外傷体験を想起される事象を避ける**回避**である。体験に関わる場所に行くことを避けたり，関係者と会うことを避けたりする。当時の記憶が思い出せなくなるという現象もみられる。

こうした現象が体験後1カ月以内に生じて，生活に支障をきたす場合は**急性ストレス障害**（Acute Stress Disorder, ASD）と呼ばれ，1カ月後以降も持続したり，1カ月以降に突然起こす場合は，**外傷後ストレス障害**（Post Traumatic Stress Disorder, **PTSD**）と呼ばれる。

ASDやPTSDの発生を予防したり，症状を軽減して，心的外傷からの回復を促す一つの方策として，自己開示が重視されている。心的外傷をもたらした体験や，心的外傷による症状を人に話すことによって，こうした症状が軽減されるという研究知見が，多く報告されている。人に話すだけでなく，自分の体験を書き留めて整理したりするだけでも，症状が軽減されるという報告もある（ペネベーカー，2000）。

しかし，心的外傷を体験した直後に回避を起こしている人に対して，無理矢理話をさせたり，心ない人々の前で心的外傷の体験を話して不適切な対応を受けたりすると，心的外傷はかえって深まる（2次外傷）ことも知られている。

とくに，自己開示に抑制的な文化に育った人にとって，外傷体験の自己開示は新たな苦悩を引き起こす可能性がある。このため，「手巾」の作者は，婦人の悲しみを知っても，それを問いたださず，気持ちを受け止めるにとどまったのであろう。

10.6 説得的コミュニケーション

10.6.1 他者の態度を変えるには

以上紹介してきたコミュニケーションは，いずれも発信者の意図が受信者に明確に示されていないものであったが，対人関係においては，明確な意図をもって発信されるコミュニケーションも多い。意図的なコミュニケーションの中でも，特定の目的をもって他者の態度を変化させようと，積極的にコミュニケーションする場合は，そのコミュニケーションを**説得**と呼ぶ。説得は，人を遊びに誘ったり，ものを頼んだりするような日常的な行動から，冷戦を解除させるための政治演説のような劇的なものまで，多様な内容を含んでいる。

心理学では「どのような説得が効果をあげやすいか」に関して，研究が行われてきた。その結果によると，説得が効果を奏するのは，発信者の信頼性が高い場合や，送信内容が過度に恐怖を喚起しない場合である。また，受信者の教育水準が高い場合や説得内容に反対の態度をとっている場合には，発信者は自説に不利な内容と自説に有利な内容をともに伝える（両面提示）のほうが，自説に有利な内容だけを述べる（一面提示）より効果的である。逆に，受信者の教育水準が低かったり，説得内容と同じような態度を示している場合には，両面提示より一面提示のほうが有効である（大坊，1987）。

また，説得の効果は受信者の性格によっても異なる。自分に自信がない人や，攻撃性の低い人，権威主義的な人は，他者から説得されやすいことが知られている。

10.6.2 間接的コミュニケーションの説得効果

以上の効果はいずれも，発信者が直接的に説得を行っている場合の効果であるが，間接的なコミュニケーションのほうがかえって説得効果が大きい場合もある。AさんがBさんを説得しているときに，Cさんがその内容を漏れ聞いて，Aさんの説得に従ってCさんが態度を替えてしまうことがある。この特殊な説得は，**オーバーハード・コミュニケーション**（overheard communication，「漏れ聞きコミュニケーション」とか，「立聞き効果」などと訳す場合もある）

10.6 説得的コミュニケーション

と呼ばれる。このコミュニケーションは，説得されている話題に対して受信者の関心が強い場合に，強い説得効果を示すことが知られている（深田，1987）。

一般に発信者の意図が明確で，受信者の判断する自由を奪うような場合には，説得は受信者の反発を引きおこしやすい。漏れ聞いた説得が高い効果をもつ理由としては，発信者が漏れ聞いた人に対して説得の意図を示していないため，反発がおこりにくいことや，受信する心理的な準備ができていないために，受信時の衝撃が大きいことなどが，考えられている。

われわれは，発信者が意図的に送る情報より，意図しないで発信する情報の影響を受けやすい。だからこそ，人目に立つような泣き顔より，押し殺した悲しみのほうが，見る者の心をより強く打つのである。

[参 考 図 書]

渋谷昌三　1986　近接心理学のすすめ　講談社
松井　豊（編）　1997　悲嘆の心理　サイエンス社
深田博己（編）　1999　コミュニケーション心理学——心理学的コミュニケーション論への招待　北大路書房

BOX 11　化　粧　と　性　格

　普段使用しているメイクアップ化粧品の種類数を，その人の化粧に対する積極的態度の指標としてみると，外向的な人ほど，自己顕示欲求の強い人ほど，また他者から見られる自分を気にしやすい人ほど，化粧に積極的であることが見出されている（菅原，2001）。つまり，他者との関係に前向きな人ほど念入りな化粧をするわけで，女性にとって，化粧がいかに重要な自己表現ためのツールであるかを物語っている。

　このように，化粧の仕方は個人特性によって影響を受けるが，逆に，化粧をすることによって，その人の性格的印象や行動特徴が変わってしまうといった例も多数報告されている。宇山ら（1990）は，化粧前と化粧後とでは気分がどのように変化するかを調べている。これによれば，20代女性の場合，化粧をすると，「人に会いたくなる」「外に出たくなる」など，積極性の向上が見られ，50代の女性では，「穏やかになる」「やさしくなる」などのリラクゼーション感が得られるという。効果の表れ方は年齢によって多少違うが，いずれにせよ，化粧をすることで，不安のない自信に満ちた表情を作ることができるように思われる。

　実際の行動面にも変化が生じることを示した研究もある。岩男と松井（1985）による通称「銀座実験」である。女子学生31名が化粧品キャンペーンのアルバイトという名目で集められ，普段の化粧のまま銀座4丁目で路上アンケートを行う。アンケート終了後に化粧品会社に戻り，そこで性格テストなどと共にパーソナルスペースを測定された。パーソナルスペースとは他者との間に保ちたい空間のことで，それが狭いほど他者との関わりに積極的であることを意味する。この後，専門家が被験者にもっとも似合う化粧を施し，再び路上アンケートを行い，再度パーソナルスペースの測定が行われた。すると，前半の測定において，内向的な人は外向的な人に比べてパーソナルスペースが広かったが，化粧後の測定ではこの差がなくなっていたという。つまり，プロの化粧とその化粧姿で人と関わった経験が，少なくとも一時的に，内向的な人物を外向的にしたと考えることができる。

　このような化粧による心理的な影響は，自己満足によるものなのだろうか，あるいは，化粧で美しくなった姿に対して他人が好意的な反応をするからなのだろ

うか。余語（2001）によれば，本人が気に入らない化粧であっても，他者から褒められれば自尊感情が高まり，逆に，本人が気に入った化粧でも他者からけなされると自尊感情が低下するという。すなわち，化粧による心理的効果は，化粧して美しくなった自分の顔を見ることよりも，その顔が他者から好意的に受け止めることで発揮されると言えるのかもしれない。

　以上のような化粧の効果は，最近，臨床的な治療法として応用され話題を呼んでいる。伊波と浜（1996）は，ほぼ寝たきり状態だった老年性痴呆症の女性患者に，定期的にプロのメイク術者による化粧をほどこしたところ，社会性に一定の改善が見られたことなどを報告している。こうした取組みは，最近，病院や老人ホームなどを中心に広がりを見せつつある。

　化粧は女性がパブリックな空間に出てゆく際，自らの気分を高める機能を果たしている。それゆえ，逆に，帰宅して化粧を落とすことは，社会的責任の重圧を忘れプライベートな自分へと移行するきっかけになる。石川（2000）は，化粧を落とすことに解放感を感じやすい者はもともと化粧が嫌いであったり無駄だと感じている人ではなく，むしろ自己の社会的役割を自覚し，他者の期待に応えようと懸命に取り組む人たちであることを見出している。化粧は女性にとって公的な自分と私的な自分とを区別するための道具であるとも言えよう。

〔菅原健介〕

適性とは何か 11

仕事や勉学をうまくなしとげられるかどうかという可能性を，心理学では適性と呼んでいる。本章では読者の職業選択の参考になるようにと考え，職業に合った適性のあり方や，適性検査について紹介する。

11.1 適性とは

11.1.1 適性判断の重要性

本書の読者の多くは，中学や高校や大学において，自身の進路について迷い，「いったい自分はどんな職業に向いているのだろうか」と悩んだ経験をおもちであろう。職業に関する選択は，どの文化においても青年にとって重要な発達課題であるが，日本のように，学校卒業後に最初に入社する会社が，その後の職業人としての人生に影響しやすい社会では，いっそう選択の重要性が高まる。

青年を採用する企業の側でも，「どうすれば，自社にとって望ましい人物を選考できるか」が大きな課題となる。現在では，1人の社員が入社して定年で退社するまでの間に，企業は3億から4億円の費用を支出するといわれている。自社に合わない人を採用してしまった場合には，企業は多大な被害をこうむることになる。さらに，採用した後に人員の配置を検討するときにも，各社員にふさわしい職務を与えるように配慮しなければならない。ふさわしい職務が与えられないと，作業能率は下がり，就業中の事故が増え，社員自身のやる気も減退してしまうためである。

このような場合に問題となるのは，採用され配置される各人が，特定の職業や勉学などをうまくなしとげられるかどうかである。こうした仕事や課題をなしとげる可能性を，適性 (aptitude) と呼ぶ。

> **表 11.1　大学に適応できない学生の大学の選び方**(田崎, 1987を改変)
> ① 偏差値とランク, 学力相応という理由だけで選ぶ。
> ② 大都市の大学というだけで選ぶ。
> ③ その大学ならばどの学部学科でもかまわないと, どんな学部学科でも受験する。
> ④ 一流大学, 有名大学という理由だけで受験する。
> ⑤ 教師のすすめるままに受験する。
> ⑥ 能力が大きく影響する学部(芸術系, 体育系, 語学系など)に, 難易度が低いという理由だけで受験する。
> ⑦ 現在就職率がいいという理由だけで選ぶ。
> ⑧ 友人が受験するからという理由で受験する。

11.1.2　適性の定義

　適性は,「特定の活動を遂行するのに必要な知識や技術を修得する可能性」(岡村一成, 1984)と定義される。「特定の活動」の中には, 上記のような企業における職務だけでなく, 学校の勉学や, 趣味の活動も含まれる。本章では, 職業に関する適性に限定して述べるが, 職場以外のさまざまな場所でも, 適性が問題となっている。

　たとえば, 大学への進学を考えるときにも, 大学や学部への適性が問題となる。**表11.1**は, 田崎　仁(1987)が, 大学や学部学科に適応できなくて悩む学生の大学選びを, 整理したものである。これらの学生は, 自身の適性を考えずに大学を選んでいるため, 不適応になりやすいものと考えられる。

11.2　適性は能力だけではない

11.2.1　可能性と能力

　先の定義には, 適性を「可能性」ととらえ,「能力」としてはとらえていない点にも, 特徴がある。

11章 適性とは何か

かつて適性は，仕事や作業を誤りなくできる能力ととらえられていた。たとえば，広井 甫（1977）は職業適性検査で測定されている因子を，**表11.2**のように整理している。これらの因子はすべて何らかの能力をあらわしており，とくに「1（基本的知的能力）」は一般知能とほぼ同じ意味である（足立明久，1982）。この表からわかる通り，かつては適性といえば，個人が**表11.2**のような能力をどの程度もっているかが，問題とされていたのである。

ただし，能力が高ければ高いほど，適性があるということではない。**図11.1**は，仕事に対するやる気（**モラール**）と知能の水準との関係を図示したものである（大須賀哲夫，1958）。知能偏差値は値が高いほど，その人の知能がすぐれていることを意味し，モラール得点は高いほど，現在の仕事にやる気をもっていることを意味する。職業に必要とされる技能水準の高いグループ（図の実線）と低いグループ（図の点線）ではややグラフのかたちが異なっているが，いずれも中程度の知能水準（職能水準の低いグループでは偏差値40〜45，高いグループでは50〜55）において，モラールがもっとも高くなっている。適性の面からみると，特定の職務にはその職務にふさわしい能力の水準が存在するのである。

表11.2 職業適性検査における基本的特性（足立，1982）

因　子	内　容
1. 基本的知的能力	言語，数学記号，そのほかの抽象記号があらわす意味や概念を操作する能力，これらの抽象物を用いて論理的な推論を進めていく能力，記憶力など
2. 視知覚	平面上あるいは空間におかれた物体，あるいは描かれた図形の大小，形態，位置，遠近，相互関係などを正確に判断し，また識別する能力
3. 精神運動能力	a. 主として視覚と運動動作との連動　b. 単純な動作の繰り返しにおける速度　c. 手または腕を用いて行う細かい動作の速度と正確さ

注）広井（1977）の研究結果による。

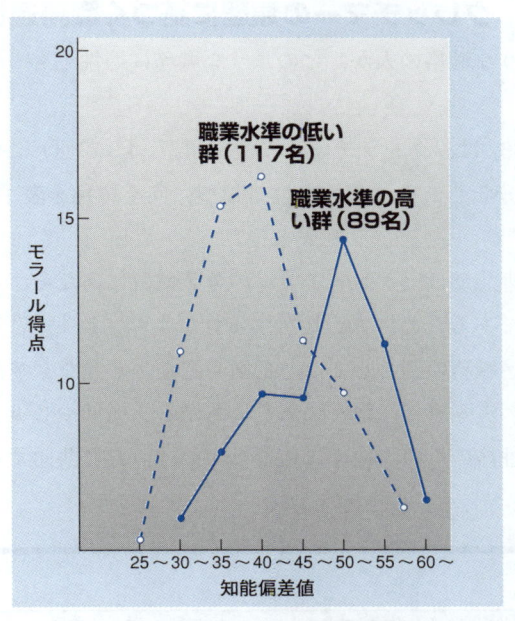

図11.1 職業水準別にみた知能とモラールとの関連 （大須賀, 1958）

11.2.2 適性のとらえ方

　能力に適正な水準が存在するという事実は，適性が能力によってのみ決定されるのではないことを示唆している。最近の適性研究においては，適性は能力だけで構成されるものではなく，性格や態度や興味も含まれるものと考えられている。

　情緒の安定性や協調性，学歴や家庭の条件など，広い意味での背景条件をも適性に含め，それらを力動的に理解しようとするのが，近年の適性観の特徴である。個人の能力，性格，態度，背景条件に合った職務につけば，仕事の意欲が増進し，職場における事故を予防でき，作業成績も向上すると考えられている（正田　亘，1979）。

11.3 クレッチマーの類型に基づく職務適性

では，どのような性格の人が，どのような職務に適性をもっているのであろうか．

山田雄一（1986）は，クレッチマーの性格類型（4.3参照）にそくして，人の性格を5類型に分類し，それぞれの性格類型に向く職種を**表11.3**のように整理している．

第1の類型の理想型は，クレッチマーの分裂気質にあたる．この類型は，非社交的で，無口であるため，人と接触する仕事より，1人で思考し，進める仕事に適性がある．職務の例としては，企画や調査，研究などがあげられる．

第2の類型は，実際家で，躁うつ気質にあたる．孤独やじっとしていることに耐えられない性格のため，次々に仕事を片づけ，人と共同する仕事に適性を

表11.3 性格類型別にみた職業適性（山田，1986）

類型名 （クレッチマー による類型）	向く仕事の性質	職業の例
理想型 （分裂気質）	思考性や孤独性に重きをおいた仕事	企画，調査研究など
実際家型 （躁うつ気質）	実際的な仕事を次々に処理する仕事 活動的でみんなで一緒に働く仕事	営業，販売契約を締結する仕事　マーケッティングなど
几帳面型 （てんかん気質）	基準に照らして適不適やできばえなどを判定する仕事	検査したり審査したりする仕事　販売管理など
勝気型 （ヒステリー質）	リーダーとして人を導く仕事 自己顕示的な仕事	監督職，管理職，折衝業務，タレントなど
弱気型 （神経質）	緊張の加わらない，一定のペースでできる仕事，現状の保守など	

もつ。営業，販売契約をとる仕事などに向く。

第3の類型は几帳面型で，てんかん質（粘着気質）に対応する。この類型は，基準に照らして製品の適不適やできばえを判定する仕事に適性をもち，検査や販売管理などに適性をもつ。

第4の類型は，勝気型であり，ヒステリー質に対応する。リーダーとして人を導く仕事や自己顕示的な仕事に適性をもつ。

第5の類型は，弱気型で，神経質にあたる。この類型には，緊張の加わらない，一定のペースでできる仕事が向く。ただし，この類型には，具体的に向く仕事がなく，性格を改造する必要があると，山田は示唆している。

以上が山田の整理であるが，これらのほかに，几帳面型には，金銭を扱い記録を綿密につける仕事，つまり経理や総務的な仕事が向くと考えられる。

また，社員の役職別にYG性格検査（3.3.1参照）の結果を比較した研究（蟄江清志，1978）によると，一般社員，係長，課長と，役職が上がるにつれて，D型（精神的に安定し外向性）の割合が多くなる。管理職の適性を調べた研究（大沢武志，1980）によると，管理職の適性は，性格的強靭性，支配性，決断性，社交性の4因子から構成されていた。これらの結果からみれば，管理職は，勝気型よりむしろ，YG検査のD型に対応する実際家のほうに，適性があるものと考えられる。

11.4 職務特性からみた職務適性

金平文二（1981）は，職業に必要とされる能力や性格を，**表11.4**のように整理している。

山田の整理（**表11.3**）と比較すると，性格特性の名称は異なっているが，専門・技術的職業の性格特性は理想型に，事務的職業の性格特性は几帳面型に，営業的職業の性格特性は実際家型に，それぞれ対応する面がみられる。

ただし，こうした性格と職業や職務との関連は，絶対的で固定的なものではない。外に出て営業や販売を行うセールスマンは，外向的で活動的な人に向くと考えられるが，むしろ内向的な人のほうがセールスマンとしては成功すると

表 11.4　職業別にみた適性要件(金平, 1981)

職　業	能力要件	性格特性
専門技術的	分野別の専門知識・技術, 理解力, 判断力, 創意力, 洞察力, 応用力などの高度の知的能力を有すること	思索性, 自主性, 活動性, 耐久性など
事　務　的	文書の比較照合, 資料の作成・保存・計算などの仕事をするのに基本的な知的能力, 注意力, 迅速性などにすぐれていること	耐久性, 協調性, 綿密性, 情緒安定性など
営業関係	判断力, 記憶力, 創意力, 応用力, 説得力, 商品についての学習能力にすぐれていること	社会性, 共感性, 外向性, 活動性, 情緒安定性など
事務機器操作	計算力, 空間判断力, 注意力, 理解力, 分析力および動作の調整力, 器用性などにすぐれていること	綿密性, 耐久性, 機敏性, 情緒安定性など

いう意見もある。また, 元来内気な人が, セールスを通して, 外向的な性格に変わるという例も少なくない。以上に紹介した性格適性は, 一応の目安程度に考えるべきであろう。

11.5　職業適性検査

　現在日本で使用されている主な適性検査を, 表11.5 にまとめた。このほかにも使用頻度の高い職業適性検査があるが, 公表を差し控えられたため紹介を略した。また, 職業適性の判定専門の検査ではないが, MMPI や YG 性格検査のような一般的な性格検査を, 適性判定の目的で使用する場合も多い。

　適性検査の一例として, 表11.6 に産業能率大学総合研究所発行の「新入社員適性総合検査」(略称 FAST) の構成を示す。この検査は, 基礎能力検査, 性格検査, 職務関心検査の3つの下位検査から構成されている。いずれの検査もマークシート方式で回答し, コンピュータによって即時に集計されるように

11.5 職業適性検査

表 11.5 主な適性検査

編纂者	名　称	発行所
労働省	職業適性検査（略称 GATB）	雇用問題研究会
詫摩武俊	新入社員適性総合検査（FAST）	産業能率大学総合研究所
ホランド J. L.	VPI 職業興味検査	雇用職業総合研究所
豊原・本明	職場適応性テスト（DPI）	ダイヤモンド社
田崎 仁	職業適性検査	田研出版（株）
増田幸一ほか	一般職業適性検査	竹井機器工業

注）正田 (1979)，田崎 (1987) などより作成。

表 11.6 「新入社員適性総合検査」の構成

検　査	内　容
基礎能力検査	言語的能力，数理的能力，状況判断力，社会的常識
性格検査	行動力，思考性，対人的調和，心的不調和
職務関心検査	作業の協働性，対人的活動性，職務の自由度，結果の明確さ

注）産業能率大学総合研究所「FAST 解説書」より引用。

なっている。

　基礎能力検査は，言語的能力や数理的能力のような基本的な能力のほかに，状況判断力などの現代企業に必要な能力を測定している。性格検査は，4 側面 14 尺度から構成され，特性論的に測定されているが，類型的な分類も行えるようになっている。職務関心検査は職務特性への希望から職務適性を判定する，FAST 独自の検査である。回答者が望む職務形態を調べ，現実の職務分析の結果と照合して，回答者にふさわしい職務（一般事務系，経理事務系など 6 種の職務）を判定する形式になっている。

　FAST を含めて，現在利用されている適性検査の多くは，能力だけでなく，性格特性や職業に対する興味や日常の対人態度などを測定し，総合的に職務適性を判定する形式になっている。能力以外の側面を考慮するという，適性の新

しいとらえ方に対応している。

11.6 進路選択時の情報

大学卒業者の就職意識を調べた調査（江副浩正，1983）によると，大学生は特定の学科を除いて，就職後の職業イメージが不明確で，どこの企業に就職するかということのみに関心が向いているという。また，企業の選択においては，安定した大企業を望むものが多い。

では，大学生の就職活動はどのように行われているのであろうか。大学生の就職活動においてどのような情報源が用いられているかを分析した下村英雄（2002）によると，大学生の就職活動は，**表 11.7** に示す4つの類型に分けることができる。卒業生やOB・OGを主な情報源とする「OB・OG活用型」，大学の就職課や研究室の情報を得る「研究室推薦型」，会社案内や応募（エントリーシート）などに頼る「自由応募型」，親や親戚などのコネによる「縁故その他型」である。

この4つの類型の学生が実際に就職した企業の規模を比較すると（**表 11.8**），OB・OG活用型と研究室推薦型では半数以上が従業員1,000人以上の大企業に就職していたが，自由応募型では大企業に就職した学生は3割にとどまっていた。また就職後の状況や意識を見ると，OB・OG活用型と研究室推薦型は，仕事に就いてから10年以内に辞める比率が低く，進路選択や卒業後のキャリアに対する満足感も高かった。

自由応募型の学生は，マスコミや企業自体が提供する一般的な情報を基に就職先を決めるが，OB・OG活用型と研究室推薦型は，人のつながりで業種や企業の詳しい情報を得て，就職を決めている。この情報の質の高さが，良好な就職先を得る結果に結びつくと，下村は考察している。

さらに，下村（2002）は一連の実験結果に基づいて，志望が不明確な者は就職関係の情報をうまく入手できないことも明らかにしている。どのような仕事に就きたいかという志望を定められない大学生は，入手すべき就職情報が混乱し，非効率的な情報探索を繰り返してしまうのである。

11.6 進路選択時の情報

表 11.7 大学生の就職活動の情報源や資源の分類

OB・OG 活用
　卒業生の存在が有利に働いた
　出身大学の名前が有利に働いた
　OB・OG の情報が多かった
　研究室ゼミ以外の先輩の誘いで応募した

研究室推薦
　就職課の情報が多かった
　研究室・教授の推薦で応募した
　大学の就職紹介体制が有利に働いた
　学校の就職部等にきた求人で応募した
　大学の教授・研究室の情報が多かった

自 由 応 募
　会社案内の情報が多かった
　応募会社数が多かった
　訪問会社数が多かった
　企業ガイドブックの情報が多かった
　新聞・雑誌の求人の情報が多かった
　友人の情報が多かった

縁故その他
　企業ガイドブック・会社案内で応募しなかった
　家族・知人の縁故で応募した
　親, 知人の情報が多かった

注) 下村 (2002) より一部を引用。

表 11.8 就職活動類型別の就職先の従業員規模

	OB・OG 活用 (N=87)	研究室 推薦 (N=89)	自由 応募 (N=156)	縁故 その他 (N=94)
1,000 人以上	**71.3 %**	**57.4 %**	32.3 %	29.8 %
1,000 人以下	17.1 %	32.0 %	**58.7 %**	**41.5 %**
その他	11.6 %	10.6 %	9.0 %	28.7 %

注) 下村 (2002) より引用。

不況が長引き，学生の就職は難しい状況が続いている。このような状況であるからこそ，主体的に職業を選択してほしい。そのためには，自身の性格や能力という適性を自覚して，会社の規模や評判などの表面的な情報に流されず，個々の企業の詳細な情報を効率よく得ることが必要であろう。

[参 考 図 書]

下村英雄　2002　進路を決める　松井　豊（編）　対人心理学の視点　ブレーン出版
山田雄一　2000　適性と性格　詫摩武俊・鈴木乙史・清水弘司・松井　豊（編）　シリーズ・人間と性格（第3巻）性格と対人関係　ブレーン出版

問題行動と性格　12

ここでは問題行動として，いじめと非行と不登校を取り上げることにする。ともに小学校の上級生から中学，高校にかけて問題となることであるが，どちらも本人の性格がかかわりをもっている。

12.1　いじめ

主として中学校において，いじめる・いじめられるということが大きく問題になったのは昭和50年代の終わりから60年代にかけてであった。いじめられたために自殺したり，いじめた子どもに残酷な報復をしたりした事件が新聞やテレビでよく報道された。最近は各方面の努力によっていじめは全体に鎮静化してきたが，目につかないところで依然として続いているといわれている。

12.1.1　いじめとけんかの違い

子どもはよくけんかをする。けんかというのは自分と相手の主張，要求，利害が相容れず，怒りの感情をもって一方が他方を攻撃し，他方がこれに応ずるか，あるいは両方が同時に攻撃し合ったときに生ずるものである。腕力が用いられることもあれば，口だけで争うこともある。当事者が相互に攻撃し合うことが特徴で，両方の力がほぼ同じ程度であることが多く，勝つか負けるかがわからないのである。けんかをしている子どもは真剣である。強い自己主張と緊張感，それに闘志が外部からも認められる。けんかは長くは続かない。同じ相手とたびたび争うことはあるが1度のけんかは数分から十数分程度で決着がつく。

これに対して，いじめる・いじめられるという関係は，一方が他方より力のうえで優位にあったり，複数対1人であったりする。いじめの特色はこの強い立場にあるものが弱い立場にあるものを圧迫し，そのものが困惑し，苦しみ，

嫌がる様子を喜ぶということにある。弱いもののほうには争う意欲がなく，むしろ逃げようとしているのに，それをつかまえて苦しむ様子をおもしろがるという残忍さがある。いじめる側は安全圏にいて相手が攻撃してこないことを承知しているのである。

けんかが一過的で，単純で乾いた面があるのに対して，いじめは暗く，しつこく，湿った面がある。時間的にも長い時期にわたって続く。けんかをしたものは，その原因が何であっても自分がけんかをしたことを自覚している。けんかの後当事者たちは自分の心が激しく燃えたことに気がつく。何かをやり，それが終わったという感じである。けんかは自分自身のことを深く考える契機となることが多い。要求が強く，感情が率直に表現されやすく，しかも言語による表現がまだ十分でない子どもはよくけんかをする。相手の立場が十分に理解できないという事情もけんかの原因になる。

折々なされるけんかを通して，子どもは，人はそれぞれ要求をもち，しかもその要求はお互いに対立することが多く，相手と仲よくつき合っていくためには自分を抑制したり，協調したりしなくてはならないことを学んでいくのである。

12.1.2 最近のいじめの特徴

いじめは昔もあったが，最近の著しい特徴として**表12.1**に示すような点がある。

いじめの具体的な様子は次の通りである。1人の子どもを仲間はずれにして，口をきかない，挨拶もしない。近くにくるとバイ菌と言ったり，汚いとかくさいという。教科書やノートを隠してしまったり，ひどい落書きをしたりする。急に足を出して横転させることもあれば，給食につばをかけたり，消しゴムのかすを振りかけたりもする。弱い子ども2人に格闘をさせ，傷つけ合うのを周りから見物することもある。貧しい家庭の子どもの様子を尾ひれをつけていいふらし，笑いの種にすることもある。お金をもってこいとか，文房具店などの品物を盗んでこいと命令することもある。弱い子どもが苦しむのを見て喜ぶのである。

表 12.1　最近のいじめの特徴

1. 数人で 1 人をいじめる
個人対個人のいじめでなく数人で弱い個人をいじめるのが多くなった。みんなでやったというために罪の意識が稀薄化され，無責任な匿名性を帯びてくる。

2. いじめられていても傍観している
いじめを制止したり仲裁しようとするものがなく，傍観しているものが多い。

3. 集団から浮き出た子がいじめられる
学級という集団に同調できないもの，集団の規格からはみ出ているものがいじめの対象になりやすい。動作の遅い子ども，内気で弱い感じの子どもがいじめられやすい。また勉強のよくできる子どもがいじめの対象となることもある。

4. 隠れていじめが行われる
先生にみつからないように巧妙なかたちでいじめがなされる。

12.1.3　いじめる子どもの特徴

　いじめっ子のおおよその輪郭は大体次の通りである。身体は概して大きく力が強く，また機敏である。成績もよく，子分のような仲間にとりまかれていることもある。直接に表面に出ていじめるのではなく，背後から指示するなど，先生にみつからないようにことを運ぶずるさがある。勉強が嫌いでやる気がないこともある。この場合には学習面での不振を弱者をいじめることで補償しようとする。クラブ活動から脱落して，心の中に大きな不満を抱いていることもある。わがまま，攻撃性，感情の不安定感，嫉妬深さ，短気などの性格的特徴がいじめっ子によく認められる。「なぜいじめるのか」との問いに対して，おもしろいから，相手の子どもが協調しないから，生意気だから，不快感を与えるから，などと答えることがある。これらの回答から理解できるように，いじめっ子には自分の気に入らないものを排除しようとする意欲が強く，自分の感情のままに動いている様子がみられる。弱い立場にあるものがいじめられてど

んな気持ちでいるかを感じとるゆとりや温かさが欠けているのである。かつて自分がいじめられたり、疎外されたりした思い出をもっていて、それを再び繰り返したくないためにいじめる立場に立つこともある。

いじめっ子は家庭であまり愛されていないことが多い。親が厳格で過大なことを期待され、その期待にそえないために叱責されたり、何となく自分はこの親に愛されていないと思い込んでいたりすることもある。家庭の中にトラブルがあって、おとなの争いを不安な目でみていることもある。心の中に不満や不安がたまっていて、それを弱いものをいじめることで発散させようとしていると考えられる。気持ちが不安定ですさんでいるのである。

12.1.4 いじめられる子どもの特徴

今はどの子どももいじめられる可能性がある。昨日までのいじめっ子がいじめられることもある。しかし実際にはたびたびいじめられ、いじめぬかれる子どもと、あまりいじめられない子どもとがある。いじめられやすい子どもの特徴としては次のようなことがある。

まずよくあるのは学級の集団行動になじめない子どもである。動作が遅くて、全体の流れについていくことのできない子どもである。遅刻をしたり忘れものをしたりする子ども、学習面で劣る子ども、素直でおとなしすぎる子ども、孤立しやすい子どももいじめの対象となる。これらと反対に目立つ子どもが反感を受けていじめられることもある。所有品の自慢をしたり、家庭や親の自慢をしたり、海外から帰国した直後で、外国での自分の体験を得意気に話したりする子どもである。教師にとくにかわいがられている子どもがいじめられることもある。非常に遺憾なことであるが身体に障害のある子どもや意思表示がうまくできない子どもがいじめられることもある。実際にはよくできる子どもが仲間の信望を集め、クラス全体がその子を中心にまとまるということもあれば、よくできる子どもが生意気ということでいじめられることもある。Aがいじめられ、Bがいじめられないという違いをつくる要因はきわめて複雑である。

いじめられている子どもはそのことをあまり親にいわない。したがって親がその事実にまったく気がついていないこともある。**表12.2**にまとめたような

表12.2　いじめられる子によくみられる徴候

- 学校に行きたがらない。
- 学校からすぐに帰ってくる。
- 日曜日には安心した表情をしている。
- けがをよくする。（こぶ，あざ，鼻血を出してくる。親がわけを聞いても納得のいく返事が得られない。）
- 着ているものが破れたり，普通でない汚れ方をしている。
- 買い与えたものが紛失したり壊されたりする。
- 大事なノートなどがなくなる。
- 家庭で学校や友人の話をしない。
- 転校したいという。
- 急に感情が不安定になって泣いたりする。
- 教科書やノートに落書きをされる。
- ナイフなどをポケットに入れて持ち歩いたりする。

徴候はいじめられている子どもによくみられるものである。

学校でもいじめられている子どもは孤立している。とくに用はないのに保健室や職員室に行く。教室で正論を述べると野次られ，間違えると大きな声で笑われる。トイレの中とか教室の一隅とか人のいないところに呼び出されてなぐられたりすることもある。

以上は学校，主として中学校におけるいじめの実態である。

12.1.5　いじめを防止するために

1. いじめを止めるには

学校で弱い子どもをいじめるということは以前にもあった。しかしその程度が著しくなると調停したり制止する仲間がいた。またいじめる側も限度を心得ていた。最近のそれはいじめの現場にいても傍観しているものが多くなったり，冷酷で残忍ないじめ方が増えてきた。これを防止する方法は容易ではないが次のようなことが考えられる。

(1) 集団生活に必要な基本的生活習慣をしっかりと身につけること。

食事や着替えが自分でできること，身体を清潔にすること，排泄の失敗をしないこと，日常の挨拶をきちんとすること。これらは学級の運営を円滑にするために1人1人の子どもに期待されることである。これができないとほかの子どもに迷惑をかけ，嫌われ，やがていじめられることになる。子どもは仲間に対して親切である一面，容赦なく欠点を指摘することもあるのである。
(2) 内気で自己主張の弱い面やわがままで自分勝手な面を注意すること。

　些細なことで泣いたり，自分にはできないと萎縮してしまう子どもや，自分のしたいことだけをやり，できないと怒り，協調性の欠けた子どもがいるものである。前者はおとなしく，後者は活発であるが，ともに溺愛され，過保護に育てられた子どもによく認められる傾向で，仲間と行動をともにするのに向いていない。自分より年長の子ども，年少の子どもと遊んだ経験の乏しいことが一因となっていると考えられる。
(3) 社会の習慣，生活のルールを教えること。

　人は1人で生きて行けるものではなく，多くの人とかかわりをもって生きている。そのために1人の人間として身につけていかなくてはならないことがいろいろとある。他人を困らせること，他人に不快感を与えることをやってはいけないと自制するのもその1つである。相手の立場と自分の立場を考えて，やっていいこと，言っていいこといけないことをわきまえていくことが大切なのである。

　以上の3つの点は相互に関連しているが，いずれも生まれつき身に備わっているものでなく，周りの人，とくに親から教えられ，親がなすことをみて習得していくものである。

2. いじめる子どもへの対し方

　いじめる子どもには共感性の欠如ということが指摘されている。相手の気持ちを感じとる能力である。弱いものをいじめ，そのものが苦しみ困惑している姿をおもしろいと感ずる心は非常に冷たいものである。この子どもたちには相手に喜んでもらうことをすることの嬉しさを味わったことがない。誰かからありがとうと言われたときの嬉しさを経験したことが少ない。この感じは家庭の中で親と子のかかわりを通して体験されるものである。

12.1 いじめ

　人は一般に，愛されてそれを嬉しく感ずると，自分を愛してくれた人に親しみをもち，その人に喜んでもらえることをしようとするものである。人と人とのかかわりの基礎となるやさしさという感情はこのようにして形成されていく。

　いじめる子どもの心はこのやさしさが欠けている。全体に心がすさんでいるといえる。ものには恵まれていても愛されていないために，何となくいらいらとした心の状態が続き，これが弱いものいじめというかたちで発散されるのである。

　いじめっ子はいつも悪い子といわれる。先生からはしかられ，いじめられた子どもの親からは冷たい目で見られる。しかしいじめっ子のいじめたくなる気持ちも理解できる。学級の仲間と同じ行動のできない子どもには腹が立つものであるし，自分の能力や体験を鼻にかける子どもはしゃくにさわるものである。家庭が厳し過ぎたり何らかのひけ目を感じている子どもは，身近に標的を選んで，それをいじめ，そこにおもしろさを見出す。友だちをいじめることにしか満足を見出すことのできない心の貧しさをつくってしまったのは何であるかを，周りのものは考えなくてはならない。いじめは悪いことだと教え諭すのはそれほど難しいことではない。しかしさらに進んで，いじめは卑怯なこと，相手の心を傷つけることは醜いこと，それをおもしろいと感ずる心は貧しいことと感ずる心が芽生えていかないかぎり，いじめはなかなかやまないのである。

3. いじめられる子どもへの対し方

　いじめられる子どもは同情されがちである。着ているものを汚され，もっているものを壊されるだけでなく，身体的に傷つけられ，性的なはずかしめを受けることもある。今のおとなたちがかつて体験したいじめより陰湿で，執拗なものとなっている。いじめられるのは弱虫だからだ，という意見もあるが，いじめられた子どもや親が考えなくてはならないことがある。

　その第1はその子どもが基本的な生活習慣がついていなかったために，学級の仲間に迷惑をかけたり，嫌われるようなことをしていないかということである。次にわずかな攻撃やからかいをいじめと受けとめ，過剰な反応をしているのではないかということである。学校ではけんかはよくある。非難されたり，からかわれることもある。これに耐えられないのは温室のような家庭の中で育

てられたために挫折感を1度も体験することなく成長した子どもに多いのである。学校ではいつも自分の思うようにはならないこと，また悪口を言われたり，からかわれることがあることも，子どもにいっておく必要がある。挫折感に耐え，それを乗り越えて行けるような心の強さが求められるのである。

表面にあらわれる問題はいじめ，いじめられるということであるが，その背景にあるものとして，現在の子どもたちの心にある慢性的な欲求不満，挫折感に弱いこと，未来志向性の欠如など多くの原因が考えられるのである。

12.2 非　行

わが国の成人による犯罪は諸外国にくらべてむしろ少なく，また過去と比較してもけっして増加していないが，少年非行は依然として高い水準にある。

犯罪というのは法に定められた構成要件を満たした有責加罰の行為をいう。これに対して非行はもっと広い概念で，20歳未満の少年がおかした犯罪のほかに虞犯行為といわれるものがある。これは現在のところ犯罪をおかしてはいないが本人の性格や環境，それに行動傾向を考えると将来，犯罪をおかすおそれのある場合である。簡単にいうと，非行は未成年者の犯罪プラス犯罪の前駆症状ともいうべき不良行為を含んだものと考えることができる。

心理学の観点からは，非行も欲求実現行動の1つとみることができる。欲求を実現する途上に法律，条例，道徳など障害となるものが存在し，それを乗り越えたり，乗り越えようとしたときにその行動が非行といわれる。その意味で非行は短絡反応の一種といえる。非行をあえてするか，しないかということにはその個人の性格が関与している。

青年期に非行が多い理由として次のようなことが考えられる。第1は青年の欲求が強く，これに対して自分を統制する力が十分でないことがあげられる。つまり，現実処理能力の不足や経験の乏しさから，回り道を探したり，待ったりすることができずに，衝動的にことを行ってしまうのである。第2は社会の規範をあまり重要視しないということである。社会規範をおかした場合に受けることが予想される罰の恐れが少ないのである。一般に成人の場合は罰を受ける

12.2 非行

ことによって地位，名誉，信用などを失うことが規範をおかすことに対する阻止条件になっているが，未成年者の場合はその生活がまだ十分に社会に根を下ろしていないので社会的な罰を受けることの恐れが成人ほど大きくないのである。

12.2.1 非行化傾向

　非行に陥りやすい傾向のことを非行化傾向という。個人の性格と，その個人をとりまいている環境的要因によってつくられるものである。非行にはしりやすい性格特徴としては，非行の種類によっても異なるが，一般的には**表 12.3**のような特徴が認められる。

　環境的要因として，かつては貧困である家庭や，実の親がそろっていない家庭から非行少年が出やすいといわれたが，現在にはとくにその傾向は認められない。しかし家庭の中での教育，とくに基本的生活習慣のしつけが不十分で

表12.3　非行にはしりやすい性格特徴
1.　衝動的であること 多角的に考えたり，慎重に事後のことを考えたりせずに欲望のおもむくままにことを行ってしまう。抑制力が乏しいともいえる。
2.　攻撃的であること 不平不満が多く，自分に非があると思わず，周りの人の責任を追及する傾向が著しい。その攻撃の方向はしばしば親に向けられ，親がこれをしてくれなかったからこうなったのだと親を責めたりする。
3.　自己顕示的であること 注目されたい，目立ちたい，自分の存在感を示したいという傾向。その背後にしばしば劣等感があることが多い。
4.　意志薄弱であること 同調傾向が著しい。自立性，主体性が乏しく周囲の情勢に流されやすく，誘われたときに断ることができない。しっかりとした信条や誇りがなく，自分の人生に確固とした目標をもっていない。

あったり，他人を思いやる気持ち，感謝する気持ちがつくられていないこと，自分を肯定的にみることができないでいることなどがほぼ共通する特徴として認められる。

　実際には，これらの要因が相互に関連して個人の非行化傾向をつくっている。親たちが不和であったり，家庭内の雰囲気が冷たく楽しさがないと，そこを生活の本拠とする少年は心理的安定感の乏しいものとなる。

　成人の犯罪と違って，少年の非行は単独でなされることは少ない。非行に陥る少年はしばしば自分たちが疎外されているという意識をもっている。そのために似たような状態にある仲間に会うと，そこに親しみと連帯感をもちやすい。少年たちはある集団に属していたいという欲求がある。お互いに仲間として認め合うような集団を求めるのである。大部分の少年は学校のクラブ活動，サークル活動の中にこれを求める。普通の中学生や高校生の話題の中には学校の中での交友関係に関することが多いのである。ところが非行化していく生徒は，ほとんどの場合，学校の中にうまく適応していない。教室の中でも課外活動でも重要な役割を果たしていないことがよくある。家庭からも学校からもはじき出されて，満たされない心が非行仲間のグループメンバーになることによって充足されるのである。

　非行化傾向は一定の経過をとって出現することが多い。急に非行少年ができあがるのではなく徐々に徴候が目につくようになる。一般に認められる非行徴候は次のようなものである（**表 12.4**）。

(1) 学業成績が顕著に低下する。非行化と怠学，学業への関心喪失は表裏の関係にある。1度，成績が低下すると，非行化の場合はほとんど回復しない。
(2) 態度やことばつきが変化し，全体に粗野になり粗暴になる。親に嘘を言うことが増え，嘘であることを指摘されると怒るようになる。
(3) 家にいる時間が減少し，親との接触を避け，外出・外泊が多くなる。中学生になると，全般に在宅時間は少なくなるが，親とことばを交わすことを避け，自分のほうからはお金を請求するとき以外は話しかけない。「ちょっとそこまで行ってくる」といって長時間，外出したり，仲間の家に泊まりに行ったりする。

表12.4 非行徴候
① 学業成績の低下
② 態度やことばつきの変化
③ 在宅時間の減少
④ 高級品の所持
⑤ 食事時間に空腹を訴えない
⑥ 交友関係の変化
⑦ 金銭の浪費
⑧ 読むものの低俗化
⑨ 飲酒，喫煙
⑩ 気分の不安定感，自嘲的な態度

(4) 身のまわりの品に親が買い与えた品物でもなく，小遣いの範囲で買ったものでもないものが増えてくる。非行の大部分は盗みである。アクセサリー，スポーツ用品，ゲーム，自転車などを盗むこともあれば，現金を奪うこともある。中には売春などの行為で金品を得ることもある。

(5) 夕食時にも空腹を訴えない。一般の少年にくらべて非行少年は運動量が少ない。それに加えて，しばしばスナックなどに集まってものを食べたりするために若者らしい食欲を示さないのである。

(6) 見なれない友だちが自宅の近くをうろうろしたり，妙な電話がかかってきたりする。

　　非行仲間というのはほかの学校の生徒であったり，学校をやめてしまったものであったりする。玄関から自分の名前をきちんと告げて訪れる仲間は少ない。親が出るとすぐに切ってしまうような電話をかけてくることもある。

(7) お金の浪費が目立つ。非行が始まるといろいろな理由でお金が必要となる。親，とくに父親の財布から紙幣を取ったりする。家内窃盗はほとんどの非行少年が経験するものである。

(8) 読むものが変化する。いわゆる名作や古典などを手にすることはまれで，

低俗なものにしか関心をもたなくなる。
(9) 飲酒，喫煙が始まる。これが認められたからすぐに非行とはいえないが，非行少年の多くは酒を飲んだり，たばこを吸ったりする。規範を無視することに快を感じ，おとなと同じことをしてみたいという気持ちがはたらくためである。
(10) 一般に言動が粗暴になり，気分の不安定感が目につく。努力したり誠実に生きることを軽蔑し，投げやりな態度を示す。不平不満が多く，人をうらんだり攻撃したりすることが目立ってくる。「英語なんて勉強してもしようがない」，「大学にいっても役に立たない」などといって「どうせ自分の一生なんて大したものではない」と自嘲的な態度を示すようになる。

以上の徴候の1つでも現れたらすぐに非行化傾向と速断することはできない。しかし最後の項目はとくに大切である。

最近の非行の特色としては，女子少年の非行が増加していることがまずあげられる。非行全体の中では20％程度であるが，以前は10％程度であった。また学校に籍をおいてなく定職ももたないもの，つまり無職少年の非行が多くなっている。無職少年の非行は殺人，強盗など重いものが多いのが特色である。

生まれつきの非行少年というのはまず考えられない。生後の生育環境，とくに家庭環境に不十分なことがあった場合に非行化傾向がつくられていくことが多いのである。

以上，いじめと非行について述べた。いわゆる問題行動の中には，このほかに登校拒否（不登校），家出，思春期やせ症（**BOX14** 参照），家庭内暴力，学校内暴力，自殺企図などいろいろとある。いずれもその時代の特徴，本人の生育環境とともに本人の性格がかかわりをもっている。これらの行動は突如として現れることはない。身体の病気は，たとえば食中毒のように急速に現れることがある。しかし心についての問題は急な変化は少なく，何らかの前兆が認められる。周りの人がそれについての知識をもっていれば予防することも十分に可能なのである。

12.3 不登校

　病気でもけがでもなく，家事を手伝うために行けないのでもなく，学校から登校を禁止されているのでもなく，学校へ行かない，あるいは行けない状態を不登校という。

　文部科学省の調査によると学校嫌いのために年間 30 日以上の欠席者は 2001 年度に小学生 26,503 名，中学生 112,193 名になる（学校基本調査報告書）。合計すると 13 万 8 千人を越え，中学生では 36 人に 1 人の割合になる。

　かつては登校拒否といった。不登校と同じ意味に用いられることもあるが，登校拒否というと自分の意思が強く反映しているように思われるので，学校に行っていないという現象を取り上げて不登校というようになった。

　不登校の原因，状態，経過はさまざまであるが，ヨーロッパ諸国やアメリカに比べてわが国に多いこと，わが国でも戦前から戦後の貧しい時代には少なく，昭和 40 年代から増えてきたことを考えると，現在のわが国に非常に特色的な現象であるといえる。

　不登校の事例間の差は大きく一般的に述べるのは難しいが次のよう経過が認められることが多い。

　幼いときはおとなしく，争うことが少なく，こぎれいに育てられた。両親は教養のあることが多く，生活も概してゆとりがあって清潔である。素手で虫をつかんだり，はだしで水の中に入ったりすることは少ない。行儀がよくおとなに対する挨拶もきちんとできる。気に入った少数の友だちとは遊ぶが，けんかはしない。乱暴なことを言われたり，されたりすると逃げてしまう。お年寄りとか親類のおとなには声をかけかわいがってくれれば近づいていくが，怖そうであったり汚さを感じたりすると近寄りたがらなくなる。相手が子どもであっても限られた少数の子どものほかにはあまり親しくしていない。近所の店に買い物に行ったりすることもない。一口に言って対人関係に消極的である。

　幼稚園や学校の成績は概して良好である。知的教科だけでなく絵を描いたり，何かを作ることもよくできる。ただ体育は思い切ってやることをしないので結果的にはへたということになる。とび箱，鉄棒，高いところに登る，などとい

うことには怖がってしまう。ピアノやバレエなどを早い時期から教室に通って習っていることもある。

　不登校は小学校の頃から始まることもあるが，多いのは中学生になってからである。前の日に先生から注意された，級友にからかわれたり，少々いじめられたりしたことがあると，その事実は親に言わないで，うつむいて学校に行きたくないという。目に涙を浮かべていることもある。お腹が痛い，頭痛がする，気持ちが悪いなどと身体の病状を訴えることもある。実際に顔色が悪くなって食べたものを吐いてしまうこともある。このようなことに母親は敏感で心配しがちであるので病院に連れて行ったりするが，多くの場合はとくに異状は見つからない。翌日，親は子どもは学校に行くだろうと思い，子どもも前の晩には行くと言ったりしていたが，出かける時間になるといやだ，行かないと言って自分の部屋に引き込んでしまう。不登校はこのような経過で始まることがよくある。子どもは外に出ない，少なくとも明るい間は出ない，友人や先生から電話があっても出ない。わざわざ訪ねてきてくれても会おうとしない。部屋の中に閉じこもり昼と夜が逆になった生活になっていく。学校の勉強をすることはない。テレビやVTRを見る。CDやラジオを聴くという生活になる。深夜，学校の友人と顔を合わすことのない時間を選んで外出し，雑誌を買ったりVTRを借りたりする。家族ははじめ怠けているのだと考える。無理に起こし，着替えをさせ，車に乗せて連れて行く。ところが校門の近くでおろすと教室には向かわないでうちに帰ってしまう。2度，3度と無理に登校させようとすると顔色をかえて親に抵抗し，咬みついたり，なぐったりする。顔をたたかれて青いあざをつくった母親，胸を強打されて肋骨を折り入院治療を受けた父親もいる。あのいい子がどうしてこんな子どもになってしまったのかと親を驚かせ，嘆かせる。心の病気になったのではないかと思い，精神科医や臨床心理学者のところに相談に行ったりするのはこの頃からである。

12.3.1　不登校者への対策

　本人の性格，不登校の実情，経過，家庭の様子，家庭の構造，友人との関係，教師との関係，不登校のきっかけとなった事情等など，事例ごとの差は大きい

12.3 不登校

し，相談を受け治療に当たっているものの経験や方針，背景にある理論などによっても相違するのでどう対処するのがいいと一概に言うのは難しい。

家族から離して合宿をさせルールのきびしいスポーツに打ち込むようにする方法もあれば，屈強な青年（対象者が女子の場合は女子青年）を住み込みの家庭教師に依頼して規律ある生活を強く求める方法もある。

これに対して次のような方法もある。本人が専門家の前にくることは稀なので，父親と母親に揃ってきてもらう。父親は多忙ということを口実にして顔を出したがらないが，夜の 11 時過ぎでもいいし休日でも差し支えないといって 2 人揃ってきてもらう。同じことを伝え，了解し，相互に協力してもらうためである。

まず不登校の状態を続けている子どもに対して原則的に何の働きかけもするなという。食事については家族の食事時間に同じものをつくり食卓に並べる。不登校の子どもは生活は不規則であるし家族と顔を合わせることを嫌うので食事を一緒にしたがらない。そこで食事ができたらブザーを鳴らすなどの合図をする。部屋に呼びに行ったりすることは極力避ける。食卓にこないときは冷蔵庫などに一定の容器に入れて一定の時間保存する。それでも食べないときは処分する。洗たくものは下着などを洗濯機のそばまで持ってきたら洗い，たたんで本人の部屋の前の一定の場所に置いておく。入浴についても親のほうからは何も言わない。お湯の出し方などを知らないときは丁寧に一度教えておく。散髪についても同様で本人に任せる。お小遣いは毎月はじめに一定額を袋に入れて本人の部屋の前におき，もし足りないときには何に使用するのかをきちんと紙に書いて請求しなさいという。本人が話しかけてきたら応ずるが，親のほうからは挨拶程度のことしか言わない。「いつになったら学校に行くのか」「将来どうするつもりなのか」，などという質問をしたり，「お父さんがお前くらいの歳のころは……」などと親自身のことを話題にするのも禁物である。子どもが家の中で親に暴力を振るったりした場合は，それに対抗したりせずすぐ警察に連絡するといい，実際に 110 番に電話する。親の衣類を切ったり，家族内の器物を破壊したときも同様である。子どもの部屋には一切立ち入らない。紙くずのようなものが散乱しても食べものの腐敗臭がしても子どもが自分で始末する

か，親の助力を求めるまでそのままにする。不登校の子どもは夜間にしばしば外出する。それで家の鍵を渡し，戸締りには十分留意するようにという。しかし家庭には現金や貴重品はなるべく置かないようにする。恐ろしいのは火事である。ガスストーブは使わないようにし，電気ストーブは安全性をとくに吟味する。このようなことを述べると，多くの場合，母親が心配して，「放っておくとカップラーメンのようなものしか食べない」という。それに対して「ひとの体は不足しがちなものを求めるもので甘いものが欲しくなったり，油っこいものが食べたくなったりする。そのためにその子どもの分の食べものは冷蔵庫の中に入れてあるし，いまのわが国で家庭にいて餓死することはない。日本人は風呂好きであるが世界にはほとんど入浴しない民族もいる。垢がたまって不快になれば自分から入るようになる。散乱した部屋に起居していてもそれが原因で大きな病気になることもない。ゴキブリの発生くらいは不登校の子どものいる家庭では我慢してほしい」という。

　親からの働きかけがなくなり，ほとんどかまわれなくなると子どもに変化が現れる。早ければ2〜3週間，遅くとも3〜4カ月くらいであるが，まず子どもは自分の部屋の掃除を始める。風呂に入りたいといい，家族と同じ時間に同じ場所で食事をするようになる。親はそれまでの態度を変えないでいてほしい。やがて「あしたから学校に行く」と言い出し実際に登校する。しばらくは学校に行っても直接教室に行き，自分の机に座ることはなく，保健室で養護教諭の先生と雑談してくるだけのこともあるが，自発的に学校に行くといい，それを実行するのは大きな変化である。生まれ変わったような気がすると，あとになって本人はその頃のことを顧みて言う。他人に言われるままに生き，よく評価されることを自分は心がけてきたのか，自分はこれでいいのか，これからどうすればいいのかと考えていたのがあの不登校の期間だったというように述懐する。

　自分を見つめ，自分について考えるようにするために，家庭の中で何の働きかけもしないでおく必要があるのである。昼間寝て，夜起きている生活が続いているがこれでいいのだろうか，風呂に入らず，同じ下着を何日も着ているがこんな不潔なことで病気にならないだろうか，食べものが著しく偏っているが

12.3 不登校

栄養はこれで心配ないのか，閉じこもっている部屋から異臭がするようになったが，これでいいのかなどと親の不安や心配はつきない。しかしこれを我慢して注意深く見つめながらも口出しをしないことが大切なのである。子どもの心の自立が徐々に達成されていく時期なのである。これは不登校に対する心理療法の一つである。本人の心の自立を促すのが目的で，そのために干渉することを極力控え，離れて見守ることを特徴としている。このほかに最近はいろいろな治療方法が試みられている。たとえば不登校の子どもだけを集めて山や森の中で集団生活をする方法もある。前にも述べたように不登校は事例が多彩である。したがって不登校になったらスクール・カウンセラーなど専門家とよく相談することが望ましい。

以上，いじめ，非行，不登校について述べてきた。

性格がかかわる問題行動にはこのほかにひきこもり，摂食障害（過食，拒食），家庭内暴力，家出，嗜癖，性非行（とくに援助交際），飲酒，喫煙などその様態も程度も経過もさまざまである。男子に著しい問題行動もあれば女子に目立つ行動もある。生まれつきの要因が大きく関与している問題行動というのはきわめて稀で生育過程の諸条件が原因となっていることが多い。とくに基本的な生活習慣のしつけが十分でなかったこと，幼児期からきょうだい，親類，友人との心のふれ合いの機会が乏しかったこと，とくに同年配の子どもと対等に遊び，それを楽しいと思うことが少なかったこと，自分より幼いものや高齢者に自分のできることをした経験がないこと，親が多忙であることを理由に子どもと親しく接しようとしていなかったなどの諸要因が複合している。

その子どもの心の中に将来何かをしてやろうという意欲，自分を肯定的に考える気持ちが欠けている場合が多いのである。

[参考図書]

安香 宏　1980　非行少年の人間像　有斐閣
詫摩武俊　1995　いじめ——のりこえるにはどうするか　サイエンス社
上田彩子・守安 匡　1996　非行——対処と予防のために　サイエンス社

永井　撤　1996　不登校の心理——カウンセラーの立場から　サイエンス社
青木紀久代　1996　拒食と過食——心の問題へのアプローチ　サイエンス社
田中千穂子　1996　ひきこもり——「対話する関係」をとり戻すために　サイエンス社
清水弘司　2002　なにが子どもの転機になるか　新曜社
中里至正・松井　洋　1999　日本の若者の弱点　毎日新聞社

性格の正常・異常

13

人間の性格は多様である。ある人は，この社会・文化・時代の中で，うまく生きているようにみえ，ほかの人は，何かぎくしゃくして生きているようにみえる。本章では，性格心理学の古くからの問題の1つである，適応－不適応，異常－正常とはどういうことかについて検討してみたい。

13.1 異常とされる行動や心の動き

13.1.1 異常とは

Aさん（22歳，女性，未婚）は，短大を卒業して，家業（食料品店）の事務員をしていた。もともと内気な性格だったので，親も本人も会社勤めをするよりはと，家業を手伝うことにした。とくに重要なできごとがあったわけではないが，最近になって，落ち着きがなくなり，「2階で人の声がする，誰かいるにちがいない」とか「私の噂話をしていたでしょう」とか同僚や両親に言うようになった。仕事中にフラッとどこかへ出かけて行って，夕方になって帰ってきて，何の理由も言わない。後にわかったことは，親せきの叔母の家に行ったということであった。別に用事があったわけではない。小声でぶつぶつと独語しているときが多くなり，突然きょろきょろとあたりを見まわしたりする。非常に緊張している様子で，ほかの人が話しかけても気がつかなかったり，ぼうっとしていることが多くなった。

親が心配して病院に連れて行くと，精神科に行きなさいと言われ，統合失調症と診断された。短期の入院とその後の通院で軽快し，仕事に戻ることができた。その間に語られた患者の気持ちは次のようなものであった。

「いつも誰かに見つめられているようで不安で緊張する。私をいつも批判する声が聞こえる。"目つきがきついぞ"とか，"顔色が青いぞ"とか"外に出るな"とかそういった声が突然聞こえてくる。つい，それに答えてしまう。"何で

外へ行っちゃいけないのよ"と答えてしまう。誰かが自分を殺しに来るんじゃないかと思い，とても恐ろしかったので，叔母の家に逃げて行った。あそこなら見つからないと思ったから。声に自分が操られて，自分の行動が，その声の人の意志に従わされてしまう。また，声が聞こえてくると自分の考えがめちゃめちゃにされてしまう」。

　もう1つの例を示そう。男子大学生（4年生）で，本人の通学する大学の学生相談室に自分から来室する。とても暗く，落ち込んでいる様子で，下を向いて，次のようなことをカウンセラーに語った。

　「友だちとうまくやって行けません。会話に入って行けないんです。真面目な話ならなんとか話ができるのですが，みんなと一緒に軽く楽しく話をすることができなくて，1人取り残されてしまいます。自分がそれに乗って話をすると，何か的はずれのことを言って，みんなを白けさせてしまい，気まずい雰囲気になってしまいます。これでは大学を卒業したって，就職もできないし，うまくやっていけません。何か絶望的な感じがします。」

　このような訴えからカウンセリングが始まり，毎週1回来室する。ほぼ半年（18回の面接）で，カウンセリングを終了する。終了時までに，本人の出身地近くの都市にある建設会社に内定を得ることができた。とくに心配していた面接試験に合格したことがさらに自信を強めた様子であった。18回の面接中に，本人の自分自身や他者への見方・考え方が大きく変わった。

　「以前は，自分はこれではダメだと思っていて，他人に合わせなくては合わせなくてはとあせっていて，自分を見失っていた。自分のことを認めない他人もいるかも知れないが，クラブの先輩（ときどき飲みにさそってくれて，"おまえが後輩の中では一番信頼できる"と言ってくれた。このできごとを面接中に思い出した）のようにありのままでも認めてくれる人もいる。今の自分は，この自分なのだから，ここからがんばっていこうと思うようになった。」

　この2つのケースをみて，読者はどう思われるであろうか。第1の統合失調症のケースでは，どうしてこういうことがおきるのだろうか，自分には理解できない，と考える人が多いと思われる。しかしながら，第2のケースでは，わかる気がするとか，私も同じようなことを考えるときがあるという人が多いの

ではないだろうか。

　第1のケースでは，異常ということばを使っても異和感がないが，第2のケースでは異常ということばは不適切のように感じるであろう。

13.2　異常と不適応

　異常（abnormal）と不適応（maladjustment）は，ともに，標準からの逸脱や病的な様子を意味する用語であるが，その用語のもつニュアンスは異なっている。

　異常─正常（normal）は，主として，ドイツ流の精神医学で用いられる用語である。その頃，主流であった考えは，遺伝的要因を人間の性格形成や精神障害の主要因とするという考えであった。それゆえ，異常な行動や心の動きをする人間をみた場合，正常な人間とは質的に異なるのだと考えやすい。正常と異常とは別のカテゴリーであり，質的に非連続的であるというニュアンスが，この用語には含まれる。

　それに対し，適応（adjustment）─不適応とは，アメリカ流の臨床心理学で用いられる用語である。この用語の背景には，人間は生得的・遺伝的要因よりも，過去から現在に至る，その人をとりまく環境要因によって強く影響される存在であるという考えがある。適応─不適応の間には質的相異はなく，連続的であり，人間は変化しうるというニュアンスが含まれている。

　現状ではどうかというと，この2組の用語はそれほど明確に区別されて用いられてはいない。その症状のいかん，また用いる人の好みによって使い分けられていると言ってよいであろう。

13.3　診断のための基準

　私たちは，よく，「あの人は変だ」とか「何かおかしい」とか言うことがある。それでは，実際に，心理学や精神医学の世界で，正常─異常，適応─不適応は，どのようにして診断されるのであろうか。

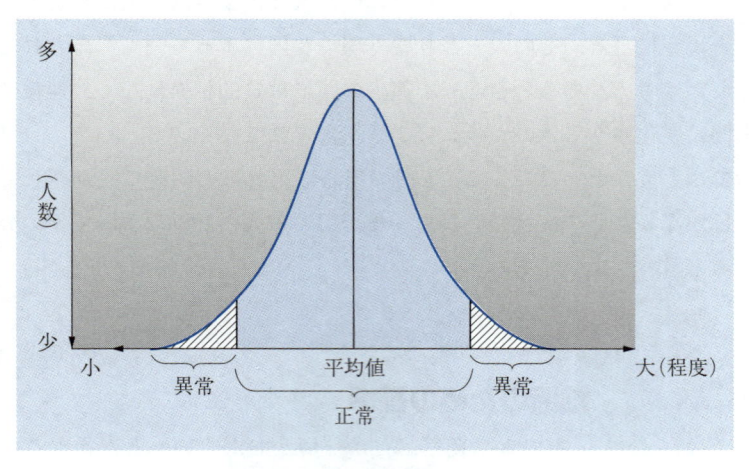

13.3.1 統計的基準を用いる診断

私たちがもっている何らかの特質を，数量化しうるような測定法を用いて調べてみると，ある集団の測定値の分布は，普通，正規分布と呼ばれるつり鐘状の分布になる（図13.1）。

この際，平均値を中心として一定の幅の中にいるものは，普通であると考え，正常と判断する。平均より，はるかに偏ったものは，逸脱の程度が高いので，異常と判断する。

このような例として，血液や尿などの臨床検査をあげることができる。血液や尿などの成分の測定値が，平均を中心とした一定の幅の中にあれば正常とみなし，それより高い値であっても低い値であっても，逸脱の大きいものは異常と判定される。

このように，普通に出現するものを正常とし，まれにしか現れないものを異常とするのである。この基準は，数値という，明確で比較しやすいものを用いるため，客観的な判断をしうるが，正常—異常を分ける数値をどこできめるかという問題がある。

図13.1 統計的基準

13.3.2 価値的基準を用いる診断

　正常―異常を，統計的基準のみで判定した場合，もっと本質的な疑問がおきてくる。たとえば，知能や創造性の問題である。知能は，知能指数（IQ）を用いて測定されているが，この測定値も，IQ100を中心とした正規分布になる。この際IQが極端に低い群は，異常と考えることができても（本当は，異常とはいわず，知的障害という），IQが高い群を異常と考えることができるであろうか。

　知能や創造性が，一般的水準を超えてはるかに高いものを，異常とはいわない。同様に，非常に冷酷な性格の人を，異常と呼んでも，非常に心暖かな性格の人は，異常とは呼ばないのである。それは，知能や創造性が高いことや心暖かいことは，望ましいと考えられるからである。

　この価値基準を，次の2つの基盤から求めることができる。第1には，社会的・文化的価値基準である。その時代，その社会の，社会的常識，法律，制度，市民感覚に照らし，ある一定の許容度を超えた逸脱行為や犯罪行為を，異常とするのである。

　第2には，ある理想的な状態を設定し，それに近い状態を正常とする考えである。この考え方によれば，正常な状態とは，たんに病気がないとか，普通の範囲に入っているということではない。完全な人間，理想的人格を想定し，それ以外は，何らかの意味で異常とするのである。

　しかしながら，この基準においても問題がある。第1の考えによる，社会的・文化的価値は，時代や文化・社会の変動によって，大きく変化するからである。ある時代，ある文化・社会で正常とされるものが，ほかの時代，ほかの文化・社会においては異常とされてしまう。また，第2の考えにより，完全なものを価値基準とすると，ほとんどの人は，程度の差はあれ，異常，不適応とされてしまうことになる。

13.3.3 病理的基準による診断

　臨床経験を積むに従って，比較的典型的な症状をもつ精神障害は，面接することにより診断が可能になる。たとえば，統合失調症，躁うつ病，そして神経症の一部は，かなり典型的な症状を示し，判定が可能である。

病理的基準は，それらの症状がなければ正常，あれば異常とするものである。

私たちが，正常と異常，適応と不適応，精神的健康と不健康といった概念を用いる場合，それぞれの用語を正確に定義することは，きわめて困難である。しかしながら，経験的に，すでに述べた3つの基準を統合しながら，有効な診断を可能にしようと努力しているのである。

もちろん，診断が診断のみで止まるならば意味はない。診断は，研究と治療のための第1歩である。次節から，典型的な不適応（異常）状態をいくつか取り上げ，説明していこう。

13.4 統合失調症（精神分裂病）について

13.4.1 統合失調症（精神分裂病）の概念

精神分裂病（schizophrenia）という概念は，1911年に，スイスの精神医学者，ブロイラー（Bleuler, E.）によって提唱された。それ以前は，クレペリン（Kraepelin, E.）の早発性痴呆（dementia praecox）という病名が一般的であった。早発性痴呆という概念は，人生早期（青年期）に発病し，痴呆（植物人間のような状態）で終わる病気であることを意味していた。

ブロイラーは，精神分裂病を，連合の弛緩を中心とする"精神の分裂"が本質であるとし，この概念を提唱した。彼は，この病気の主症状を4つのAで示している（表13.1）。

表13.1 ブロイラーの4A

① 感情（affect）の障害……感情の鈍麻・不調和。
② 連合（association）の障害……思考の連鎖に論理的な関係づけがない。
③ 自閉（autism）……白日夢的・内省的に自己の中に閉じこもる。
④ 両価性（ambivalence）……愛―憎のような相反する感情の並存。

13.4 統合失調症（精神分裂病）について

現在，世界的に使われている精神障害の分類の基準に，WHO（世界保健機構）がつくった **ICD-10**（International Classification of Diseases，第10版，1992）と，アメリカ精神医学会による **DSM-IV**（Diagnostic and Statistical Manual of Mental Disorders：精神疾患の診断・統計マニュアル，第4版，1994）がある。

DSM-IVでは，精神分裂病の診断基準として次のようなものをあげている（**表13.2**）。

13.1で述べたAさん（女子事務員）を，この診断基準にあてはめると，A-(1)，(2)，(4)，Bにあてはまることがわかる。また面接の結果，Cにもあてはまり，それゆえ，精神分裂病と診断されたのである。

精神分裂病は，人格の統一性が失われる病気であるが，いくつかの病型に分けることができる。しかしながら，ICD-10とDSM-IVにおいても細かな部分では一致した病型の分類がなされているわけではない。

表13.3には，現在までに，中心的な型と考えられる3つの型と特徴について示した。

表13.2　DSM-IVによる精神分裂病の診断基準 (APA, 1994)

A. 特徴的症状：以下のうち2つ（またはそれ以上），各々は，1カ月の期間（治療が成功した場合はより短い）ほとんどいつも存在。
　(1) 妄想
　(2) 幻覚
　(3) 解体した会話（例：頻繁な脱線または滅裂）
　(4) ひどく解体したまたは緊張病性の行動
　(5) 陰性症状，すなわち感情の平板化，思考の貧困，または意欲の欠如
　　注：妄想が奇異なものであったり，幻聴がその者の行動や思考を逐一説明するか，または2つ以上の声が互いに会話しているものである時には，基準Aの症状1つを満たすだけでよい。

B. 社会的または職業的機能の低下：障害のはじまり以降の期間の大部分で，仕事，対人関係，自己管理等の面で1つ以上の機能が病前に獲得していた水準より著しく低下している。（または小児期や青年期の発症の場合，期待される対人的，学業的，職業的水準にまで達しない。）

C. 期間：障害の持続的な徴候が少なくとも6カ月間存在する。

表13.3 精神分裂病の主要病型 (諏訪, 1976)

	状態像の主体をなすもの	発病および経過
解 体 型 (破瓜型)	感情および意志の鈍麻 (無感情, 無為)	比較的若年者に徐々に発病し, 経過が長く人格崩壊が著しい。
緊 張 型	意志発動の異常 (興奮と昏迷)	急激に発病し, 寛解しやすい。
妄 想 型	内的経験の異常 (妄想, 幻覚)	発病が遅く, 長い経過をとるが, 人格崩壊は比較的軽い。

ところで近年,精神分裂病という和名に対して誤解や社会からの偏見が強いといった問題点が指摘されるようになり,2002年その和名を**統合失調症**とすることが,日本精神神経学会によって決定された(schizophreniaという原語自体はそのままである)。

それゆえ,以降の記述は,統合失調症とするが,先行研究等を直接引用する場合は,そこで用いられている名称をそのまま使うこととする。

13.4.2 原因と治療

伝統的な精神医学では,統合失調症を内因性精神障害に分類してきた。内因性とは,遺伝的・生得的な原因によっておきると仮定することを意味している。しかしながら,統合失調症の原因は,未だに明確にはなっていない。遺伝的要因を支持する研究の代表例として,双生児研究がある。統合失調症の一致率(双生児の片方が統合失調症になると,残りの片方が統合失調症になる率)を調査した多くの研究では,1卵性双生児(遺伝的に同一)の一致率が,2卵性双生児(遺伝的にはきょうだい程度の類似)よりもはるかに高いことを示している(**表13.4**)。しかしながら,一致率については,かなりのばらつきがあり,近年,診断基準が明確になるにつれて,一致率が低くなる傾向がある。また,遺伝が主要因であるならば,遺伝的に同一の1卵性双生児で,一致率がこれほど低いということも問題となるが,少なくとも,遺伝要因が関与していることは

13.4 統合失調症（精神分裂病）について

表13.4 分裂病の双生児研究（堺・米田，1986）

		1卵性一致率		2卵性一致率	
ルクセンブルガー	(1928)	10/17	59％	0/33	0％
ロザノフら	(1934)	28/41	68	15/101	15
エッセン-メーラー	(1941)	5/7	71	4/24	17
カールマン	(1946)	120/174	69	53/517	10
スレーター	(1953)	24/37	65	8/58	14
井上英二	(1967)	38/58	66	3/20	15
チエナリ	(1971)	7/20	35		13
クリングレン	(1967)	21/55	38	9/90	10
ポーリン	(1969)	11/80	14	6/146	4
フィッシャー	(1973)	9/25	36	8/45	18

示唆しうるであろう。

　また，統合失調症の出現率を，国際的に調査してみると，人口の0.73～0.85％程度で，一定している。このことも内因性を仮定する根拠となっている。

　1952年に，クロールプロマジン（フェノチアジン系化合物）が，抗精神病薬として実用化された。この薬は，以前の治療薬（睡眠剤や麻酔剤）とは異なり，意識状態を大きく変えることなく，強い病的不安，幻覚，妄想，精神的興奮など，いわゆる陽性症状を改善しうる。この薬は，脳内の情報伝達をつかさどるドーパミンという化学物質が，受容体（レセプター）に伝達されるのを阻止する効果をもっていることが（図13.2），後の研究によって明らかにされた。その結果，統合失調症は，脳内ドーパミンの過剰活動によるという「ドーパミン仮説」が有力視されるようになった。しかしながら，統合失調症の陰性症状——意欲や自発性のなさ，自閉，人嫌い，感情的反応の鈍さなど——には効果的とはいえないこと，また，慢性統合失調症にも効果的でないことなど，限界がある。

　クロールプロマジン以降，数多くの抗精神病薬が開発され，治療効果も高くなっている（図13.3）。しかしながら，未だに，統合失調症の原因は明確では

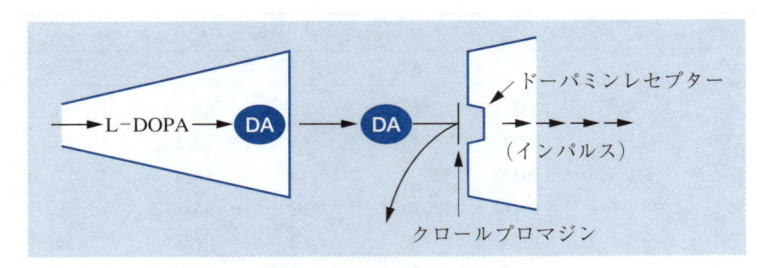

図13.2　クロールプロマジンの作用
クロールプロマジンは，後シナプスにあるドーパミンレセプターへの，ドーパミン結合を阻止する。（DA：ドーパミン）

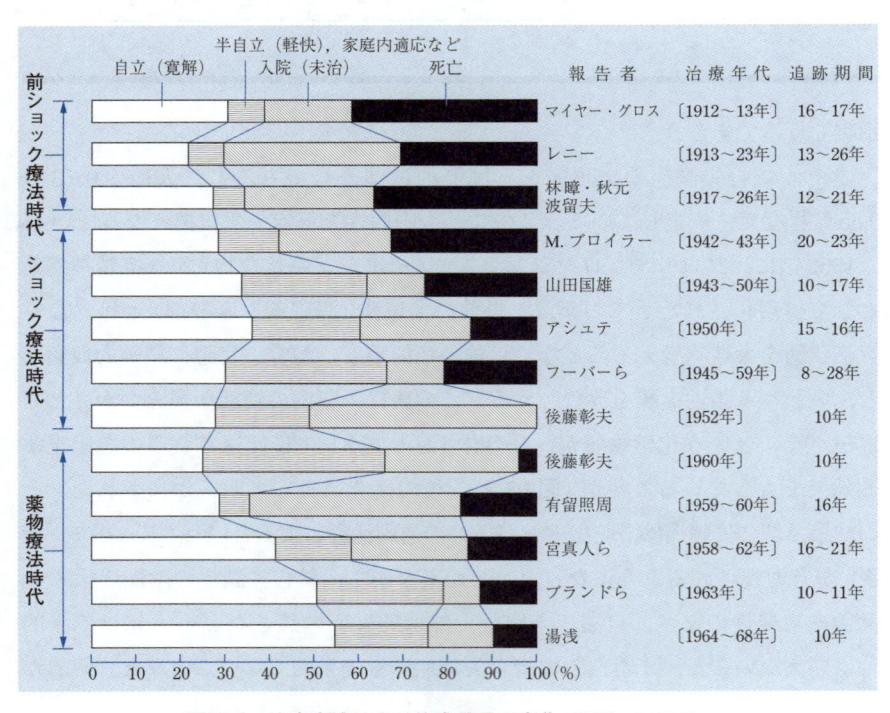

図13.3　治療方法による治療効果の変化（湯浅，1986）

なく，脳生理学的研究から家族関係研究までの多様な研究が行われている。そして，現在では，薬物療法と精神療法の組合せが，もっとも効果が高いと考えられている。

13.5 躁うつ病について

13.5.1 躁うつ病の概念

躁うつ病（manic-depressive psychosis）は，1899年に，ドイツの精神医学者，クレペリンによって概念化された病気である。彼は，躁うつ病を，「気分状態の周期的変動を呈して，人格の崩壊をきたさない精神病」と定義した。

ICD-10では，躁うつ病は，気分（感情）障害［Mood (Affective) disorders］の中の双極性感情障害（Bipolar Affective Disorder）と分類され，DSM-IVでも同様に，気分障害（Mood Disorder）の中の双極性障害（Bipolar Disorder）に分類されている。

躁うつ病は，「感情（気分）の病」といわれるように，気分の周期的変動と，それに伴う意志的側面の障害が主としてみられる。感情が昂揚し，意志発動が促進される躁状態と，逆に，ゆううつになり，意志発動が抑制されるうつ状態の2つの病相がある。典型的な躁うつ病では，この2つの病相が交互に周期性をもって現れるため双極性障害とされるのである。

気分（感情）障害は，表13.5に示すように，いくつかの類型に分類されており，古典的分類でいうところの精神病圏から神経症圏までが含まれている。

クレペリンは，躁うつ病を内因性のものとしたが，原因は未だに明確にされてはいない。出現率は，0.12～0.44％程度である。また軽症のものは，たんなる生活のリズムの変化として見逃されることが多い。

13.5.2 躁状態（manic state）について

多くは徐々に始まる。最初は，何となく体調がよく仕事の能率も上がって，気分がよくなるという感じである。いろいろと新しい計画が頭に浮かび，活動的に実行していく。夜間も活動するのだが，疲労感も覚えず，睡眠もほんの少

表13.5　国際疾病分類（ICD-10）における気分（感情）障害の分類
F30　躁病エピソード（Manic Episode）
F31　双極性感情障害（Bipolar Affective Disorder）
F32　うつ病エピソード（Depressive Episode）
F33　反復性うつ病性障害（Recurrent Depressive Disorder）
F34　持続性気分（感情）障害 　　　（Persistent Mood（affective）Disorder）
F38　他の気分（感情）障害 　　　（Other Mood（affective）Disorder）
F39　特定不能の気分（感情）障害 　　　（Unspecified Mood（affective）Disorder）

しで十分になる。自信もつき，将来の見通しも明るく，自己主張も強くなっていく。また，他者に対して，過干渉的になっていく。

　だんだんとその程度が強まっていくにつれ，常軌を逸した行動が多くなってくる。真夜中に突然，知人の家を訪問し，勝手なことをまくしたてて帰る。けばけばしい化粧や服装をし，性的問題をおこしたりする。必要のないものを大量に買ったり，契約をしたりして，問題となる。昂揚した感情状態は，しばしば，誇大妄想（偉大な発明家，皇室に連なる家系など）に発展することがある。このようにして，日常生活は，混乱と問題で一杯になってしまう。しかし，感情の昂揚は，徐々に低下してゆき，現実の問題だけが残されることになる。

13.5.3　うつ状態（depressive state）について

　うつ状態も，ゆっくり始まる。最初は，身体的な不調が自覚される。夜，眠れない，食欲がなくなる，頭が重くすっきりしない，何か疲れている感じなどがつねにつきまとうようになる。何をするにもおっくうで，能率も上がらない。しかし，「しなければならない」という気持ちにせきたてられるので，気分がいらいらし，焦燥感だけがつのるようになっていく。

だんだんと，自信が失せ，自分を責めるようになる。「自分は無価値で無力な存在だ」とか「生きていても無意味で，他人に迷惑をかけるだけの存在だ」といった深刻な悲哀感，劣等感がつのり，将来に対する希望も失われ，「こんなに苦しいのなら死んだほうがましだ」といった自殺念慮が現れる。現実に自殺が実行されることもまれではない。近年，職業・経済上の問題や病苦から中高年の自殺が多く報告されているが，この背後にうつ状態があると考えられている。

13.5.4 原因と治療

躁うつ病の原因は，明確とはいえないが，現在までの支配的な考えでは，内因性の疾患であるとされている。しかし，うつ状態だけについてみると，精神的な原因が大きな役割を演じていると考えられる場合がまれではない。精神的な原因としてもっとも重要であると考えられているものに，うつ病者の病前性格がある。テレンバッハ (Tellenbach, H., 1961) は，**メランコリー親和性性格**という概念を提唱した。この性格の特徴は，① 秩序への独特なかかわり方，② 自己に対する過度の要求水準の高さ，にある。対人関係における几帳面さが前面に現れるが，その底には，秩序への偏愛がある。この秩序への偏愛は，一種の拘束状態を意味している。また，自分自身の仕事の遂行に関して，平均以上の高い要求を課し，そうしないと気がすまない。この性格は，それ自体病的とはいえないが，たとえばストレスが加わるような状況では身動きがとれなくなり，メランコリーが現れ，うつ病というかたちをとると考えたのである。日本においても，下田光造 (1950) の執着性性格といった概念が提唱されている。また，有名なクレッチマーの**躁うつ気質** (4.3.1参照) という概念がある。

　治療に関して重度の場合には，「躁状態においては，生活の脱線，あるいは反社会的行為から患者自身を守るために，またうつ状態の場合には，自殺を防止するために，専門病院に入院させなければならない」(諏訪　望, 1976) とされている。また，抗うつ剤 (イミプラミンほか) 抗躁剤 (炭酸リチウムほか) などの薬物療法，そして認知療法やカウンセリングなどの精神療法などが行われている。

躁うつ病は，うつ状態や躁状態が終わると，正常な精神状態に戻り，人格の欠陥を残さないので，この時期をうまく抑えることができれば，社会に適応していくことは，それほど困難ではないと考えられている。

13.6 神経症について

13.6.1 神経症の概念

神経症（neurosis），ドイツ語で**ノイローゼ**（Neurose）という用語は，18世紀の後半，カレン（Cullen, W.）が，初めて医学用語として用いたといわれている。しかし，彼はこの用語を，神経系一般の疾患という意味で用いており，これは器質的障害も含む広い概念であった。

後に，シャルコー（Charcot, J. M.），ジャネ（Janet, P.）などのヒステリーと催眠に関する研究や，フロイトの精神分析研究などから，現在の神経症心因説が確立されるようになった。神経症を一言でいえば，心理的な原因によっておこってくる，心身の機能障害ということができる。器質的（神経そのもの）には障害がないのにもかかわらず，心理的ストレスによって，あたかも器質的障害があるかごとくに，機能的な障害が現れるのである。それゆえ，心理的原因となるものは多様であり，同様に現れる症状も多彩である。

13.6.2 神経症の分類

1966年に制定されたICD-8（第8版）においては，それぞれが，神経症（neurosis）という用語を用いていたが，第9版以降では，状態（state）や障害（disorder）という用語が用いられるようになった。

ICD-8においては，不安神経症（anxiety neurosis）と分類されたものが，第9版では不安状態（anxiety state），第10版では，不安障害（anxiety disorder）と記述されている。ICD-10の神経症的障害（neurotic, stress-related and somatoform disorders）分類は，次のように大きく7つである。それらは，① 恐怖症性不安障害，② 他の不安障害，③ 強迫性障害，④ 重度ストレス反応および適応障害，⑤ 解離性（転換性）障害，⑥ 身体表現性障害，⑦ 他の神経症

13.6 神経症について

性障害である。

また，DSM-IVにおいても，同様に障害（disorder）という用語が用いられている。神経症という用語を用いず障害等を用いることの意味は，神経症の根底には「病的不安」が存在し，それが抑圧され加工されることによってさまざまな精神状態や身体症状になるのだという，精神分析学的病因論をできるだけ避けて障害を分類しようとする考えがあるからである。

以上のような神経症の分類と用語の変遷の理解のために，図13.4には，古典的分類の代表としてICD-9を，現代的分類の代表としてDSM-IVとを載せ，比較を行っている。

とくにDSM-Ⅲ以降では，神経症的障害を主として症状の記述のみに用いるべきとし，次のような定義（DSM-Ⅲ）をしている。

(1) 精神障害があって，これがその患者を悩まし，患者に受け入れられないよ

ICD-9
- (0) 不安状態（anxiety states）
- (1) ヒステリー（hysteria） 転換型／解離型
- (2) 恐怖状態（phobic state）
- (3) 強迫障害（obsessive-compulsive disorder）
- (4) 神経症的抑うつ（neurotic depression）
- (5) 神経衰弱（neurasthenia）
- (6) 離人症（depersonalization syndrome）
- (7) 心気症（hypochondriasis）
- (8) そのほかの特殊な神経症状態
- (9) そのほか

DSM-IV
- ① 不安障害（anxiety disorders）
- ② 気分障害（mood disorders）
- ③ 身体表現性障害（somatoform disorders）
- ④ 解離性障害（dissociative disorders）
- ⑤ 性障害および性同一化障害（sexual and gender identity disorders）

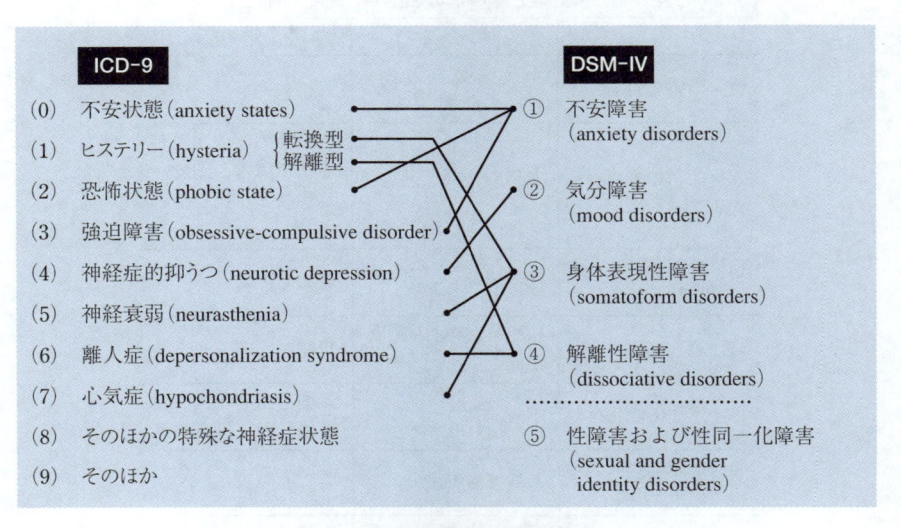

図13.4 神経症的障害の分類比較

うな，自我とは異なるもの（ego-dystonic）であると認識されているような症状または症状群である。
(2) 現実吟味に障害はない。
(3) 患者の行動に社会の規範を破るようなものはないが，社会機能は著しく障害される。
(4) その障害は比較的持続し，反復する。
(5) はっきりした器質的原因や器質的因子がない。

また，神経症と精神病（特に統合失調症を中心とする）との相違点は，**表13.6**に示すように比較的明確ではあるが，近年精神病の軽症化が指摘されるようになり，従来ほどはっきりした差異があるとは言い難くなってきている。

表13.6 神経症と精神病の相違点（島薗，1988）

	神経症	精神病
(1) 障害の性質	不安（不安，緊張，救いのなさ）の病	人格の病
(2) 症状の程度	人格の一部	人格そのものが精神症状で障害，幻覚・妄想など重篤な症状あり
(3) 現実（環境）との接触，かかわり	保持	著しく障害
(4) 対人関係	もともとの対人態度が誇張	自閉
(5) 感情の障害	不安，抑うつ	無関心，非現実的な爽快，深い抑うつ
(6) 言語的コミュニケーション	あっても軽度	著しく障害
(7) 病識	存在	症状の重いとき欠如

13.6.3 原因と治療

神経症の原因をどうとらえるかには，多くの理論的立場がある。現代の性格心理学の主要理論である，精神分析学，行動主義的心理学，現象学的心理学では，次のように考えている。

精神分析では，幼少期に葛藤や精神外傷があり，そえゆえリビドーが固着している，現実の環境の中で不安がつのると固着のある段階にまで退行し，現実的手段では解決し得ない不安を，非現実的手段（神経症的症状）で解決しようとする，と考えている。

行動主義においては，幼少期に，不適切的行動を誤って学習した結果にすぎず，現実の環境刺激に対して不適切に反応しているだけであると考えている。

現象学的心理学（ロジャーズ）では，自己の経験に即さずに形成した自己概念が人格構造の大部分を占めているために，つねに，現実の経験と自己概念とがズレてしまい，その結果，自分らしく生き生きと（自己現実的に）生きることができなくなっている状態と考えている。

一般的にいえば，まず，神経症になりやすい性格があると考えられる。小心，自信欠如，傷つきやすさ，欲求不満や葛藤に対する耐性の低さ，内向性などであるが，これらの性格は，内的な葛藤をおこしやすく，また不安を適切に処理できない傾向をもつ。

しかしながら，最大の要因は，その個人が現在生きている環境要因であろう。日常生活において，個人がどれほどのストレスや葛藤を経験しなければならないかが問題である。ナチスの強制収容所体験，無刑囚や死刑囚などの拘禁反応，また，**センソリー・ディプリベーション（感覚遮断）**研究などからわかることは，どのような性格であろうとも，環境要因が悪化すれば，ほとんどの人間が神経症的にならざるを得ないということである。

岩井 寛（1982）は，神経症形成の要因としてのストレスを，① 身体要因（過労，睡眠不足など），② 外部要因（社会・文化的状況，家庭・学校・職場の人間関係など），③ 内部要因（性格，幼少期の葛藤，精神外傷など）に分け，「神経症は心理的な原因によっておこってくる心身の機能障害であるが，ここでいう心理的原因とは内的に形成される心理因である場合もあり，外部から加

わる心理的ストレスであることもあり，それと呼応する身体機能の失調である場合もある」(p.5) と述べている。

治療に関しては，心理療法が主として用いられている。日本においては，**クライエント（来談者）中心カウンセリング**，**精神分析**系の治療，**行動療法**，**認知療法**および，日本独自の**森田療法**などが用いられていることが多い。しかし，世界的にみると，治療の方法は，非常に多彩であり，神経症論そのものの多彩さを感じさせる。

13.7 人格障害について

人格障害（personality disorder）とは，その人の人格が「その人の属する文化から期待されるものから著しく偏り，広範でかつ柔軟性がなく，青年期または成人期早期にはじまり，長期にわたり安定しており，苦痛または障害を引き起こす，内的体験および行動の持続的様式である」とDSM-IVでは定義されている。

すなわち，人格障害とは，その人の人格が平均的レベルよりも際立って偏っており，そのために，本人自身が苦しんだり，またはその人を取り巻く周囲の人たちが苦しんだりするものを言う。古くから，人格障害は異常性格とか精神病質とかいわれ，遺伝的に規定されて変化しえないものと考えられてきたが，現在ではそのような仮定は含まれず，人格特徴そのものを記述しようとしている。

人格障害は，DSM-IVではまず3つのクラスター（まとまり）に分けられ，それぞれのクラスターにいくつかの人格障害のタイプが入っている。そして，それぞれの人格特徴は，普通に見られる範囲をはるかに越えており，「こんな人は今まで見たことがないなー」という感慨を人に起こさせるほど偏っているものとされている。

● Cluster A（A群）……しばしば奇妙で風変わりに見える。

① 妄想性人格障害

過度の疑い深さ，不信感，対人関係上の過敏性，とくに他人に利用されると

13.7 人格障害について

いうことに対して攻撃性や不安が高まる。

② 分裂病質人格障害
対人関係に無関心で情緒的体験や表現に深みを欠く；他者との距離をとり，係わろうとしない。

③ 分裂病型人格障害
対人関係の欠如，奇妙な観念，外観，行動を特徴とする。

● Cluster B（B群）……しばしば演技的，情緒的で，移り気に見える。

④ 反社会性人格障害
攻撃的，衝動的，自己中心的で，深い情緒を伴わない対人関係；不法な薬物常用などを含む反社会的行動の多発。

⑤ 境界性人格障害
対人関係，感情状態，自己像の全体的な不安定さを特徴とする。

⑥ 演技性人格障害
表面的な対人関係，不安定な情緒状態，相手の関心を引こうとしたり，性的に誘惑的になったりする過度に演技的な態度を特徴とする。

⑦ 自己愛性人格障害
誇大感，共感性の欠如，他人からの評価に対する過敏性。

● Cluster C（C群）……しばしば不安または恐怖を感じているように見える。

⑧ 回避性人格障害
社交場面における不安・緊張，他者からの否定的な評価に対する恐怖，臆病さなど対人関係の不安に基づく引きこもり，回避行動を特徴とする。

⑨ 依存性人格障害
自分に自信が持てず，自分を抑えてまでも他人に従ったり，過度に他人に頼ったりする。

⑩ 強迫性人格障害
情緒的・行動的に柔軟性が乏しい。完全主義的・理知的で仕事に没頭する傾向が強い。また自分なりの方法を他人に強要する傾向がある。完全を求めるあまり決断がなかなか下せない傾向。

人格障害概念は，臨床上有用な概念ではあるが，これらの類型にあてはまる

人はごくわずかであり，ほとんどの人はこれらの類型にはあてはまらない。これらの類型の安易な使用はつつしまなくてはならないであろう。また，人格障害は，しばしば犯罪や精神的な病気に結び付けられるが，同時に，歴史上の偉大な人物（宗教家，革命家，作家）の中にも，あえて分類すれば人格障害とされる人たちが存在しているという事実を忘れてはならない。

　また，その文化では当然とされる行動や性癖が，他の文化では奇妙なものとして見られるということがある。人格障害を診断する際には，その人の属する文化的背景をよく知らなくてはならないのは当然であろう。

[参 考 図 書]

林　潔ほか　1996　〈改訂版〉カウンセリングと心理テスト　ブレーン出版
岩井　寛　1982　神経症　日本文化科学社
詫摩武俊（監）　1986　パッケージ・性格の心理（第3巻）　問題行動と性格　ブレーン出版
鈴木乙史ほか　2002　女子大生がカウンセリングを求めるとき　ミネルヴァ書房

BOX 12　対人恐怖

　人前で緊張したり，不安になり，対人関係上に障害をもつ病態であり，赤面恐怖，視線恐怖，表情恐怖，醜貌恐怖，自己臭恐怖などに分類されている。いずれもが対人状況に生起する，神経症の一種と考えられる。日本人に非常に多く存在する問題として精神医学領域において注目されるようになり，その対応の実践の中から1930年代に日本独自の治療法としての森田療法を生み出している。さらに50年代から60年代に，欧米に精神分析をはじめとする心理療法を学ぶために留学した「「甘え」の構造」で有名な土居健郎をはじめとする研究者によって，日本的な対人関係や文化の問題を取り入れた形で論じられるようになる。1970年代には，日本人論と結びつき様々な立場から論じられてくる。また大学生の中で，対人恐怖的な問題意識をもつ者が多く存在する調査研究も報告され，さらに精神神経科を外来受診する神経症レベルの問題として多くを占めていた。この問題は，ある程度人生経験を積み年輩になるに連れて消失する傾向があったため，青年期心性と密接に関わっている心理的問題と考えられていた。しかし，80年代の後半から，摂食障害や行動化の問題を顕著に起こす境界例が注目され，またうつ病が増加するのに対し，対人恐怖は減少傾向を示し，90年代以降，心理臨床の中核的な問題からは後退してきた。社会レベルの視点から見ると，対人恐怖の問題は他者から自分が評価されないことに思い悩むという対人関係に準拠した倫理観と，それによって引き起こされた葛藤が中核に存在すると考えられる。しかし，90年代以降バブルに踊らされた日本の社会全体の対人関係上の倫理観が希薄になり，かつ海外との交流も盛んになっている状況が，かつての枠組みでとらえられていた対人恐怖を減少させていると考えられる。しかし，今日思春期の中高生に非常に多く存在する不登校や引きこもりなどの問題には，対人恐怖で論じられた問題との共通性を多く見いだすことが出来る。そこにかつては対人関係の悩みという形で保持していたこの問題が，より行動化した形の問題に変化している姿を見ることができる。

（永井　撤）

[参 考 文 献]
永井　撤　1994　対人恐怖の心理――対人関係の悩みの分析　サイエンス社

BOX 13　パニック障害

　パニック障害は米国における精神疾患の診断・統計マニュアル（DSM-IV）によって定義された症状の診断基準であり，それ以前には，いわゆる不安神経症という診断名で論じられていた。DSM-IVによる基本的特徴として，パニック発作と呼ばれる13の身体症状または認知症状が上げられる。その内容は，動悸，発汗，身震いまたは発熱，息切れ感または息苦しさ，喉が詰まる感じ，胸痛または胸部不快感，嘔気または腹部の不快感，めまい感または頭が軽くなる感じ，現実感の消失または離人症状，コントロールを失うことに対するまたは"気が狂う"ことに対する恐怖，死ぬことに対する恐怖，異常感覚，冷感または熱感，である。以上の症状が予期しない状況で繰返し起きて，少なくとも1カ月の間，またパニック発作が起こるのではないかと，心配が持続した状態，さらには発作に関連した顕著な行動上の変化などが上げられる。このような症状を持つ人は，自分の症状に対しその意味や結果について心配しており，医学的な検査によって繰返し保証が与えられても，まだ発見されていない何か致命的な病気のせいではないかと心配することもよくある。さらには，発作を起こすことが自分の感情をコントロール出来ないためであり，情緒的な弱点を持っていると考え，恐怖心を持つ場合もある。つまりパニック障害の症状を持っている人は，その多くが症状の不安から，日常的な活動や，その結果に不安が広がっている。そうなってくるとその人のあり方全体の問題となり，まさに不安神経症といえる。

　実際の治療的働きかけでは，パニック発作がより限定的なものが顕在化している場合は，認知行動療法などのより具体的な課題を設定した形の治療法が適切であろう。さらにもう少し広い意味での生活全般における姿勢を考える上では森田療法などがある。パニック障害をもつ自己のあり方や性格，深層心理を扱おうとする精神分析などの治療法はパニックの消失という点についての治療法としては時間が掛かる割には効果は少ないと思われる。

〔永井　撤〕

性格の適応的変化

　性格（人格）は，変化するものであろうか。私たちにとって，自分の性格には，長所と感じられ，保っておきたい，または伸ばしていきたいと感じられる部分と，短所と感じられ，できれば変えたいと感じられる部分がある。このようなとき，私たちは，自己の性格を，主体的努力によって，または，他者の援助によって，変えていくことができるであろうか。この章では，主として青年期以降，私たちの性格が安定した後に，性格が変わりうるかどうかを考えていく。

14.1　性格は変化するか

14.1.1　気質と生涯発達

　発達的観点からみれば，出生から青年期に至るまでは，性格の形成期である。乳児期の子どもにおいても，個人差がみられ，その個人特有の生得的特徴（気質）が存在することが知られている。

　トーマス（Thomas, A.）ら（1970）は，乳児期の赤ちゃんを観察して，表14.1に示されているような9つの気質を見出し，3つのタイプに分類している。人間の性格は，このような気質と，母親がそのような特徴をもつ子どもにどのようなはたらきかけをし，相互作用をするかによって，形成されていく。

　子どもは，家族との人間関係，友人との関係，学校集団での人間関係といった，より広い世界の中で性格を発達させていく。青年期以降の人間にみられる個人差の質的・量的差異の大きさは，乳幼児にみられる差異よりもはるかに大きく多様であり，性格発達の過程が個人差の増大をもたらすといいうるのである。

　人間の性格は，ごく一般的にいって，生得的・遺伝的な素質と，生後に経験する環境との相互作用によって形成される。環境というのは，主として親によって与えられる養育やしつけ，そして親自身がモデルになることなどの人間的な要因（環境要因）である。人間は，人間として生まれても人間的環境の中

表14.1　子どもの3タイプ (トーマスA. ほか, 1972)

	手のかからない	何をするにも時間がかかる	取り扱いが難しい
■ 活動水準 (活動している時間とじっとしている時間の割合)	不定	低度または中	不定
■ 周期性 (空腹や排泄, 睡眠や起きている時間の規則性)	非常に規則的	不定	不規則
■ 散漫度 (どの程度の刺激で, 行動に変化がおこるか)	不定	不定	不定
■ 接近・逃避 (未知の人や新しい事物への反応)	積極的に接近	初期の逃避	逃避
■ 順応性 (子どもが環境の変化に適応する難易度)	非常に順応的	時間をかけて順応的	時間をかけて順応的
■ 注意力の範囲と持続性 (ある行動にかけた時間と, その行動に関しての気分転換の効果)	高または低	高または低	高または低
■ 反応の強さ (反応の激しさ, その質や内容には無関係に)	弱または中	中	強
■ 感受性の閾値 (はっきり見分けのつくだけの反応を引きおこす刺激の強さ)	強または弱	強または弱	強または弱
■ 気分の質 (友好的, 快活で嬉々とした行動と不機嫌で意地の悪い行動との対照)	陽性	やや陰性	陰性

注)「手のかからない (easy)」タイプは全体の 40 %,「何をするにも時間がかかる (slow to warm up)」タイプは 15 %,「取り扱いが難しい (difficult)」タイプは 10 %であった。

で育たなければ, 直立することも, ことばを使うことも, 人間的な感覚・感情も発達しない。このことは, 人間とともに育たなかった野生児の研究 (例: ジング, 1942；8.2.1参照) が教えてくれる。

14.1 性格は変化するか

　しかし，もし，私たちの性格が，生得的・遺伝的要因と生後の親を中心とする環境要因との相互作用によって決定されるとするならば，人間の性格は，どの親のもとに生まれるかによって，ほとんど決定されてしまうといわざるを得ない。

　しかしながら，はたして人間の性格が乳幼児期の受身的な条件で，ほとんど決定されてしまうと考えられるのであろうか。バルテス (Baltes, P. B., 1980) は，生涯発達的観点から，人間の発達に影響する要因として，3つの要因をあげている。まず，彼は，発達を規定するものとして，生物学的要因と環境要因との相互作用があることを認め，この相互作用に影響する要因として，3つの影響力をあげたのである。

　第1のものは，標準的な年齢段階的な影響力 (normative age-graded influences) である。これは，とくに，児童心理学者や老人心理学者が主として問題とするような，生活年齢や生物学的成熟などに関連している。

　第2のものは，標準的な歴史段階的な影響力 (normative history-graded) である。これは，歴史的な時代や，世代 (cohort) に関係する歴史的なできごとに関連している。たとえば，年齢的には同じ青年期 (age-graded) であったとしても，その時代が戦争の末期であり，いつ死ぬかわからないと思いながら過ごすことと，平和でものが豊かな時代に過ごすこととは，その個人，その世代の発達に異なった影響を与えるであろう。このような，歴史的な戦争，不況や社会構造を変えるようなできごとは，それぞれの世代に異なった影響を与えると考えられる。

　第3のものは，非標準的な生活上のできごと (non-normative life-events) の影響力である。これは，すでに述べた2つの影響力とは異なり，一般的に共通したものではなく，個人の生活史上のできごとの影響力である。たとえば，結婚，離婚，死別，転職，大病といった，その個人にとって重要な生活上のできごとが，その個人の発達に影響する。

　この3つの影響力は，相互に作用し合いながら，人間の発達に影響すると同時に，相対的な影響力は，発達段階によって異なると考えられる (図 14.1)。図のように，発達の初期には，年齢的・成熟的影響力がもっとも大きく，青年期には，歴史的・時代的影響力，そして，成人期以降は，個人的できごとの影

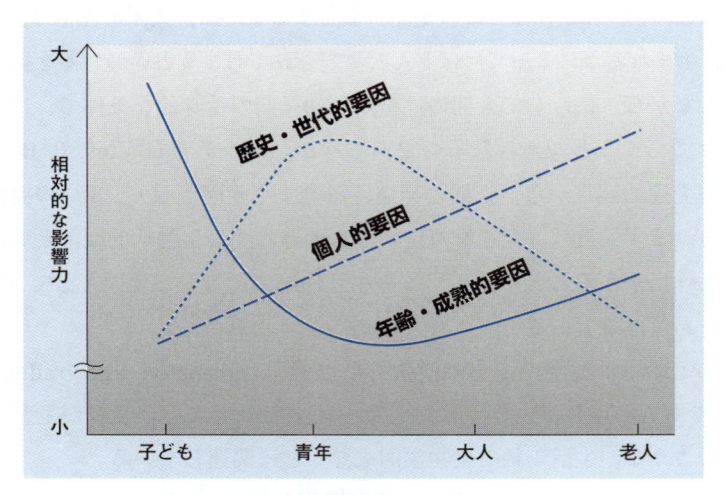

図14.1　発達に影響する要因 (Baltes, P. B., et al., 1980)

響力がもっとも大きくなるのである。

　とくに個人的できごとは，自分にとって重要な他者の死のような，本人が選択できないものもあるが，多くは主体的な選択が可能なものである。誰といつどのように結婚するか，いつどのような職業を選ぶか，そして，それを継続するか断念するかなどは，その個人の主体的なあり方によって決定され，その後のその個人の発達に影響する。

14.1.2　自己意識と性格

　青年期に入ると，私たち人間は，その以前とは異なり，自己のあり方を客観的に，あたかも他者の目で見るがごとくに見ることができるようになってくる。
　梶田叡一（1980）によると，自分が自分を対象化する様式には，次の3つの水準がある。
（1）自己意識をまったく欠いた状態……乳児期，睡眠中など

(2) 即自的自己意識をもった状態……幼児期・児童期，成人の場合では何かに没頭している場合など
(3) 対自的自己意識をももった状態……青年期以降，とくに，自省，煩悶，自己洞察などの場合に顕著

　児童期の自己意識は，青年期にくらべると，非常に肯定的で，あえていえば，児童は，自己を客観的にみることができないがゆえに，肯定的な自己像をもつことができているのである。

　第二次性徴をきっかけとして，青年期が始まる。青年期には，今まで気づかなかった自己の否定的側面に気づかざるを得なくなってくる。他者との比較を通じて，自分自身の受け入れがたい短所や欠点を強く意識し，「自分の性格を変えたい」と強く望むようになってゆく。

　「性格を変えたい」と強く望み，何らかの努力をしても，自分の思い通りに自己の性格を変えていくことはできないであろう。しかしながら，この段階になって初めて，性格形成の第3の要因である「主体的努力」が現れることになる。私たち人間は，「遺伝」や「環境」によって，受身的に性格を形成されるだけの存在ではない。「主体的努力」によって自己の性格を変革させていこうとする力をもっていると考えられるのである。

14.1.3　性格の恒常性と変化

　現代の性格理論の多くは，個人の性格が，青年期の終わりには，ほぼ完成されて，安定すると考えている。また，いったん安定した性格構造ができあがると，それ自体が変化に抵抗し，安定性を保とうとするはたらきが現れることを認めている。フロイトの**抵抗**の概念，ロジャーズの**防衛性**の概念，サリバンの**安全操作**の概念などは，このことを意味している。

　実証的研究においても，年齢を主変数として性格の変化をみた研究では，性格の変化よりも，安定性，恒常性のほうをより強く示唆する結果になっている（Kelly, E. L., 1955, Skolnick, A., 1966, Leon, G. R. et al., 1979 など）。

　たとえば，レオンら（1979）は，MMPIを用い，中年期から老年期までの約30年間を追跡し，計4回のテストの結果を報告している。**図14.2**の，71名の

14章　性格の適応的変化

男子のグループMMPIプロフィールは，非常に類似したパターンを示した。また，**表14.2**のように，それぞれの尺度の相関も，かなり高い値が示されたのである。

ビッグ・ファイブ研究は，それぞれの研究者によって5つの特性の概念内容，

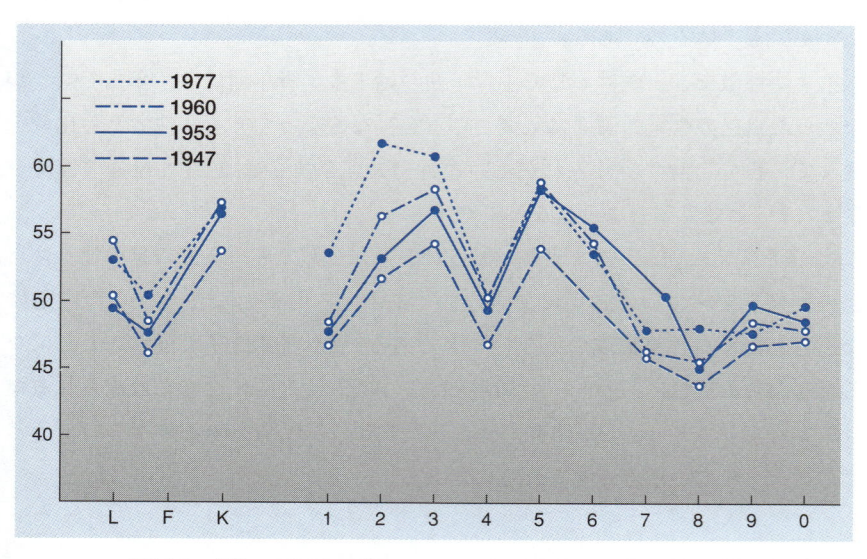

図14.2　グループMMPIプロフィール（Leon, G. R., et al., 1979）

表14.2　MMPIの各尺度ごとの相関（Leon, G. R., et al., 1979）

年	尺度												
	L	F	K	1	2	3	4	5	6	7	8	9	0
1947 − 1953	.396	.594	.613	.556	.589	.737	.597	.570	.505	.679	.573	.627	.810
1953 − 1960	.122	.549	.673	.642	.687	.571	.636	.679	.377	.728	.540	.633	.777
1960 − 1977	.025	.556	.560	.485	.463	.359	.545	.521	.619	.494	.509	.525	.762
1947 − 1960	.070	.486	.502	.472	.462	.500	.506	.502	.443	.644	.467	.671	.822
1953 − 1977	.612	.385	.603	.479	.403	.404	.663	.577	.290	.607	.556	.545	.753
1947 − 1977	.399	.320	.434	.277	.471	.353	.375	.584	.311	.402	.277	.524	.736

14.1 性格は変化するか

相互の関係，用いられている用語等は一貫してはいない（John, O. P., 1990）が，近年，数多くの縦断的研究結果が発表されつつある。

コスタとマックレー（Costa, P. T. & McCrae, R. R., 1994）は，それぞれの特性を，N（neuroticism：神経質傾向），E（extraversion：外向性），O（openness：開放性），A（agreeableness：あいそのよさ），C（conscientiousness：誠実性）と名付け，それぞれの特性を測定する尺度（NEO 人格尺度）を構成し，数多くの縦断的研究を発表している。

コスタとマックレー（1994）のレビューによると，ビッグ・ファイブの安定性は中年期から老年期にかけて，かなり高いことが示されている。N（neuroticism）に関しては，調査間隔が6年から30年で，NEO 人格尺度やMMPIなどを用いた6研究を概観し，その結果，相関は .83 から .46 であり，それらの結果の中央値は .64 であることを示した。E（extraversion）では，調査間隔が6年から30年，用いた尺度は NEO 人格尺度や MMPI などの6研究で，相関は .82 から .56，中央値は .64 であった。O（openness）では，調査間隔が6年から30年，用いた尺度は NEO 人格尺度や MMPI などの4研究で，相関は .83 から .54，中央値は .64 であった。A（agreeableness）では，調査間隔が3年から30年，用いた尺度は NEO 人格尺度や MMPI などの4研究で，相関は .65 から .46，中央値は .64 であった。C（conscientiousness）では，調査間隔が3年から24年，用いた尺度は NEO 人格尺度や 16PF などの5研究で，相関は .79 から .46，中央値は .67 であった。

以上の研究は，本人が評定した尺度からの安定性であるが，コスタとマックレー（1988）では，配偶者に対象者を評定してもらうという方法で，N, E, Oを測定し，6年間隔での相関はそれぞれ，.83, .77, .80 であることを示している。

このような性格の安定性は，青年期から中年期よりも，中年期から老年期の間のほうが高くなる傾向が見られる。フィン（Finn, S. E., 1986）は，大学生（17歳から25歳）と中年（43歳から53歳）の2つの世代を，MMPIを用いて30年間隔で追跡した研究を行い，各下位尺度の相関の中央値は，前者が .38 であるのに対して，後者は .53 とはるかに高いことを報告している。

このように，性格の恒常性を支持する研究は，いわゆる性格特性を尺度法で

測定し，グループ平均値の変化か，相関分析を行う研究がほとんどであるが，もし加齢を主たる変数としグループの平均や相関係数を指標とするならば，かなり高い安定性（stability）ないし恒常性（constancy）が見られると言えるのである。

このように，全体的にみると，性格の安定性・恒常性が示唆されることが多い。それゆえ，性格の変化というテーマ自体，安定性・恒常性が高まると考えられる青年期以降，性格が変化することがあるかという問いにおきかえられるのである。またこれは，すでに述べた「重要な生活上のできごと」や「主体的努力」が，性格のどのような側面を，どのように変化させるか，という問いでもある。

14.2 性格はどのような場合に変化するか

14.2.1 性格変化の典型的状況

性格の変化がおきる状況は，多くの場合，その個人が何らかの危機（クライシス）に直面した状況であると考えられる。それゆえ，性格変容の研究は，ケース研究的なものか，状況別に検討した研究であることが多い。鈴木乙史（1985a）は，性格変容を適応的変容と不適応的変容に分け，典型的と思われる性格変容状況を，図14.3のように6つに分類している。適応的変容と不適応的変容との区別は，健康な人格がもつと考えられる，性格の統合性，主体性，独自性，社会性などが獲得される方向に変化するのか，消滅する方向で変化するのかを基準にしている。

不適応的変化では，以下のものが考えられる。

(1) 統合失調症や躁うつ病といった精神病に罹患することによって生起するもの。これらは，かなり顕著であるために，診断のよりどころにもなっている。
(2) アルコールやシンナーなどの薬物依存，脳外傷や脳腫瘍，脳に人工的な外傷を与えるロボトミーなどの外因性のもの。これはどのような外因によって，脳のどの部分が損傷を負ったかにより，現れる性格変化は異なることが知られている。

14.2 性格はどのような場合に変化するか

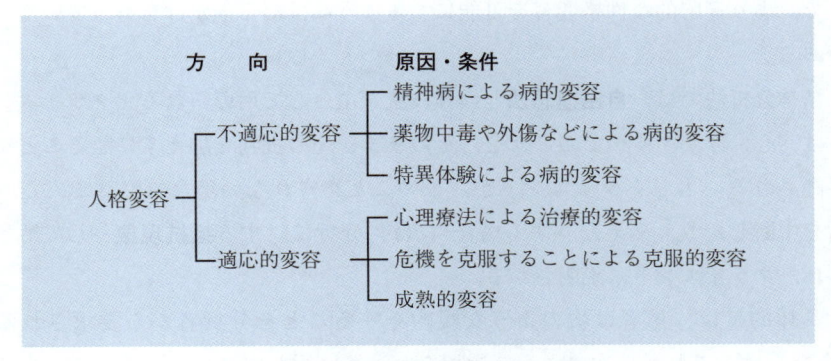

```
                    方　向           原因・条件
                                 ┌ 精神病による病的変容
                  ┌ 不適応的変容 ┼ 薬物中毒や外傷などによる病的変容
                  │              └ 特異体験による病的変容
         人格変容 ┤
                  │              ┌ 心理療法による治療的変容
                  └ 適応的変容   ┼ 危機を克服することによる克服的変容
                                 └ 成熟的変容
```

図14.3　人格変容の分類（鈴木，1985a）

(3) 脳そのものに損傷がないが，特殊な体験や苛酷な体験によるもの。これはナチスによる強制収容所体験，無期囚・死刑囚の長期拘禁体験，洗脳体験などである。心因反応や神経症による性格変化もこの群に含まれる。

14.2.2 から，性格の適応的変容について，治療的変容と克服的変容を取り上げ詳しく述べるが，治療的性格変容は，いわば特異な対人関係を，治療のためにクライエント（来談者）の世界にもち込む特異的体験（カウンセリング体験）の結果であると考えられる。また，克服的性格変容は，予期しない人生上の危機的体験（特異的体験）を克服することによって生起する適応的方向への性格変容と考えられる。明らかに，同様の危機的体験によっても，不適応方向への性格変化が生起する。その典型的な例として心因反応や神経症が考えられるのである。

14.2.2　精神分析における治療的性格変容

精神分析においても，クライエント中心カウンセリングにおいても，"治療"とは，たんに症状の現れる以前の状態に戻すことを意味するのではなく，"性格の成長・成熟（適応的変容）"を意味している。クライエントの性格の変化は，セラピスト（治療者）との特殊な質をもった対人関係の中で生起する。この特

殊な質をもった対人関係を治療関係と呼ぶが，セラピストは，この治療関係の中で，より適応的な性格変容を可能にするようなはたらきかけを行っていくのである。

精神分析法では，**自由連想法**という技法が主として用いられる。クライエントは，心に浮かぶすべてのことを，そのまま一切の批判を加えずに語ることを要請される。もしクライエントが，このことを守れない場合（黙りこんだり，話を中断したり，変えたりする場合）には，分析に対する**抵抗現象**として解釈され，クライエントに説明される。

具体的には，患者は次のような規約を守ることを分析者から要求される。「あなたは，これから次のような選択をいっさい行わずに，頭に浮ぶことをそのまま話して下さい」とまず指示される。ついで，こんなことを話すのは「① つまらない，② 病気（自分）のことに関係がない，③ 恥ずかしい，④ 不愉快だ，⑤ 先生を怒らせはしないか，などの批判が出てきたときには，こういう批判に打ち勝って頭に浮かんだことを，そのまま言って下さい」と言われる。このうち，① は抑圧抵抗，② は疾病利得抵抗，③ は転移抵抗，④ はエス抵抗，⑤ は超自我抵抗と考えられている（古沢平作，1958）。

分析者は，クライエントの自由連想を真剣に聞き，その無意識内容を再構成（解釈）することによって，症状の意味を示すのである。しかし，それをクライエントに知らせるだけでは性格変容はおこらない。

性格変容を可能にするためには，解釈された内容を，クライエント自身が，自分自身の追想を通して確認しなければならない。この際に，クライエントの抵抗がもっとも大きな問題になるのである。抵抗をクライエントが放棄し，解釈を確認することによって，今まで知ることができなかった「無意識内容の意識化」が可能になる。しかしながら抵抗を放棄し，解釈を確認することは，クライエントにとって苦しい体験である。なぜならば，そのことが自我にとって苦痛であるからこそ，無意識に抑圧したのである。このプロセスを促進するために，クライエントとセラピストの間に，**"感情転移"**と呼ばれる人間的な影響力が存在することが必要となる。

このように，性格変容をおこすためには，クライエントの抵抗を1つ1つ排

除していく過程（**徹底操作**）と，感情転移が可能なセラピストとのパーソナルな人間関係が必要とされる。治療が進むにつれ，クライエントは，症状をあらわさなくなるだけでなく，自我が強化され，エス，超自我，そして外界からの自律性を獲得し，現実に即した理性的・合理的行動をしうる性格構造へと変化するのである。

14.2.3　カウンセリングにおける治療的性格変化

　クライエント中心カウンセリングでは，クライエントとカウンセラーは，対面して会話を進めていく。ロジャーズ（1966）によれば，治療がうまくいくかどうかを決定するものは，技術や訓練ではなく，クライエントに伝えられ，知覚しうる，セラピストのある態度（attitude）の存在である。もし，クライエントが次の3条件を，クライエントとの関係の中でそなえることができ，そしてクライエントがこれらの条件の存在を知覚することができれば，治療的な動きがおこるのだとした。

① **セラピストの一致性**（congruence），または**純粋性**（genuineness）
② **無条件の肯定的配慮**（unconditional positive regard）
③ **共感的理解**（empathic understanding）

　クライエントは，このようなセラピストとの関係の中では，自己を防衛することなく，自己や自己の経験をありのままに感じ取ることができるようになる。自己への気づきがおき，新たなる自己の再体制化が可能になる。

　ロジャーズ（1951）は，ある女子学生の**自己概念**の変化を報告している。Q分類を用いて，彼女のセラピィ前，期間中（9回目），そしてセラピィ後（31回目）の，現実の自己と理想自己が測定された。結果は**図14.4**のようであった。この結果から次のようなことが明らかになった。

(1) セラピィ前の自己と，後の自己との相関は小さく（$r=.15$），セラピィの間に自己の知覚はかなり大きく変化している。
(2) セラピィ前では，自己と理想自己との相関は小さく（$r=.18$），両側面間のズレが大きい。
(3) セラピィ後では，自己と理想自己との相関は大きく（$r=.81$），両側面は，

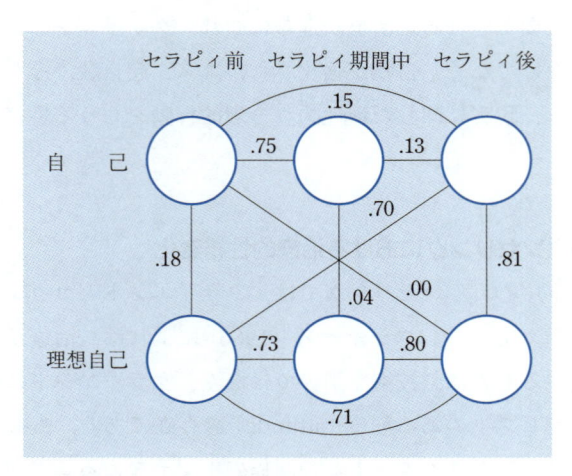

図14.4 カウンセリングによる自己概念の変化（ロジャーズ C.R., 1967）

接近している。
(4) セラピィの初期段階（9回目）では，自己知覚の変化は小さいが（$r=.75$），後期では大きい（$r=.13$）。
(5) 現実の自己の知覚は，著しく変化しているが（$r=.15$），理想的自己像は，かなり恒常である（$r=.71$）。
(6) セラピィによって，自己と理想自己との間のズレは除かれるが（$r=.81$），期間中では，このズレがより大きくなる（$r=.04$）。
(7) セラピィ後の自己は，セラピィ前の理想自己に接近する（$r=.70$）。
(8) セラピィ前の自己は，セラピィ後の理想自己とはまったく相関がなく（$r=.00$），関連性がみられない。

変化の質的側面をみると，この女子学生は，セラピィ前には自分自身をひどく否定的に認知していた。自分には，自信も力もなく，何をしたらよいのかもわからないと感じていた。他者との関係も悩み多いもので，好かれることのみを求めていた。

セラピィ後の彼女は，自分をより肯定的に認知できるようになった。自信と

信念をもちうるようになり，目標をもち，自分のしたいことを恐れることなくやってみることができるようになった。しかしながら，この変化は，彼女が真の自分に気づき，それを受け入れ，自分らしく生きようと決心したことによってもたらされたのである。カウンセラーは，クライエントの変容のプロセスを援助したのみなのである。

カウンセリングが進行すると，クライエントは，具体的に，次のような変化をみせていく（ロジャーズ，1961）。まず，次のようなことから離れていくようになる。

(1) 見せかけのものから，離れる。
(2) "べき（〜すべき）"から，離れる。
(3) 文化・社会や他者の期待に沿うということから，離れる。
(4) 他者を喜ばすということから，離れる。

このような考え・思いが自己の中心にあるために，自分らしく生き生きと（自己実現的に）生きることが阻害されていたことに気づくのである。

そして次のような方向へと近づいていく。

(1) 自己指示的，自己責任的存在になる。
(2) 過程的な存在（固定的な存在の対極）になる。
(3) 複雑な様相をもちうる存在になる。
(4) 経験に対して開かれるようになる。
(5) 他者を受け容れるようになる。
(6) 自己を信頼するようになる。

みせかけの自分，こうあるべき自分，他者に気に入られなければ不安な自分から，自分らしく行動しうる自分，他者を受容し，自己を信頼しうる自分，複雑な感情や多様な意味をありのままに受容できる自分へと変化するのである。

14.2.4 性格の克服的変容

治療的なはたらきかけによって個人の性格が，適応的に変化することを示したが，治療的なはたらきかけが意図的になされなくとも，個人の性格は適応的に変化することが古くから知られている。代表的な例は，宗教的回心（conversion) である。回心とは，ジェームズ (James, W., 1902) によれば,「それまで分裂していて，自分は間違っていて下等であり不幸であると意識していた自己が，宗教的な実在者をしっかりとつかまえた結果，統一されて，自分は正しくてすぐれており幸福であると意識するようになる」過程をあらわすことばである。また脇本平也 (1977) は，回心とは分裂せる自己の再統一であるとか，観念・目的・価値などの再組織化であるとかいわれているが,「それらは要するに，従来とは異なった新しい中心が確立し，これをめぐって構造の組みかえが行われること」であると考えている。

実証的研究においても，古くは，スターバック (Starbuck, E., 1899) が質問紙調査法を用いて，典型的な回心体験には，消沈と悲嘆，転回点，歓喜と平安という3つのはっきりした特徴的局面を備えていること，そして中心的事実は，新たな自己の誕生であることを示している（図14.5）。また，新しくは，パロウジャン (Paloutzian, R., 1981) が，回心体験者を対象に，人生の目的意識と価値意識の尺度を用いて実証的に検討している。それによると，回心群の人生目的意識は，非回心群にくらべて有意に高く，人生の意味をより豊かに感じていること，そして価値意識も，神の「救済」や「清く生きる」ことに高い得点が与

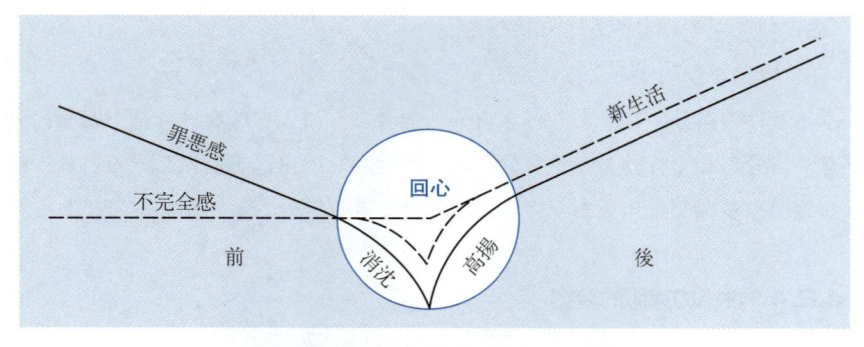

図14.5 回心のプロセス（脇本，1977）

えられ，逆に「いごこちのよさ」「幸福」「自由」といった非回心者が高い得点を与える価値には，低い得点を与えることを示した（**表14.3**）。

このような回心体験による性格の変容は，宗教心理学の分野においては中心的テーマの1つであるが，そのプロセスが宗教体験と深く結びついているために，実証的に研究するには困難が多いと思われる。

私たちが実証的に研究しうる克服的変容の代表的なものに，障害児の親の性格変容がある。親は誰もが，自分の子どもが健全に生まれてくることを期待し，そうなるであろうと予期して子どもを産む。その子が，障害児であるとわかると，親は，大きなショックを受ける。親（とくに母親）は，精神的な危機に直面するのである。親は，この危機に対処しなければならない。この危機を適応的方向で克服し得たものは，そのプロセスの中で性格の克服的変容をおこすことがある。

従来，この領域の研究は，障害児である子どもの親の受容プロセスという側面から研究され，わが国でも，三木安正（1956）や鑪 幹八郎（1963）の研究などがある。障害児をもつ母親は，たんに子どもの障害を受容できるだけではなく，「親自身の人間的成長を障害児に感謝する」ようになったり，「人間の価値

表14.3　回心群の「人生目的（purpose in life：P. I. L.）」得点
（Paloutzian, R. F., 1981）

人生目的得点(P.I.L.)	条　件					
	非回心群		回心群			
	非回心群	不確実群	1週間	1週間から1カ月	1カ月から6カ月	6カ月以上
平　均	101.4	107.8	118.8	108.5	114.9	114.7
標準偏差	12.1	10.4	6.6	13.5	9.6	11.4
人　数	24	16	11	10	8	22

注）回心群は非回心群より有意にP.I.L.得点が高い。回心群は，回心後，P.I.L.得点が一時低下するが，再び上昇し，安定する。

の再発見・再認識」ができるようになったりするのである。

鈴木（1985b）は，障害児の母親を対象にSDスケールと自由記述の分析を用いて，自己概念の変容を検討した結果，「障害児を育てること」をきっかけとして自分が変わったと実感した群（変容群）では，自己概念が大きく変容していることを示した。

自由記述の内容分析からは，自己中心的で狭く，内向的で消極的，閉鎖的，短気で感情的，神経質であった自分から，共感的で感謝の心がもてるようになり，外向的で積極的・開放的になり，多面的なものの見方や価値観をもてるようになり，忍耐と寛容を身につけられた自分へと変化したと感じられている。さらに，表14.4のSDスケールの分析からは，変容群が，非変容群にくらべて，よりポジティブな自己概念（情緒安定性，強靭性，誠実性が高く，過敏性が低い）をもっていることが明らかになり，自由記述の分析の結果を，計量的データでも支持しうることがわかった。

これらの母親や回心者は，直接，治療的なはたらきかけを受けたわけではない。しかし，自らの生きる意味や人間の価値について真剣に考え続けた過程の中で性格を変化させているのである。すなわち，回心者の場合は「神」をめぐっ

表14.4　現在の自分──変容群と非変容群との比較（鈴木，1985b）

	全体傾向		向性	情緒安定性	強靭性	誠実性	過敏性	理知性
	向性込	向性抜						
変容群　平均	4.81	4.87	4.25	5.11	5.01	5.14	4.99	4.24
N=22　　(SD)	(0.49)	(0.50)	(0.94)	(0.79)	(1.04)	(0.69)	(0.79)	(0.88)
非変容群　平均	4.36	4.41	4.09	4.56	4.37	4.69	4.35	4.10
N=17　　(SD)	(0.37)	(0.35)	(0.71)	(0.62)	(0.45)	(0.54)	(0.57)	(0.28)
t	＊＊ 3.07	＊＊ 3.15	0.57	＊ 2.30	＊ 2.53	＊ 2.16	＊ 2.74	0.68

注）＊＊は$p<.01$，＊は$p<.05$。

て，また，障害児の母親では「子ども」をめぐって，自己に対する主体的なはたらきかけを真剣にし続けることによって，性格変容が生起しているのである。

しかしながら，他者からのはたらきかけが意味をもたないわけではない。障害児の母親の場合，夫やほかの家族，ボランティアの人々などが大きな支えになっている（鈴木乙史・江本美也子，1986）。むしろ，他者の支えがない場合には，適応的変容はおきにくいとも示唆しうる。

このことは，視点を変えていえば，他者のはたらきかけという側面に焦点をあてるか（治療的変容），または，主体的なはたらきかけに焦点をあてるか（克服的変容）の問題とも考えうる。エリス（Ellis, A., 1975）は，すべての根本的なパーソナリティの変化には，自己分析が不可欠であると示唆し，「というのは，有効にして十分な治療による援助を受けているときでさえ，持続的でしっかりとした自己分析を加えていかなければ，彼らが得ていくものは表面的なものにとどまり，継続的なものにはならないだろう」と述べている。

なお，克服的変容の例として，最近，ガンなどを告知された末期患者の性格変容の問題がケース研究として取り上げられることがある。明らかに，すべての個人が危機に直面して，適応的方向に自己を変容させ，危機を克服しうるようになるわけではない。個人，状況，対人関係，文化・社会の諸要因が複雑にからみ合って，個人の性格変容のプロセスを促進させたり，阻害させたりしている。この領域の実証的研究は，始まったばかりといってもよく，今後の大きな課題であると思われる。

[参 考 図 書]
梶田叡一　1980　自己意識の心理学　東京大学出版会
ロージャズ　C.　伊東　博（編訳）　1967　ロージャズ全集15　クライエント中心療法　の最近の発展　岩崎学術出版社
詫摩武俊・星野　命（編）　1985　性格は変えられるか（新版）　有斐閣
鈴木乙史　1992　性格はどのように変わっていくか　読売新聞社
鈴木乙史　1998　性格形成と変化の心理学　ブレーン出版

BOX 14　摂食障害

　心理的な原因によって食行動に異常を起こす病態を総じて**摂食障害**と呼び，不食（拒食）を主症状とする**神経性食思不振**症と，過食を主症状とする**神経性過食**症に大別される。思春期女性の発症率が顕著に高く，思春期やせ症とも呼ばれる。症状は対照的だが，自分を過剰に太っていると思いこむ著しい**ボディ・イメージの歪み**や**強い痩身願望**などの心理的特徴は共通する。また極端な完璧主義，強迫的傾向もみられる。過食の状態に陥ると自信を喪失し，抑うつ感が強まり，自暴自棄になることがある。

　発症因には，視床下部の摂食中枢の問題や，幼少期の家庭環境から発症に至るまでの継続的な家族の機能不全の問題が指摘されている。特に幼少期から親の望みを先取りするなど，外側の基準に自分を無意識に合わせ続けることで適応してきた子どもは，自我同一性の達成に不可欠な幼少期の自律性の獲得という心理的発達課題に失敗し，思春期になって破綻をきたすという。ブルック（Bruch, H.）は，これを本症の本質的な問題と唱えた。

　しかしながらダイエットと称して気軽に食の制限を繰り返す人は，けっして珍しくない。摂食障害（拒食症）の診断基準に該当する標準体重の−20％以上のやせは，今や女性たちの目指すべき理想体重となっている。ダイエット情報雑誌の読者コラムには，摂食障害の典型的な問題行動とされる，気晴らし食いやむちゃ食い直後の下剤の使用や意図的な嘔吐が，ダイエット成功者の苦労話の一つとして投稿されている。これを見る限り摂食障害は，健康から逸脱したごく一部の人たちに適用される疾病概念とは言い難い。治療の動向も，専門的治療はもとより，学生やハイリスク群を対象とした予防的教育が重視されつつある。摂食障害を生み出す下地が私たちの文化や社会に潜んでいる問題について，社会学におけるジェンダー論からの批判的検討が進んでいるが，臨床心理学においても，もっとグローバルな視点でこの概念を再考することが必要となろう。

〈青木紀久代〉

文化とパーソナリティ

「イギリス人は自制心が強い」とか「フランス人は個人主義だ」とか，各国の国民のパーソナリティに関しては，多くの俗説が氾濫している。日本人のパーソナリティに関しても，日本人論というかたちで，無数の著作が発表されている。心理学や文化人類学においては，日本人論は，「文化とパーソナリティ」に関する理論として位置づけられている。本章では，文化とパーソナリティに関する理論や研究の中から，フロムやミードらの代表的な研究を紹介した後に方法論の視点から文化とパーソナリティの研究のあり方について考えてゆく。

15.1 文化とパーソナリティに関する理論

15.1.1 文化とは

日常生活においては，文化（culture）というと高等な精神的活動やすぐれた芸術活動をさすことが多い。しかし，社会科学においては，文化は「人間が学習によって社会から修得した生活の仕方の総称」と定義されている。この定義には，衣食住をはじめ，技術・学問・芸術・道徳・宗教などの，生活様式の内容と形式を含んでいる。この定義には，日常生活の用法とは異なり，「文化」をきわめて広義にとらえ，何らの価値判断を挟み入れていない。たとえば，能や歌舞伎などの伝統芸能を文化的活動とみなすと同時に，テレビのトークショーやカラオケも文化的活動であり，人との挨拶の仕方や退屈したときのあくびの仕方でさえ，文化に規定された活動となる（10章参照）。

15.1.2 パーソナリティ形成と文化

文化はその文化に適応するように所属する成員のパーソナリティを形成する。一方，ある文化集団に属する成員は，自身のパーソナリティに合わせて文化を変容するようにはたらきかけている。文化と成員のパーソナリティとの間には，

互いに影響し合う相互作用の関係が存在する。こうした人間と文化との相互関係を明らかにする研究分野は，文化人類学の中で従来，文化とパーソナリティ（culture-and-personality）の分野と呼ばれてきた。しかし，最近の文化人類学ではこの分野を，文化人類学と心理学とにまたがる領域と考えられるようになり，**心理人類学**（psychological anthoropology）と呼ぶようになっている（江淵一公，1975）。心理学においては定まった名称が与えられていないが，**比較文化心理学**や交差文化心理学（**cross cultural psychology**）などと呼ばれることが多い。最近では，心の社会的文化的形成を解明することを目指す**文化心理学**（波多野誼余夫・高橋恵子，1997）も提唱されている。

心理人類学や比較文化心理学や文化心理学においては，文化と成員のパーソナリティとの関係について，多くの理論が提唱されている。それらの理論のうち，本章ではフロムやミードの理論を紹介する。

15.2 権威主義的パーソナリティ

15.2.1 フロムの研究

フロム（Fromm, E., 1941）は**社会的性格**（social character）の概念に基づいて，第1次世界大戦後のドイツ国民の心理を分析している。社会が変化に直面したときには，社会成員の1人1人は，社会の必要に応じた特有の性格特性を身につけるようになる。こうした社会的必要に適応した性格が，社会的性格である。

フロムによれば，第1次世界大戦後のドイツにおける下層中産階級は，「強者への愛，弱者に対する嫌悪，小心，敵意，金についてもけちくさいこと，そして本質的には禁欲主義（フロム，1951，p.234）」という社会的性格をもっていた。このような下層中産階級の社会的性格が，戦後の経済的衰退に対する怒りと結びつき，ナチスの台頭を導いたと，フロムは分析している。フロムが指摘した強者への服従と弱者への嫌悪を基調とする性格類型は，**権威主義的パーソナリティ**（authoritarian personality）と呼ばれている。

15.2.2 F尺度

フロム以降，アドルノ（Adorno, T. W.）らの研究者は，権威主義的パーソナリティを測定する性格尺度を考案し，**F尺度**と命名している。彼らの研究結果によると，権威主義的パーソナリティはドイツだけでなくさまざまな国の国民の中にも存在する。このパーソナリティをもつ人は，多数集団などの権威を無批判に承認して服従する一方，下位の者や少数集団の人に対しては服従を要求し，自分の優位を誇示しようとする。彼らは古い因習に固執し，迷信を信じやすく，融通のきかない心理的な硬さをもっている。このため，さまざまな人種的偏見を抱きやすい。ナチスドイツの支持者たちがユダヤの人々をひどく嫌ったように（**BOX3** 参照）。

15.3 性役割の文化差

15.3.1 ミードの研究

文化人類学者ミード（1935）は，ニューギニアの3つの部族について調査を行い，文化がパーソナリティの形成に及ぼす影響を分析している。その結果は，**表 15.1** に要約されている。

アラペッシュ，ムンドグモール，チャンブリの3部族は，ニューギニアの隣接した地域に居住していた。ミードによれば，アラペッシュ族は男女とも穏和で親切で，自己主張をせず，愛情に満ちていた。ムンドグモール族は，自己主張が強く，攻撃的で粗暴であった。われわれの文化に従っていえば，アラペッシュ族は男女とも女性的であり，ムンドグモール族は男性的といえる。さらにチャンブリ族においては，臆病で，陰険で疑い深く嫉妬深いパーソナリティをもっているのは男性であり，攻撃的で支配的で活発な性質をもつのが，女性であった。われわれの文化からみれば，男女のパーソナリティが逆転しているのである。これらのパーソナリティの差は，各部族の育て方に起因するものと考察されている。

表15.1 ニューギニアの3部族の文化型 (Mead, M., 1935)

部族	アラペッシュ	ムンドグモール	チャムブリ
部族名 居住地域	山地	河川	湖
文化の全体的特徴	●女性的 ●協同的な社会 ●男女老幼の差別が少ない	●男性的 ●かつて首狩人肉食の習慣があった ●好戦的・攻撃的	●男女の役割がわれわれの社会と反対 ●女性が生産的労働に従事し消費の実権も握る ●男性は美術工芸祭祀に従事する
男女関係	●控え目に反応する男女の結婚が理想 ●性的欲求は強くなく性的葛藤はない ●家族間に強い愛情的・相互依存的な結合がある	●激しい攻撃的な男女の結婚が理想 ●性生活は積極的 ●男女間に権力と地位,優越についての争いがある	●優越的・非個人的・支配的な女性と,無責任で情動的・依存的な男性との結婚 ●性的にも男性が従属的
育児・しつけ	●男女とも子どもの世話をする ●厳しいしつけはほとんどしない ●子どもには寛大でむしろ溺愛型 ●子どもの成熟を刺激しない	●子どもに無関心・拒否的 ●子どもを残酷に扱い厳しい罰を与えるが,しっかりしつけをするのではない ●子どもの成熟を刺激する	●厳しい教育・しつけはしない ●母親は身体の保護と授乳以外,子どもと偶然的な接触しかしない ●1歳からの養育は父親が受けもつ ●児童期以後に厳しい統制が始まる ●女児は成熟を刺激され,男児は刺激されない
パーソナリティ特性	●自己を主張しない ●他人に愛され助力を得ることに安定を感じる ●非攻撃的・協同的・愛情的・家族的 ●温和・親切	●自己を強く主張する(とくに女性) ●所有欲とリーダーシップへの感情が強い ●攻撃的・非協同的 ●残酷・冷酷 ●粗暴・尊大	●女性は攻撃的・支配的・保護者的で活発・快活 ●男性は女性に対して臆病で内気で劣等感をもち,陰険で疑い深い

注) 要約は村田 (1983) による。

15.3.2　性役割の決定因

　ミードの研究は，社会が男性や女性に期待する役割（性役割；**BOX 6** 参照）が，文化によって異なることを実証した研究と受け取られ，文化人類学だけでなく，心理学や男女平等主義者など，さまざまな分野の人々に広く知られている。しかし，後年の研究によると，ミードはムンドグモールについては過去の伝統を述べ，アラペッシュについては現在の様子を記すなど，収集した資料の時代を混同していることが明らかになっている。また，自分の論に都合のよい資料だけを利用しているなどの問題も指摘されている（我妻　洋，1983）。

　ミードの研究には多くの方法論的な問題が含まれているが，文化によって男女の役割が異なるという彼女の結論は，現在も支持されている。たとえば，バリー（Barry, H.）ら（1957）は 110 の文化における性役割を分析している。その結果によると，18 の文化では男女がともに「育児」を行うことを期待しており，少なくとも 3 つの文化では，われわれの文化とは逆に，男児に「服従」が求められていた。

　男性が行うべきこと，女性が行うべきこと（性役割）は，生まれついて定まっているのではなく，所属する社会や種族の文化によって決定されているのである。

15.4　日本人の国民性

15.4.1　さまざまな日本人論

　以上のようにさまざまな理論は，文化によってパーソナリティが異なることを指摘している。では，われわれ日本人は，ほかの国民とどのようにパーソナリティが異なっているのであろうか。

　日本人のパーソナリティの特徴（国民性）を分析した研究は，**日本人論**と呼ばれている。築島謙三（1984）は，日本人論に関連する従来の文献を検討し整理している。

　築島は，昭和 20 年以降の日本人研究を，社会に見た日本人，こころに見た日本人，比較文化に見た日本人，ことばに見た日本人の 4 種に分類している。

社会に見た日本人には，ベネディクトの『菊と刀』や中根千枝の『タテ社会の人間関係』などの文化人類学関係の書籍が多く含まれている。こころに見た日本人には，南　博の『日本人の心理』や土居健郎の『「甘え」の構造』，井上忠司の『「世間体」の構造』などの，心理学や心理学の周辺領域の書籍が含まれる。比較文化に見た日本人には，笠　信太郎の『ものの見方』やE. O. ライシャワーの『ザ・ジャパニーズ』など，評論家や政治家の論考をまとめた書籍があがっている。いずれの領域にも10冊以上の書籍が紹介されており，日本人が膨大な「日本人論」に接してきたことが実感される。

15.4.2　恥の文化と罪の文化

築島は社会にみた日本人研究の中で，アメリカの文化人類学者ルース・ベネディクトの研究を紹介している（1946）。ベネディクトは，アメリカ政府の依頼により，第2次世界大戦における敵国国民である日本人の心理を把握するために，各種の既存資料の分析や日本人捕虜への面接調査を行った。その結果は『菊と刀』にまとめられている。『菊と刀』は多くの示唆に富む書籍であるが，中でも恥の文化と罪の文化の指摘が有名である。ベネディクトによれば，西洋文化では罪の意識が文化成員の行動を制御しており，日本では恥の意識が行動を規定している。このため，西洋では宗教的で内面的な価値に従って行動するが，日本では，周囲のまなざしや世間体を気にして行動するという。

日本人が周囲のまなざしを気にして，他律的に行動するという指摘は，ほかの日本人論でも多くみられる。こうした行動の傾向は，日本社会が家族組織に似た集団構造をもっているためである，と考える識者も多い（築島，1984）。

築島が日本人論をまとめた1984年以降も，無数といえるほどの日本人を論じた書籍や研究が発表されている。このように無数の著作が発表されている最大の原因は，日本人論の方法にあるものと考えられる。

15.5 文化とパーソナリティに関する解釈的研究

15.5.1 解釈的研究とは

野村　昭（1987）は，文化におけるパーソナリティの研究の方法を大きく解釈的方法と実証的方法とに分け，さらに前者を3つに，後者を2つに，それぞれ分類している（図15.1）。解釈的方法は，直観的記述法，象徴的記述法，類型的記述法に分けられている。

直観的方法とは，旅行記や紀行文などのように，文化の異なる地域に行き，印象に残った特異な特徴を記述するという方法である。1549年に日本を訪れた宣教師フランシスコ・ザビエルは，日本人を「甚だ思慮深く，スペイン人と同じく，或はそれ以上に道理をもって己を律す」と形容しているが（築島，1984），こうした印象記が直観的方法の例である。

象徴的方法とは，特定の文化の下で育った何人かの代表的人物を選び，そのパーソナリティの構造について記述する方法である。坂本竜馬について分析して高知県人の県民性を論じたり，夏目漱石の日記を分析して明治の知識人の文化を検討したりするのが，この手法の例である。

類型的方法とは，その文化において指摘される多くの行動的特徴から，パーソナリティの類型を構成する方法である。先述の『菊と刀』もこの研究法の一

```
解釈的方法 ─┬─ 直観的記述法
            ├─ 象徴的記述法
            └─ 類型的記述法

実証的方法 ─┬─ 部分的調査法
            └─ 全体的調査法
```

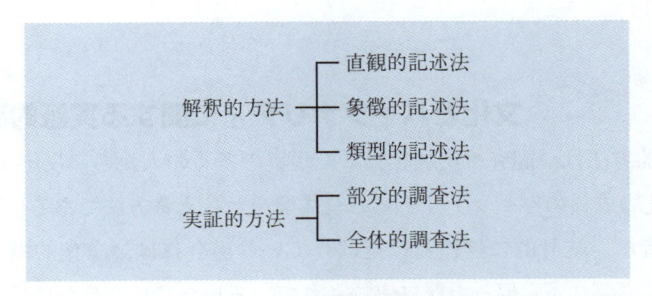

図15.1　文化におけるパーソナリティ研究方法の分類 (野村，1987)

例である。

15.5.2 解釈的研究の問題点

以上の解釈的方法をとる研究は有効に用いられれば，深い洞察に基づいて，国民性の本質を鋭くとらえることができる。しかし，これらの方法では，論拠となる資料の妥当性に問題のある場合が少なくない。

直観的方法では，研究者自身が接した狭い範囲の体験を過大に解釈したり，先入観に基づいて誤った結論を下す例がみられる。異文化に初めて接したことによるカルチャーショック（culture shock）によって歪んだ印象を，他国の国民性として押しつけるような著作もある。すでに発表されている知見や研究成果を十分に検討せずに，自分の体験だけに頼って論を展開しているために，先人と同じ内容をことばを替えて主張しているだけの研究も少なくない。

象徴的方法では，説明として選ばれた例が，その文化に含まれる成員の代表であるという根拠が薄い。もっとも科学的と考えられる類型的方法でさえ，扱われた資料の代表性や真実性に関する分析が不十分であることが少なくない。解釈的研究においては，論拠となる資料の妥当性を厳密に評価しないかぎり，安易な旅行印象記の羅列に陥る危険性をはらんでいるのである。

築島が紹介した研究のほとんどは，直観的方法や類型的方法に基づいている。これらの研究が膨大な量となっている原因は，こうした解釈的方法のもつ問題にあるものと考えられる。

15.6 文化とパーソナリティに関する実証的研究

実証的方法は，調査や実験を行った現実の多くの人たちの反応（行動）から，その文化の成員のパーソナリティの全体像をとらえる方法である。調査や実験の対象者が，統計的に無作為に選ばれている場合には，全体的調査法となり，無作為に選ばれず，偏った層に実施されている場合には，部分的調査法と呼ぶ。

15.6 文化とパーソナリティに関する実証的研究

15.6.1 部分的調査法

2カ国の大学において，任意に対象クラスを選んで調査を行ったり，研究者が関係する複数の国の小学校で観察を行ったりして，国民（文化）の違いを比較する研究手法は，部分的調査法と呼ばれている。部分的調査法は比較文化心理学や文化心理学で多用される手法である。最近では，知覚実験や社会心理学的な実験を複数の国で実施し，実験結果を比較して文化が行動に及ぼす影響を論じる研究も増えている。

北山 忍（1998など）は，日本と欧米を比較した研究知見を整理し，**文化的自己観**の視点から，西洋分化と東洋文化の違いを理論化している。文化的自己観とは，「ある文化において歴史的に作り出され，暗黙の内に共有されている人の主体の性質についての通念」と定義される。

アメリカ合衆国をはじめとする欧米文化で優勢な文化自己観は，相互独立的自己観である。相互独立的自己観によれば，自己とは他者や回りの物事とは区別され，切り離された実体である。この自己観をもつ文化では，自己表現が讃美され，討論や議論が重視される。他者から独立し，切り離された自己を確認することが自己や人生への満足を生む。

一方日本をはじめとする東洋文化で優勢な文化的自己観は，相互協調的自己観である。相互協調的自己観によれば，自己は他者や回りの物事と結びついて社会の構成要素となる，関係志向的実体である。自己は他者と相互に協調し，依存し合う存在であるという通念である。この自己観をもつ文化では，社会の中で役割を果たすことが重視され，社会的に与えられた目標に向けて努力することが尊重される。他者の気持ちをくみ入れて行動し，情緒的な人間関係をもつことが求められる。

北山の文化的自己観の理論は，従来の日本人論や日米を比較した心理学実験の知見と整合し，それらを包括する可能性をもった理論として，文化心理学の研究者から注目されている。

15.6.2 全体的調査法

調査や実験の対象者が，統計的に無作為に選ばれている場合は全体的調査法

と呼ばれる。

全体的調査法の例としては，統計数理研究所が30年にわたり実施している「日本人の国民性」調査（統計数理研究所国民性調査委員会，1992など）や総理府（現内閣府）などで行われる国際比較調査があげられる。

たとえば，総理府青少年対策本部（1984）は，日本，アメリカ，イギリスなど11カ国の18歳から24歳までの青年を対象に，意識調査を行っている。その結果によると，11カ国の家族関係は大きく2種類に分かれる。父親が主導権を握り，伝統的性役割観をもつアジア型と，子どもに自由を認め，母や子の自立を大切に考えるヨーロッパ型である。ところが，日本の青年は，伝統的性役割観をもちながら，母親の自立を認めるなど，2つの型の両方の要素を兼ね備えた特異な位置にいる。

アメリカや韓国をまじえた6カ国の青年の意識を解析しても，日本は特異な位置を占めていた（図15.2）。伝統的な価値観をもつ社会に対して，強い不満を抱いているにもかかわらず，国や社会に対するかかわりを積極的にもとうとしないことが，日本の青年の特徴となっている。

全体的調査法は，科学的な水準の高さや結論の一般性の面で，ほかの手法を凌駕している。しかし，実施にあたって莫大な経費がかかる点が，実施上の限界となっている。また，国によっては，戸籍が整備されていないとか，文盲率が高いなどの理由で，無作為な対象者の抽出ができない場合も多く，方法論上の制約となっている。さらに，せっかく科学的な調査を行っても，充分な分析を施していないために，生かされていない調査結果も多い。

15.6.3　日本人は集団主義か

全体的調査法の結果は，解釈的方法をとった研究の「常識」と食い違う場合がある。

解釈的研究の多くは，日本文化の特徴として「集団主義」をあげている。日本人は集団で行動することが多く，個人の都合より集団全体の利益や秩序を優先するという考えである。先に挙げた『菊と刀』では，日本人は個人が抱く罪悪感より，集団の中で感じる恥の意識に基づいて行動しやすいと指摘されてい

15.6 文化とパーソナリティに関する実証的研究

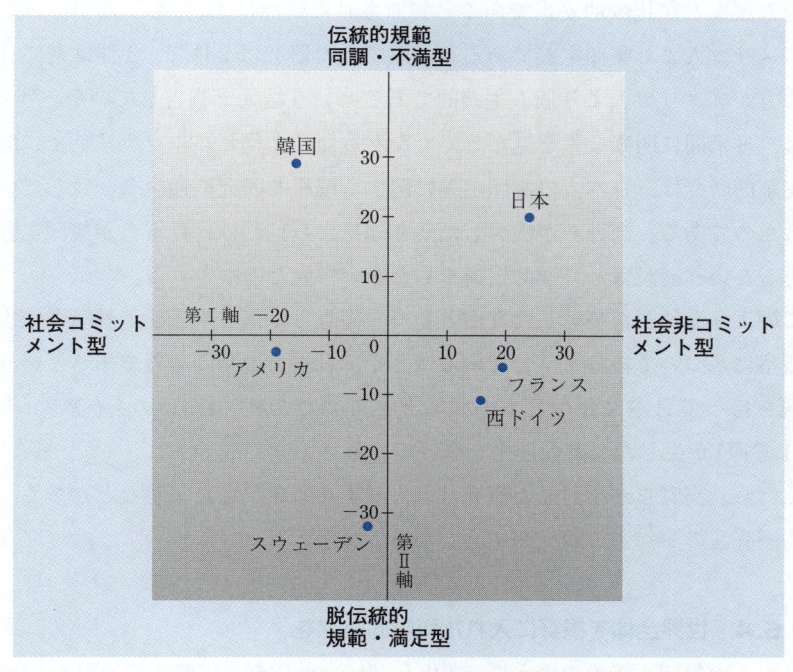

図15.2　6カ国の青年の意識構造（総理府青少年対策本部，1984）
6カ国の青年の意識調査の結果を数量化Ⅲ類を用いて解析した結果。日本と韓国の青年は，アメリカ，スウェーデン，西ドイツ，フランスの青年にくらべて，家庭観や人生観などについて，伝統的な考え方が強く，家庭などに対して不満が強い。一方，アメリカや韓国の青年は社会や国とのかかわりを意識的にもとうとしている。

る。日本人は欧米人に比べると，個人より集団を優先させる集団主義であるという論調が，多くの日本人論の通説になっている。さらに，日本人の集団主義は欧米の個人主義に比べて問題が多く，日本人も個人主義になるべきだという暗黙の価値観を押しつける「識者」も少なくない（波多野・高橋，1997 参照）。

しかし，高野陽太郎・纓坂英子（1997）は，日米の国民を対象にした実証研究の結果を総覧して，この通説に疑問を呈示している。彼らは集団主義・個人

主義に関して，統制された条件の下で日米比較を行った調査や実験を展望した。測定方法などが比較的妥当であると判断された研究は12件あったが，日本人がアメリカ人より集団主義であると結論できた研究は2件で，3件は逆に日本人の方がアメリカ人より個人主義的であるという結果を報告していた。残り7件は，日米間に明確な差を見だしていなかった。文化とパーソナリティに関する実証的研究は，日本人の集団主義に関する解釈的研究の通説と一致していなかったのである。高野らが検討した研究知見から見れば，日本人が集団主義的であるという通説は，科学的根拠をもたない俗説とみなされる。

このような通説が蔓延した理由として，高野らは，日本人論の執筆者が皮相な観察に基づいて極論を下していることや，日本人は集団主義であるという先入観を持って日本文化や日本の政治を見ていたため，認知のバイアス（本書9.6.1参照）が生じたなどの理由を挙げている。

ただし，高野らが検討した研究は，大学生を対象にした実験などが多く，部分的調査法のレベルの研究が中心となっている。

15.6.4　世界全体を視野に入れた科学的研究を

日本人の集団主義説のように，文化とパーソナリティに関する通説や「常識」には，社会科学の視点から見ると，根拠が疑わしいものが少なくない。とくに，従来の解釈的な日本人論は，日本と米英とを直感的に比較して，そこに見られる違いが「東洋と西洋」の違いと論じるものが多い。部分的調査法を用いた実証研究でも，類似した「東西」論をたてている研究が多い。しかし，同じ東洋といっても，日本文化と中国文化は同じ行動パターンを含んでいるのであろうか（園田，2001参照）。世界人口の約2割を占めるイスラム文化は，東西のどちらに位置づくのであろうか。このように考えると，東洋と西洋という二分法では，捉えられない文化差に気づかされる。

ハンチントン（1998）は政治学の立場から，現代の文明を，西欧，中国，日本，イスラム，ヒンドゥー，スラブ，ラテンアメリカ，アフリカの8種に大別し，現代世界の問題が文明間の衝突として理解できると理論化している。ハンチントンの説は歴史学的な認識に立脚しており，解釈的ニュアンスを含み，実

15.6 文化とパーソナリティに関する実証的研究　　247

証性に関しては議論の余地を残している。しかし，人類の文明・文化を8種に分けてその共通点と相互関係を把握しようとするグローバルな（全世界的な）視点は，東西差にのみ拘泥する多くの心理学者が見失っている社会科学的立場を示している。

　国際化社会の進展に伴って，国家レベルだけでなく，企業や個人のレベルにおいても，国際交流の必要性が高まっている。他の国の国民を真に理解するためには，全世界を視野に入れた科学的な方法による比較文化研究が必要となっている。

[参 考 図 書]

築島謙三　1984　「日本人論」の中の日本人　大日本図書
渡辺文夫　2002　異文化と関わる心理学——グローバリゼーションの時代を生きるために　サイエンス社
北山　忍　1998　認知科学モノグラフ9　自己と感情——文化心理学による問いかけ　共立出版

引用文献

1 章

Allport, G. W.　1937　*Personality : A psychological interpretation*.　Henry Holt.　詫摩武俊・青木孝悦・近藤由紀子(訳)　1982　パーソナリティ　新曜社
柏木惠子　1980　人格・発達　梅岡義貴・大山　正(編著)　心理学の展開　北樹出版
河合隼雄・一谷　彊・星野　命・藤永　保他共著　1984　講座　現代の心理学6　性格の科学　小学館
Mischel, W.　1968　*Personality and assessment*. John Wiley & Sons.
瀧本孝雄・鈴木乙史・清水弘司(編著)　1985　性格の心理　福村出版
詫摩武俊　1971　性格　講談社現代新書　講談社
詫摩武俊(編)　1978　性格の理論　第2版　誠信書房
詫摩武俊(監)　1985　パッケージ・性格の心理　全6巻　ブレーン出版
依田　新　1968　性格心理学　金子書房

2 章

Bandura, A.　1965　Influence of models' reinforcement contingencies on the acquisition of imitative responses. *Journal of Personality and Social Psychology,* **1**, 589-595.
バンデュラ　A.　原野広太郎(監訳)　1979　社会的学習理論　金子書房
フロイト　S.　生松敬三(訳)　1975　自叙・精神分析　みすず書房
Lewin, K.　1935　*A dynamic theory of personality*.　相良守次・小川　隆(訳)　1957　パーソナリティの力学説　岩波書店
ミラー　N. E.・ダラード　J.　山内光哉・祐宗省三・細田和雄(訳)　1956　社会的学習と模倣　理想社
小此木啓吾・馬場謙一(編)　1977　フロイト精神分析入門　有斐閣
ロージャズ　C. R.　伊東　博(編訳)　1966　ロージャズ全集4　サイコセラピィの過程　岩崎学術出版社
ロージャズ　C. R.　伊東　博(編訳)　1967　ロージャズ全集8　パースナリティ理論　岩崎学術出版社
詫摩武俊(編)　1978　性格の理論　第2版　誠信書房
戸川行男ほか(編)　1960　性格心理学講座第1巻　性格の理論　金子書房

3 章

安藤公平・大村政男　1967　心理検査の理論と実際　駿河台出版社
藤土圭三　1987　心理検査の基礎と臨床　星和書店
堀川直義　1962　面接の心理と技術　法政大学出版局
片口安史　1960　心理診断法詳説　牧書店
詫摩武俊(監)　1986　パッケージ・性格の心理第6巻　性格の理解と把握　ブレーン出版
辻岡美延　1965　新性格検査法　竹井機器工業
内田勇三郎　1964　内田クレペリン精神検査手引　日本精神技術研究所

4 章

クレッチマー　E.　1953　内村祐之（訳）　天才の心理学　岩波書店
クレッチマー　E.　1961　相場　均（訳）　体格と性格　文光堂
宮城音弥　1960　性格　岩波新書　岩波書店
高良武久　1953　性格学　白揚社
詫摩武俊（編）　1971　性格　講談社現代新書　講談社
詫摩武俊　1986　性格の類型論　詫摩武俊（監）　パッケージ・性格の心理第 4 巻　性格の諸側面　ブレーン出版
依田　新　1968　性格心理学　金子書房

5 章

Allport, G. W.　1937　*Personality: A psychological interpretation.*　Holt.
オールポート　G. W.　今田　恵（監訳）　1968　人格心理学上・下　誠信書房
オールポート　G. W.　依田　新・星野　命・宮本美沙子（訳）　1977　心理学における人間　培風館
Cattel, R. B.　1950　*Personality.*　McGraw-Hill.
キャッテル　R. B.　斎藤耕二・安塚俊行・米田弘枝（訳）　1981　パーソナリティの心理学　改訳版　金子書房
Eysenck, H. J. 1960　*The structure of human personality.*　Mephuen.
アイゼンク　H. J.　MPI 研究会（訳）　1966　犯罪とパーソナリティ　誠信書房
瀧本孝雄・鈴木乙史・清水弘司（編著）　1985　性格の心理　福村出版

6 章

天羽幸子　1988　ふたごの世界　ブレーン出版
東京大学教育学部付属中・高等学校（編）　1978　双生児── 500 組の成長記録から　日本放送出版協会

7 章

Erikson, E. H.　1950　*Childhood and society.*　W. W. Norton.　仁科弥生（訳）　1977　幼年期と社会 I・II　みすず書房
Erikson, E. H.　1959　*Identity and the life cycle : Selected papers, psychological issues (Monographs.)*, Vol. 1, No.1, International Universities Press.　小此木啓吾（訳編）　1973　自我同一性　誠信書房
Havighurst, R. J.　1953　*Human development and education.*　Longmans, Green.
Jung, C. G.　1946　*Die Lebenswende in Seelenproblem der Gegenwart.*　鎌田輝男（訳）　1979　人生の転換期　現代思想，**7**, 5, 42-55.
カスタニエダ　J.　長島　正（編）　1989　ライフサイクルと人間の意識　金子書房
Levinson, D.J.　1978　*The seasons of a man's life.*　Alfred A. Knopf.　南　博（訳）　1980　人生の四季──中年をいかに生きるか　講談社
Marcia, J. E.　1966　Development and validation of ego-identity status. *Journal of Personality and Social Psychology,* **3**, 551-558.
Staude, J.-R.　1981　*The adult development of C.G. Jung.*　Routledge & Kegan Paul.

8 章

Ainsworth, M.　1979　Infant-mother attachment. *American Psychologist,* **34**, No. 10, Special issue.　繁多　進（訳）　1981　アタッチメント　依田　明（監訳）　現代児童心理

学4　情緒と対人関係の発達　金子書房　Pp. 7-28.
Biller, H.　1981　The fater and sex role development. In M. Lamb (Ed.) *The role of the father in child development.* 2nd ed.　John Wiley & Sons. Pp, 319-358.
Bowlby, J.　1969　*Attachment and loss. Vol. 1. Attachment.*　The Hogarth Press.　黒田実郎・大羽 蓁・岡田洋子 (訳)　1976　母子関係の理論1　愛着行動　岩崎学術出版　p. 384.
Bowlby, J.　1973　*Attachment and loss. Vol.2:Separation.*　London:The Hogarth Press.
Bowlby, J.　1980　*Attachment and loss. Vol.3:Loss.*　London:The Hogarth Press.
Campos, J.J., Barret, K.C., Lamb, M.E., Goldsmith, H.H., & Stenberg, C.　1983　Socioemotional development. In M.M.Haith, & J.J.Campos (Eds), *Handbook of child psychology: Vol.2. Infancy and psychobiology.* New York: Wiley.
Harlow, H. F. & Mears, C.　1979　*The human model : Primate perspective.* V. H. Winston & Sons.　梶田正巳・酒井亮爾・中野靖彦 (訳)　1985　ヒューマン・モデル　黎明書房
Hazan, C., & Shaver, P.　1987　Romantic love conceptualized as an attachment process. *Journal of Personality and Social Psychology,* **59**, 270-280.
Laing, R. D.　1969　*The politics of the family and other essays.*　Tavistock Publications.　阪本良男・笠原 嘉 (訳)　1979　家族の政治学　みすず書房
Lamb, M. (Ed.)　1981　*The role of the father in child development.* 2nd ed.　John Wiley & Sons.
Main, M., Kaplan, N., & Cassidy, J.　1985　Security in infancy, childhood and adulthood:A move to the level of representation. In I. Bretherton, & E. Waters (Eds.), Growing points in attachment theory and research. *Monographs of the Society for Research in Child Development,* **50**, 66-104.
望月 嵩　1986　子どもの社会化——親子　こころの科学, No. 7, 132-137.
Portmann, A.　1951　*Biologische Fragmente zu einer Lehre vom Menschen.*　Verlag Benno Schwabe & Co.　高木正孝 (訳)　1961　人間はどこまで動物か　岩波新書　岩波書店
Radke, M.　1946　*The relation of parental authority to children's behavior and attitude.* University of Minnesota Press.
Symonds, P.　1937　*The psychology of parent-child relationships.*　Prentice-Hall.
Zingg, R.　1942　Feral man and cases of extreme isolation of individuals.　In J. A. L. Singh & R. Zingg (Eds.)　*Wolf-children and feral man.*　Harper & Brothers.　中野善達・福田 廣 (訳)　1978　野生児の世界　福村出版

9 章

Anderson, N. H.　1968　Likableness Ratings of 555 Personality-Trait Words. *Journal of Personality and Social Psychology,* **9**, 272-279.
Byrne, D., & Nelson, D.　1965　Attraction as a linear function of propotion of positive reinforcements. *Journal of Personality and Social Psychology,* **1**, 659-663.
Fiedler, F. E., Willard, G., & Warrington, G.　1952　Unconscious attitudes as correlates of social group. *Journal of Abnormal and Social Psychology,* 47, 790-796.
松井 豊　1993　恋ごころの科学　サイエンス社
松井 豊　1985　相互作用・恋愛　三井宏隆 (編)　社会心理学・その考え方とアプローチ　小林出版
松井 豊　1986　人に好かれる性格　詫摩武俊 (監)　パッケージ・性格の心理第5巻　自

分の性格と他人の性格　ブレーン出版
松井　豊・江崎　修・山本真理子　1983　魅力を感じる異性像　日本社会心理学会第24回大会発表論文集
中里浩明・井上　徹・田中国夫　1975　人格の類似性と対人魅力——構成と欲求の次元　心理学研究, **46**, 109-117.
Rubin, Z. 1973 *Liking and loving : An invitation to social psychology.* Holt, Rinehart & Winston. 市川孝一・樋野芳雄(訳)　好きになること愛すること　思索社
齊藤　勇(編)　1987　対人社会心理学重要研究集2　対人魅力と対人欲求の心理　誠信書房
下斗米　淳　2002　友人関係における役割行動期待の推移に関する縦断研究：役割分担の再構築時期とその性差　専修人文論集, **70**, 395-419.
詫摩武俊　1973　恋愛と結婚　依田　新・大西誠一郎・斎藤耕二・津留　宏(編)　現代青年心理学講座5　現代青年の性意識　金子書房
Winch, R. F. T. 1952 *The modern family.* New York : Holt.

10　章

バーンランド　D. C.　西山　千・佐野雅子(訳)　1973　日本人の表現構造　サイマル出版会
大坊郁夫　1987　対人コミュニケーション　大橋正夫・長田雅喜(編)　対人関係の心理学　有斐閣
榎本博明　1986　自己開示　詫摩武俊(監)　パッケージ・性格の心理第5巻　自分の性格と他人の性格　ブレーン出版
深田博己　1987　オーバーハードコミュニケーション　小川一夫(編)　社会心理学用語事典　北大路書房
古屋　健　1982　自己概念と自己呈示　齊藤　勇(編)　対人社会心理学重要研究集3　対人コミュニケーションの心理　誠信書房
Hall, E. T. 1968 *The hidden demension.* Doubleday & Company. 日高敏隆・佐藤信行(訳)　1970　かくれた次元　みすず書房
Jourard, S. M., & Lazakov, P. 1958 Some factors in self-disclosure. *Journal of Abnormal and Social Psychology,* **56**, 91-98.
小口孝司　1998　自己開示と適応　安藤清志・押見輝男(編)　対人行動学研究シリーズ6　自己の社会心理　誠信書房　Pp.165-192.
ペネベーカー　J. W.　余語真夫(監訳)　2000　オープニングアップ——秘密の告白と心身の健康　北大路書房
渋谷昌三　1983　なわばりの深層心理　創拓社
渋谷昌三　1986　近接心理学のすすめ　講談社
渋谷昌三　1987　パーソナルスペース　詫摩武俊(監)　パッケージ・性格の心理第5巻　自分の性格と他人の性格　ブレーン出版
田中政子　1973　Personal Space の異方的構造について　教育心理学研究, **21**, 223-232.

11　章

足立明久　1982　適性・リーダーシップ・モチベーション　塩見邦雄・金光義弘・足立明久(編)　心理検査・測定ガイドブック　ナカニシヤ出版
江副浩正　1983　就職とは何か——大学生の就職行動と意識　永野重史・依田　明(編)　文化の中の人間　新曜社　Pp.86-105.
広井　甫　1977　産業心理学　誠信書房

引 用 文 献

塹江清志　1978　性格と職場適応　横田澄司（編）　性格と職場適応　ブレーン出版　Pp.97-158.
金平文二　1981　受験者はどのような準備をしたらよいか　金平文二・平沢尚孝・畔柳敏雄・瓦林謙司・浦上安弘　女子大生の面接試験　有斐閣　Pp.99-118.
正田　亘　1979　産業心理学　恒星社厚生閣
正田　亘　1979　新版産業心理入門　総合労働研究所
岡村一成　1984　個人差と職業適性　関　忠文・岡村一成（編）　産業心理学セミナー　福村出版　Pp.26-29.
大沢武志　1980　管理者適性の心理学的研究　サイコロジー，No.7, 48-54.
大須賀哲夫　1958　労働集団　日本応用心理学会産業心理部会（編）　産業心理ハンドブック　同文館出版
下村英雄　2002　進路を決める　松井　豊（編）　対人心理学の視点　ブレーン出版　Pp.103-120.
田崎　仁　1987　職業を決める心理テスト1　産心社
山田雄一　1986　適性と性格　詫摩武俊（監）　パッケージ・性格の心理第2巻　性格の変化と適応　ブレーン出版　Pp.184-199.

12　章

総務庁青少年対策本部（編）　1990　青少年問題の現状と対策（平成元年版　青少年白書）　大蔵省印刷局
詫摩武俊編集代表　1988　いじめの問題事例集　ぎょうせい

13　章

American Psychiatric Association　1994　*Diagnostic and Statistical Manual for Mental Disorders, Fourth edition ; DSM-IV.* American Psychiatric Association.（高橋三郎他訳　1996　DSM-Ⅳ　精神疾患の診断・統計マニュアル　医学書院）
岩井　寛　1982　神経症　日本文化科学社
堺　俊明・米田　博　1986　遺伝はどこまで関与するか　こころの科学，No.10, 40-50.
島薗安雄・保崎秀夫・徳田良仁・風祭　元（編）　1988　図説臨床精神医学講座5　成人の精神医学〔A〕　メジカルビュー社
下田光造　1950　躁うつ病について　米子医学誌（現代のエスプリ，No.88, 38-41　に収録）
Spitzer, R. L., Skodol. A. E., Gibbon, M., & Willams, J.　1981　*DSM-Ⅲ case book.* The American Psychiatric Association.　高橋三郎・花田耕一・本多　裕（訳）　1983　DSM-Ⅲケースブック　医学書院
諏訪　望　1976　最新精神医学　南江堂
Tellenbach, H.　1961　*Melancholie.* Springer-Verlag.　木村　敏（訳）　1978　メランコリー　みすず書房
Webb, L., DiClemente, C. C., Johnstone, E. E., Sanders, J. L., & Perley, R. A.　1981　*DSM-Ⅲ training guide.* Brunner & Mazel.　清水　信（訳）　1982　DSM-Ⅲトレーニング・ガイド　星和書店
World Health Organization　1992　*The ICD-10 Classification of Mental and Behavioural Disorders: Clinical descriptions and diagnostic guidelines.* World Health Oraganization.（融　道男他訳　1993　ICD-10精神および行動の障害――臨床記述と診断ガイドライン　医学書院）
湯浅修一　1986　分裂病の予後　こころの科学，No.10, 29-37.

14 章

Baltes, P. B., Reese, H. W., & Lipsett, L. P.　1980　Life-span developmental psychology.　*Annal Review of Psychology,* **31**, 65–110.

Costa, P. T., & McCrae, R. R.　1994　Set like plaster? Evidence for the stability of adult personality. In T. F., Heatherton, & Weinberger, J. L.（Eds.）, *Can personality change?*　American Psychological Association.

Costa, P. T., & McCrae, R. R.　1988　Personality in adulthood: A six-year longitudinal study of self-report and spouse rating on the NEO Personality Inventory. *Journal of Personality and Social Psychology,* **54**, 853–863.

Ellis, A., & Harper, R.　1975　*A guide to rational living.*　Prentice-Hall.

Finn, S. E.　1986　Stability of personality self-ratings over 30 years : Evidence for an age/cohort interaction. *Journal of Personality and Social Psychology,* **50**, 813–818.

James, W.　1902　*The varieties of religious experience.*　Longmans, Green & Company.　桝田啓三（訳）1969　宗教的経験の諸相　岩波文庫　岩波書店

John, O.P.　1990　The "Big Five" factor taxonomy : Dimensions of personality in the natural language and in questionnaires. In L. A., Pervin,（Ed.）, *Handbook of personality.* The Guilford Press.

梶田叡一　1980　自己意識の心理学　東京大学出版会

Kelly, E. L.　1955　Consistency of the adult personality. *American Psychologist,* **10**, 659–681.

古沢平作　1958　精神分析理解のために　日吉病院精神分析学研究室出版部

Leon, G. R., Gillum, B., Gillun, R., & Gouze, M. 1979　Personality stability and change over a 30-year period-middle age to old age. *Journal of Consulting and Clinical Psychology,* **47**, 517–524.

三木安正　1956　親の理解について　精神薄弱児研究, **1**, 4–7.

Palouzian, R. F.　1981　Purpose in life and value changes following conversion. *Journal of Personality and Social Psychology,* **41**, 1153–1160.

Rogers, C.　1951　Perceptual reorganization in client-centered therapy.　In R. R. Blake & G. V. Ramsey（Eds.）, *Perception: An approach to personality.* Ronald Press.　伊東 博（編訳）1967　クライエント中心療法における知覚の再体制化　ロージァズ全集8　パースナリティ理論　岩崎学術出版社

Rogers, C.　1966　Client-centered therapy.　In S. Arieti（Ed.）, *American handbook of psychology,* Ⅲ.　Basic Books.　伊東 博（編訳）1967　ロージァズ全集15　クライエント中心療法の最近の発展　岩崎学術出版社

Skolnick, A.　1966　Stability and interrelationships of thematic test imagery over twenty years.　*Child Development,* **37**, 389–396.

Starbuck, E.　1899　*The psychology of religion.*　The Walter Scott Publishing.

鈴木乙史　1985a　人格の変容　瀧本孝雄・鈴木乙史・清水弘司（編著）　性格の心理　福村出版

鈴木乙史　1985b　障害児の母親の障害受容にともなう克服的人格変容過程に関する研究　安田生命社会事業団研究助成論文集, **21**, 65–74.

鈴木乙史・江本美也子　1986　自閉症児の母親の障害受容と人格変容過程に関する研究（その2）　母子研究, No. 7, 58–67.

鑪 幹八郎　1963　精神薄弱児の親の子供受容に関する分析的研究　京都大学教育学部紀要, **9**, 145–173.

Thomas, A., Chess, S., & Birch, H.　1970　The origin of personality. *Scientific Amer-*

ican, **223**, 102-109. 本明 寛(訳) 1972 人格はどのように形成されるか 不安の分析(別冊サイエンス) 日本経済新聞社

脇本平也(編) 1977 回心論 講座宗教学2 信仰のはたらき 東京大学出版会

Zingg, R. 1942 Feral man and cases of extreme isolation of individuals. In J. A. L. Singh & R. Zingg (Eds.), *Wolf-children and feral man*. Harper & Brothers.

15 章

Barry, H., Bacon, M., & Child, I. 1957 A cross-cultural survey of some sex differences in socialization. *Journal of Abnormal and Social Psychology*, **55**, 327-332.

Benedict, R. 1934 *The chrysanthemun and the sword : Patterns of Japanese culture*. Boston : Houghton Mifflin. 長谷川松治(訳) 1976 定訳 菊と刀——日本文化の型 社会思想社

Cole, M., & Scribner, S. 1974 *Culture and thought : A psychological introduction*. John Wiley & Sons. 若井邦夫(訳) 1982 文化と思考 サイエンス社

江淵一公 1975 文化とパーソナリティ 吉田禎吾(編) 文化人類学読本 東洋経済新報社

Fromm, E. 1941 *Escape from freedom*. Reinhart, Holt, & Winston. 日高六郎(訳) 1951 自由からの逃走 東京創元社

波多野誼余夫・高橋恵子 1997 文化心理学入門——子どもと教育 岩波書店

ハンチントン, S. 鈴木主悦(訳) 1998 文明の衝突 集英社 Huntington, S. 1996 *The clash of civilizations and the remaking of world order*. Simon & Schuster.

北山 忍 1998 認知科学モノグラフ⑨ 自己と感情——文化心理学による問いかけ 共立出版

Mead, M. 1935 *Sex and temparament in three primitive societies*. Morrow.

村田孝次 1983 三訂版 教養の心理学 培風館

野村 昭 1987 社会と文化の心理学 北大路書房

総理府青少年対策本部(編) 1984 世界の青年との比較からみた日本の青年——世界青年意識調査(第3回)報告書 大蔵省印刷局

園田茂人 2001 中国人の心理と行動 日本放送出版協会

高野陽太郎・櫻坂英子 1997 "日本人の集団主義"と"アメリカ人の集団主義"——通説の再検討 心理学研究, **68**(4), 312-327.

統計数理研究所国民性調査委員会(編) 1992 日本人の国民性(第5)戦後昭和期総集 出光書店

築島謙三 1984 「日本人論」の中の日本人 大日本図書

我妻 洋 1983 マーガレット・ミード 永野重史・依田 明(編) 文化の中の人間 発達心理学への招待7 新曜社

BOX3

松井 豊 1991 血液型による性格の相違に関する統計的検討 東京都立川短期大学紀要, **24**, 51-54.

森本毅郎のTBS"日曜ゴールデン特版"(編) 1985 血液型人間学のウソ 日本実業出版社

大村政男 1986 血液型と性格 詫摩武俊(監) 性格の理解と把握 パッケージ・性格の心理第6巻 ブレーン出版

坂元 章 1998 対人認知様式の個人差とABO式血液型性格判断に関する信念 いわゆる「血液型性格判断」を否定する(1) 日本社会心理学会第29回大会発表論文集, 52-53.

詫摩武俊・松井 豊 1985 血液型ステレオタイプについて 東京都立大学人文学部人文学報, **172**, 15-30.

BOX5

Brazelton, T. B. 1984 *Neonatal Behavioral Assessment Scale, 2nd ed.* 鈴木他（訳） ブラゼルトン新生児行動評価尺度 医歯薬出版

Epstein, R. P., Levine, J., Geller, V. et al. 1998 Dopamine D4 receptor and serotonin transporter promoter in the determination of neonatal temperament. *Molecular Psychiatry,* **3**, 238-246.

BOX6

Bem, S. L. 1974 The measurement of psychological androgyny. *Journal of Consulting and Clinical Psychology,* **42**, 155-162.

Bem, S. L. 1985 Androgyny and gender schema theory : A conceptual and empirical integration. In T.B. Sonderegger (Ed.), *Nebraska Symposium on Motivation 1984: Psychology and gender. pp.179-226.* Lincoln, NE : University of Nebraska Press.

Benbow, C. P., & Stanley, J. C. 1980 Sex differences in mathematics ability : Fact or artifact? *Science,* **210**, 1262-1264.

Biernat, M. 1991 Gender stereotypes and the relationship between masculinity and femininity : A developmental analysis. *Journal of Personality and Social Psychology,* **61**, 351-365.

Eccles, J. S., & Jacobs, J. E. 1986 Social forces shape math attitudes and performance. *Signs,* **11**, 367-389.

Hardin, C. D., Sinclair S., & Lowery, B. 1997 *Implicit self-stereotyping in the context of multiple social identities.* Unpublished manuscript, University of California, Los Angels.

Jacklin, C. N. 1989 Female or male : Issues of gender. *American Psychologist,* **44**, 127-133.

Kimura, D. 1992 Sex difference in the brain. *Scientific American,* **9**. （日経サイエンス, **11**, 82-113.）

Maccoby, E. E. 1988 Gender as a social category. *Developmental Psychology,* **24**, 75-765.

Maccoby, E. E., & Jacklin, C. N. 1974 *The psychology of sex differences.* Stanford, CA : Stanford University Press.

下條英子 1997 ジェンダー・アイデンティティ 風間書房

Sullerot, E., & Thibault, O. (Ed.) 西川祐子・天羽すぎ子（訳） 1983 女性とは何か、心理・社会編 東京：人文書院

Williams, J. E., & Best, D. L. 1990 *Measuring sex stereotypes (Vol.6, rev.ed.)*. Newbury Park, CA: Sage Publications.

BOX9

Hendrick, S. S., & Hendrick, C. 1986 A theory and method of love. *Journal of Personality and Social Psychology,* **50**, 392-402.

Lee, J. A. 1977 A typology of styles of loving. *Personality and Social Psychology Bulliten,* **3**, 173-182.

松井　豊　1993a　恋愛行動の段階と恋愛意識　心理学研究, **64** (5), 335-342.

松井　豊　1993b　恋ごころの科学　サイエンス社

松井　豊・木賊知美・立澤晴美・大久保宏美・大前晴美・岡村美樹・米田佳美　1990　青年の恋愛に関する測定尺度の構成　東京都立立川短期大学紀要, **23**, 13-23.

BOX10
三隅二不二　1978　リーダーシップ行動の科学　有斐閣

BOX11
石川富望　2000　化粧を落とすことの心理的効用について　平成11年度聖心女子大学卒業論文
伊波和江・浜　治世　1993　老年期痴呆者における情動活性化の試み —— 化粧を用いて　健康心理学研究, **6**, 29–38.
岩男寿美子・松井　豊　1985　化粧の心理的効用（Ⅲ）—— 化粧後の心理的変化　日本社会心理学会第25回大会発表論文集, 128–129.
菅原健介　2001　化粧による自己表現 —— 動機，効用，アイデンティティー　大坊郁夫（編）　化粧行動の社会心理学　北大路書房　Pp.103–113.
余語真夫　2001　適応力としての化粧　大坊郁夫（編）　化粧行動の社会心理学　北大路書房　Pp.125–135.

人名索引

ア 行

アイゼンク（Eysenck, H.J.） 64, 71～74
足立明久 68
アドルノ（Adorno, T.W.） 237
淡路円治郎 12
アンダーソン（Anderson, N.H.） 136

岩井 寛 211

ウィンチ（Winch, R.F.） 135
ウェルトハイマー（Wertheimer, M.） 19
内田勇三郎 43
内村裕之 12
ヴント（Wundt, W.） 10

エインスワース（Ainsworth, M.D.） 122
江副浩正 174
榎本博明 159, 160
江淵一公 236
江本美也子 233
エリクソン（Erikson, E.H.） 98, 99, 101～106
エリス（Ellis, A.） 233
エンドラー（Endler, N.S.） 31

櫻坂英子 245
大沢武志 171
大須賀哲夫 168
岡部弥太郎 12
岡村一成 167
小口孝司 160
オールポート（Allport, G.W.） 4, 64～67, 71

カ 行

梶田叡一 220
柏木惠子 4
金平文二 171, 172
ガレノス 9, 48
カレン（Cullen, W.） 208

北山 忍 243
キャッテル（Cattell, R.B.） 64, 67～71
キャンポス（Campos, J.J.） 123
ギルフォード（Guilford, J.P.） 37
クリスタル（Christal, R.E.） 76
クレッチマー（Kretschmer, E.） 12, 49～56, 170, 207
クレペリン（Kraepelin, E.） 42, 200, 205

ケーラー（Köhler, W.） 19

古沢平作 226
コスタ（Costa, R.T.） 76, 223
ゴールドバーグ（Goldberg, L. R.） 76

サ 行

サイモンズ（Symonds, P.M.） 126
サリバン（Sullivan, H.S.） 221

シアーズ（Sears, R.R.） 14, 23, 24, 26
シェイバー（Shaver, P.） 123
ジェームズ（James, W.） 28, 230
シェルドン（Sheldon, W.H.） 49, 56
渋谷昌三 154
下田光造 207

人名索引

下村英雄　174～176
ジャネ（Janet, P.）　208
シャルコー（Charcot, J.M.）　208
シュテルン（Stern, W.）　12
シュナイダー（Schneider, K.）　59
シュプランガー（Spranger, E.）　49, 56
ジュラルド（Jourard, S.M.）　158
ジング（Zingg, R.M.）　117

鈴木乙史　224, 225, 232, 233
スターバック（Starbuck, E.）　230
諏訪　望　207

タ　行

大坊郁夫　150, 162
高野陽太郎　245, 246
高橋恵子　236
高良武久　12
詫摩武俊　12, 62, 63, 132, 136
田崎　仁　167
橘　覚勝　112
鑪　幹八郎　231
ダラード（Dollard, J.）　14, 23, 24

築島謙三　240, 241

ディルタイ（Dilthey, W.）　49, 56
テオフラストス（Theophrastus）　9
デュセイ（Dusay, J.M.）　47
テュープス（Tupes, E.C.）　76
テレンバッハ（Tellenbach, H.）　207

戸川行男　12
トーマス（Thomas, A.）　217

ナ　行

中里浩明　138

ネルソン（Nelson, D.）　133

野村　昭　241
ノーマン（Norman, W.T.）　76

ハ　行

ハイヤー（Heyer, N.R.）　47
ハヴィガースト（Havighurst, R.H.）　98
波多野誼余夫　236, 245
バリー（Barry, H.）　239
バルテス（Baltes, P.B.）　219
ハーロウ（Harlow, H.F.）　118
パロウジャン（Paloutzian, R.）　230
バーン（Byrne, D.）　47, 133～135
バーンゼン（Bahnsen, J.）　10
バンデューラ（Bandura, A.）　23, 26
バーンランド（Barnlund, D.C.）　157

ビラー（Biller, H.）　125
広井　甫　168

フィードラ（Fiedler, F.E.）　141
フィン（Finn, S.H.）　223
フェヒナー（Fechner, G.）　10
深田博己　163
ブラゼルトン（Brazelton, T.B.）　95
ブルック（Bruch, H.）　234
フロイト（Freud, S.）　14～18, 98, 208, 221
ブロイラー（Bleuler, E.）　200
フロム（Fromm, E.）　49, 59, 235

ヘイザン（Hazan, C.）　123
ベネディクト（Benedict, R.）　240
ペネベーカー（Pennebaker, J. W.）　161
ヘルパッハ（Hellpach, W.）　12

ボウルビィ（Bowlby, J.）　121, 123
ホーナイ（Horney, K.）　59
塹江清志　171
ホール（Hall, E.T.）　153
ポルトマン（Portmann, A.）　116

マ　行

マグヌセン（Magnusson, D.）　81
正木　正　4, 12

正田　亘　169
マックレー（McCrae, R.R.）　76，223
マーシャ（Marcia, J.E.）　105
マーチン（Martin, H.G.）　37
松井　豊　62，65，135，139，146

三木安正　231
三隅二不二　146
ミッシェル（Mischel, W.）　5，31
ミード（Mead, M.）　235，237，239
ミラー（Milller, N.E.）　14，23，24

村田孝次　238

本明　寛　12

ヤ　行

矢田部達郎　37
山田雄一　170，171

ユング（Jung, C.G.）　12，49，57〜59，98〜101

依田　明　131
依田　新　4，12

ラ　行

ラザコフ（Lazakov, P.）　159
ラドケ（Radke, M.J.）　126
ラム（Lamb, M.）　125

リー（Lee, J.A.）　145，146

ル・センヌ（Le Senne, R.）　60
ルビン（Rubin, Z.）　152

レイン（Laing, R.D.）　127
レヴィン（Lewin, K.）　14，19，20，22，23
レオン（Leon, G.R.）　221
レビンソン（Levinson, D.J.）　97，99，112

ロジャーズ（Rogers, C.R.）　14，27，28，211，221，227〜229
ロールシャッハ（Rorschach, H.）　40

ワ　行

我妻　洋　239
脇本平也　230
渡辺　徹　12

事項索引

ア 行

アイデンティティ（ego identity） 105, 106
アタッチメント（愛着） 121, 123
アダルト・アタッチメント 124
安全操作 221
暗黙の性格観（implicit personality theory） 142, 143

いじめ 177〜184
いじめられる子どもの特徴 180, 181
いじめる子どもの特徴 179, 180
異常 197
依存性 24〜26
依存性人格障害 213
一面提示 162
一般因子 73
遺伝 81
イド 14〜16
インクブロット・テスト 40
因子分析 64, 65
インターナル・ワーキング・モデル 123

内田クレペリン精神検査 42〜45

エゴグラム 47
エディプス期 16
エルグ（erg） 69
演技性人格障害 213

オーバーハード・コミュニケーション 162

カ 行

絵画統覚テスト 40
絵画欲求不満テスト 40
外傷後ストレス障害（PTSD） 161
回避 24, 161
回避性人格障害 213
開放型と閉鎖型 22
過覚醒 160
核クラスター 68
学習心理学 23
学習理論 14
 ――学習理論的アプローチ 23
仮想された類似性 140〜142
家族システム 130
家族ホメオスタシス 127
葛藤 24
カルチャーショック 242
観察法 33, 34
感情転移 226
完全性 106
寛大化傾向 142

危機 224
「菊と刀」 240, 244
気質 4, 217
気質特性 69
基本的信頼 103
客観性 33
客観テスト 70
境界性人格障害 213
共有環境 94
共感的理解 227
共通特性 66, 67
急性ストレス障害 161
強迫性人格障害 213
近言語 150, 151
近接学 153
近接心理学 153

クライエント中心カウンセリング
　　225, 227
グループ因子　73
クレッチマーの性格類型　170

形態水準　41
ゲシュタルト心理学　19
血液型ステレオタイプ　63
権威主義　63
　──的パーソナリティ　236
言語連想テスト　40
現象学的自己理論　27
現象学的理論　14, 27

攻撃行動　26
交差文化心理学（cross cultural psychology）
　　236
構成概念　64
向性検査　37
抗精神病薬　203
口唇期　16 〜 18
行動遺伝学　94
行動療法　74, 212
高齢者の性格　112, 113
肛門期　16 〜 18
誤差因子　73
個人空間（personal space）　154, 164
個性化　101
個別的反応　73
コミュニケーション　149
根源特性（source trait）　67
コンフリクト　24

サ　行
サイコ・グラフ　67
再体験　161
催眠　208
作業検査法　36, 42

ジェンダー・ステレオタイプ　111
自我　14 〜 16
自我同一性（アイデンティティ）　98,
　　105

自己愛性人格障害　213
自己開示（self disclosure）　158 〜 161
自己概念　27 〜 29, 227
自己形成　90
自己実現　27, 28, 109
自己評定　70
次子的性格　131
システムとしての家族　127 〜 130
視線交差（eye contact）　152, 158
質問紙法　36 〜 39
社会的性格　236
社会的認知　143
習慣的反応　73
宗教的回心　229
自由面接　35
自由連想法　226
集団主義　224 〜 246
樹木画テスト　40
準言語　150
周辺層 P（periphery）　20
状況論　31
小児期体験　14
小児性愛論　14
職業適性検査　172, 173
自律性　103
事例研究　33
人格障害　212
人格変化の過程の理論　27, 29, 30
神経症　208
　──的傾向　73
　──論　14
神経性過食症　234
神経性食思不振症　234
心誌　66
人生目的意識　230
深層分析　33
身体言語　151, 152
心的外傷　160
心的装置論　14
侵入　161
人物画テスト　40
親密化過程　140
親密さ　105, 106

信頼性　33
心理社会的危機　103
心理人類学　236

ステレオタイプ (stereotype)　63
ストレンジ・シチュエーション法　122

性アイデンティティ　110
性格　3
性格心理学　23
性格特性　64, 65
性格の構造論　14
性格理論　23
性格類型論　48
生活空間 (life space)　19
生活史　70
生活上のできごと　219
性器期　16〜18
正規分布　198
性差　110
生産性　104
正常　197
生殖性　106
精神異常　73
精神分析　225
精神分析理論　14, 40
性的エネルギー　16
性本能　16
性役割　110, 237〜239
生理的早産　117
積極性　104
接近　24
摂食障害　234
説得　162
セラピストの一致性　227
センソリー・ディプリベーション (感覚遮断)　211
潜伏期　16〜18

躁うつ気質　50, 51, 207, 208
躁うつ病　205
相互協調的自己観　243
相互独立的自己観　243

痩身願望　234
双生児の比較研究　82, 83
相補性　135
相補説　133

タ 行

対人恐怖　215
対人コミュニケーション　150
対人認知の歪み　142
対人魅力　132
態度的特性　67
タイプ　73
代理的強化　26
立聞き効果　162
男根期　16〜18

知覚理論　40
知覚・運動領域　19
中心化傾向　142
中心層 C (core)　20
中年期の転換期　100
超自我　14
長子的性格　131

追従欲求　62

定型　44
定型曲線者　44
抵抗　221
　──現象　226
適応　197
適性　166
テスト法　33, 36
徹底操作　227

同一性拡散　104
投影法　36, 39
統合失調症　200〜203
独自特性　67
特殊因子　73
特性　73
特性5因子モデル　75
特性論　65

事項索引

トラウマ　160

ナ行

内的活動モデル（IWM）　123
内部人格領域　19

「日本人の国民性」調査　244
日本人論　239
人形遊び法　40
認知療法　212

粘着気質　53, 54
年齢段階的な影響力　219

ノイローゼ　208
能力特性　69

ハ行

箱庭療法　40
恥の文化と罪の文化　240
パーソナリティ　3, 236
発達課題　98
発達段階理論　16
発達論　14
パニック障害　216
場の理論　14, 19
ハロー効果　142
反社会性人格障害　213
反応決定因　41
反応内容　41
反応領域　41

比較文化心理学　236
非共有環境　94
非言語的コミュニケーション　150
非行　184〜188
ヒステリー　208
ビッグ・ファイブ　75, 76
非定型　44
　——曲線者　44
表出的特性　66
標準化された面接　34
表面特性（surface trait）　67

不適応　197
不登校　189〜193
プロクセミックス（proxemics）　153
文化　235
文化心理学　236
文化的自己観　243
分化度　21
文章完成法テスト　40
分裂気質　51〜53
分裂病型人格障害　213
分裂病質人格障害　213

防衛機制論　14
防衛性　221
ホスピタリズム（施設病）　122
ボディ・イメージの歪み　234

マ行

マスコミ　150
マスコミュニケーション　150
マターナル・ディプリベーション（母性剥奪）　122

無意識論　14
無条件の肯定的配慮　227

メタネルグ（metanerg）　69
メランコリー親和性性格　207
面接法　34〜36

妄想性人格障害　212
模倣　26, 27
　——学習　26
モラール　168
森田療法　212
漏れ聞きコミュニケーション　162

ヤ行

野生児　127, 128
矢田部・ギルフォード性格検査（YG）　37〜39

夢解釈論　14

要求理論　40
抑圧　14
欲動論　14

ラ 行

ライフコース　97
ライフサイクル　97
ライフスパン　97
ライフタスク　101
ラポール　35

力動格子　70
力動的特性　69
離巣性　116
リーダー　146, 147
リビドー　16, 57
留巣性　116
両面提示　162

類型　73
類似説　133

歴史段階的な影響力　219
恋愛の色彩理論　144, 145

ロールシャッハ・テスト　40, 41
論理的誤差　142

英　字

DSM–IV　201
EPPS　37
F尺度　237
ICD–10　201
IWM　123
M機能　146
MMPI　37, 221～223
NEO人格尺度　223
NVC　150～152, 156
P機能　146
PFスタディ　40
PM型　147
PM理論　146
PTSD　161
SCT　40
TAT　40
TEG　37
TPI　37
YG　37

執筆者紹介・分担

詫摩　武俊（1章, 4章, 6章, 12章）
<small>たくま　たけとし</small>

1951年　東京大学文学部心理学科卒業
　　　　東京都立大学，東京国際大学教授を歴任　文学博士
2018年　逝去

主 要 著 書
『ふたごの研究』（共著）　ブレーン出版
『伸びてゆく子どもたち』　中公新書　中央公論社

瀧本　孝雄（2章, 3章, 4章6節, 5章, BOX1, BOX2, BOX8）
<small>たきもと　たかお</small>

1967年　学習院大学文学部哲学科卒業
1969年　青山学院大学大学院修士課程（心理学）修了
現　在　獨協大学名誉教授

主要編著書
『性格のタイプ』　サイエンス社
『カウンセラーのためのガイダンス』（共編著）　ブレーン出版

鈴木　乙史（7章, 8章, 13章, 14章）
<small>すずき　おとし</small>

1972年　横浜国立大学教育学部心理学科卒業
1978年　東京大学大学院教育学研究科博士課程単位取得退学
現　在　聖心女子大学名誉教授

主要編著書
『性格形成と変化の心理学』　ブレーン出版
『〈改訂版〉人格心理学』（共編著）　放送大学教育振興会

執筆者紹介・分担

松井　豊（9章，10章，11章，15章，BOX3，BOX9，BOX10）
　まつい　ゆたか

1976年　東京教育大学教育学部卒業
1982年　東京都立大学大学院人文科学研究科博士課程単位取得退学
現　在　筑波大学名誉教授　消防大学校客員教授　文学博士
主要編著書
『対人心理学の視点』（編）　ブレーン出版
『惨事ストレスへのケア』（編著）　ブレーン出版

安藤　寿康　慶應義塾大学名誉教授（BOX4）
　あんどう　じゅこう

菅原　ますみ　お茶の水女子大学名誉教授（BOX5）
　すがわら

下條　英子　カリフォルニア工科大学（BOX6）
　しもじょう　えいこ

林　洋一　北陸大学国際コミュニケーション学部教授（BOX7）
　はやし　よういち

菅原　健介　聖心女子大学文学部教授（BOX11）
　すがわら　けんすけ

永井　撤　首都大学東京名誉教授（BOX12，BOX13）
　ながい　とおる

青木　紀久代　白百合心理・社会福祉研究所所長（BOX14）
　あおき　きくよ

新心理学ライブラリ＝9

性格心理学への招待 ［改訂版］
——自分を知り他者を理解するために——

1990年 5月10日 ©	初　版　発　行	
2003年 1月25日	初版第15刷発行	
2003年10月10日 ©	改訂版第1刷発行	
2023年 5月10日	改訂版第24刷発行	

著　者	詫摩武俊	発行者	森平敏孝
	瀧本孝雄	印刷者	山岡影光
	鈴木乙史	製本者	小西惠介
	松井　豊		

発行所　株式会社　サイエンス社

〒151-0051　東京都渋谷区千駄ヶ谷1丁目3番25号
営業　☎(03)5474-8500（代）　振替 00170-7-2387
編集　☎(03)5474-8700（代）
FAX　☎(03)5474-8900

印刷　三美印刷　　製本　ブックアート

≪検印省略≫

本書の内容を無断で複写複製することは，著作者および
出版者の権利を侵害することがありますので，その場合
にはあらかじめ小社あて許諾をお求めください．

ISBN4-7819-1044-0

PRINTED IN JAPAN

サイエンス社のホームページのご案内
http://www.saiensu.co.jp
ご意見・ご要望は
jinbun@saiensu.co.jp まで．